Research on the
Performance Management
of Welfare Lottery

福利彩票公益金绩效管理研究

李西文 等/著

中国社会科学出版社

图书在版编目(CIP)数据

福利彩票公益金绩效管理研究/李西文等著.—北京：中国社会科学出版社，2019.12

ISBN 978-7-5203-5587-2

Ⅰ.①福… Ⅱ.①李… Ⅲ.①社会福利—彩票—公益金—经济绩效—研究—中国 Ⅳ.①F832.5

中国版本图书馆CIP数据核字(2019)第249042号

出 版 人	赵剑英
责任编辑	耿晓明
责任校对	石春梅
责任印制	李寡寡
出 版	中国社会科学出版社
社 址	北京鼓楼西大街甲158号
邮 编	100720
网 址	http://www.csspw.cn
发 行 部	010-84083685
门 市 部	010-84029450
经 销	新华书店及其他书店
印 刷	北京明恒达印务有限公司
装 订	廊坊市广阳区广增装订厂
版 次	2019年12月第1版
印 次	2019年12月第1次印刷
开 本	710×1000 1/16
印 张	20
插 页	2
字 数	301千字
定 价	98.00元

凡购买中国社会科学出版社图书，如有质量问题请与本社营销中心联系调换
电话：010-84083683
版权所有 侵权必究

自　序

新时代，我国政府部门改革不断推进，新《预算法》、新《政府会计制度》等陆续出台，对财政资金管理提出了更高要求。近几年，我国福利彩票发行收入与日俱增，福利彩票公益金的使用为我国社会福利事业发展发挥了重要作用。同时，如何高效使用福利彩票公益金的问题也日益成为关注焦点，福利彩票公益金如何规范、合理、高效管理已成为财政资金绩效管理的一个重要议题。

本书从福利彩票公益金的绩效管理基础理论和现状分析入手，阐述了福利彩票公益金绩效管理的理论与实践问题，并选取河北省福利彩票公益金管理部门作为样本进行了深入调研，获得了一手数据。基于此，对福利彩票公益金绩效管理制度的完善情况、福利彩票公益金的使用情况、绩效管理制度的执行情况和绩效管理的满意度进行了系统分析。本书对福利彩票公益金绩效管理满意度的影响因素进行了实证分析。结果发现，福利彩票公益金绩效管理满意度的关键影响因素是考核结果是否公示，是否有完备的绩效评价指标和标准，因此提出，设置科学的绩效考核指标体系和标准并健全公示机制是当前福利彩票公益金绩效管理的重中之重。据此，本书探讨了福利彩票公益金绩效管理体系框架构建的理论依据、原则和主要思路。最后，从多角度、多层面有针对性地提出了完善福利彩票公益金绩效管理的建议。

本书共分为五编。第一编，由李西文、李婷主笔，赵元蕾参与了第三章写作；第二编由李西文主笔，牛晓叶对第三章进行了修订；第三编由李西文主笔；第四编由李西文主笔，赵元蕾参与了第三章前三节的编写；第五编由李西文、牛晓叶和宋茹主笔。李西文负责对全书的框架和思路设计与全书的修订工作。此外，在读硕士杜静怡、赵云

自 序

佳对本书文字和图表进行了校对；河北经贸大学硕士毕业生李芳茹、张静参与了前期调研和数据整理工作。

限于时间、精力及经费等因素，本书并未展开全国范围内的问卷调查，所提框架建议也有待实践进一步检验支持。希望各位同人能多提宝贵建议，以便后续补充完善。

本书初稿获得民政部 2014 年民政政策理论研究二等奖，也是河北省民政厅 2014 年民政政策理论研究重点课题研究成果，并得到了河北省高校百名优秀创新人才支持计划（Ⅲ）（SLRC2019006）、2016 年河北省社会科学发展研究课题（201609120102）、河北经贸大学金融与企业创新研究中心的支持。

李西文
2019 年 10 月

目　　录

第一编　导言

第一章　研究背景、研究目的和意义 ……………………（3）
　　第一节　研究背景 …………………………………………（3）
　　第二节　研究目的 …………………………………………（7）
　　第三节　研究意义 …………………………………………（9）

第二章　国内外研究动态 ……………………………………（11）
　　第一节　国外研究动态 ……………………………………（11）
　　第二节　国内研究动态 ……………………………………（19）
　　第三节　国内外研究动态评述 ……………………………（32）

第三章　研究思路、研究方法和创新点 ……………………（34）
　　第一节　研究思路 …………………………………………（34）
　　第二节　研究方法 …………………………………………（36）
　　第三节　创新点 ……………………………………………（38）

第二编　福利彩票公益金绩效管理的理论基础和现状分析

第一章　绩效管理的基本理论内容 …………………………（43）
　　第一节　绩效及绩效管理的界定 …………………………（43）
　　第二节　公共部门绩效管理的框架 ………………………（54）
　　第三节　公共部门绩效管理的核心环节 …………………（59）

目 录

  第四节 公共部门绩效管理的作用 …………………………（61）
  第五节 公共部门绩效管理框架对福彩公益金绩效
      管理的借鉴 ………………………………………（65）

第二章 福利彩票公益金发展现状 ……………………………（67）
  第一节 福利彩票公益金的概述 …………………………（67）
  第二节 福利彩票公益金的筹集情况 ……………………（69）
  第三节 福利彩票公益金的分配和使用 …………………（75）
  第四节 福利彩票公益金的管理现状 ……………………（78）

第三章 福利彩票公益金绩效管理理论与实践中的问题 ………（86）
  第一节 福利彩票公益金绩效管理理论研究现状及
      问题 ………………………………………………（86）
  第二节 福利彩票公益金绩效管理实践中的问题 …………（88）

第三编 福利彩票公益金绩效管理问题的实证分析

第一章 数据取得和分布 ……………………………………（99）
  第一节 数据来源 …………………………………………（99）
  第二节 数据的分布 ………………………………………（100）

第二章 描述性分析 …………………………………………（102）
  第一节 福利彩票公益金绩效管理制度的完善情况 ………（102）
  第二节 福利彩票公益金的使用情况 ……………………（114）
  第三节 福利彩票公益金绩效管理制度的执行情况 ………（128）
  第四节 福利彩票公益金绩效管理的满意度调查 …………（141）
  第五节 福利彩票公益金绩效管理满意度的拓展
      描述性分析 ………………………………………（148）

第三章 福利彩票公益金绩效管理满意度的实证分析 ………（154）
  第一节 因变量的设计 ……………………………………（154）

第二节 逐步回归分析 …………………………………………（157）

第四编 我国福利彩票公益金绩效管理体系框架的构建

第一章 福利彩票公益金绩效管理体系构建的理论依据和原则 …………………………………………（167）
  第一节 福利彩票公益金绩效管理体系框架的理论依据 ……………………………………（167）
  第二节 福利彩票公益金绩效管理体系框架构建的主要原则 ………………………………………（171）

第二章 福利彩票公益金绩效管理体系框架分析 …………（173）
  第一节 福利彩票公益金绩效管理体系框架的主要内容 ……………………………………（173）
  第二节 福利彩票公益金绩效管理体系框架之绩效预算 ……………………………………（175）
  第三节 福利彩票公益金绩效管理体系框架之绩效计划 ……………………………………（180）
  第四节 福利彩票公益金绩效管理体系框架之绩效实施 ……………………………………（184）
  第五节 福利彩票公益金绩效管理体系框架之绩效考核 ……………………………………（189）
  第六节 福利彩票公益金绩效管理体系框架之绩效反馈 ……………………………………（195）
  第七节 福利彩票公益金绩效管理体系框架之绩效审计 ……………………………………（198）

第五编 完善福利彩票公益金绩效管理的建议

第一章 完善与绩效管理相关的法规制度体系 ……………（203）
  第一节 加强相关法规制度建设的必要性 ………………（204）

目 录

　　第二节　完善相关法规制度体系的建议 …………………（206）

第二章　加强理论研究与实践运用的结合 ………………（210）
　　第一节　理论与实践结合的必要性 ………………………（210）
　　第二节　理论与实践结合的路径与建议 …………………（211）

第三章　树立福利彩票公益金绩效管理文化观念 ………（214）
　　第一节　管理文化对绩效管理的影响逻辑 ………………（215）
　　第二节　福利彩票文化的核心价值理念与文化 …………（217）
　　第三节　建设有效的福利彩票绩效管理文化的思路 ……（221）

第四章　建立健全福利彩票的风险内控管理制度 ………（230）
　　第一节　引入风险内控管理思想 …………………………（230）
　　第二节　加强风险内控管理的必要性 ……………………（232）
　　第三节　推动风险内控制度建设的对策 …………………（233）

第五章　完善福利彩票公益金管理信息系统 ……………（239）
　　第一节　福利彩票公益金管理信息系统的含义与作用 …（239）
　　第二节　福利彩票公益金管理信息化的必要性 …………（240）
　　第三节　福利彩票公益金管理信息系统的模块化建设 …（243）

第六章　构建福利彩票公益金绩效审计框架 ……………（250）
　　第一节　福利彩票资金审计发现的问题 …………………（250）
　　第二节　福利彩票公益金绩效审计目标与内容 …………（255）
　　第三节　福利彩票公益金绩效审计指标体系
　　　　　　的设计 ……………………………………………（258）
　　第四节　福利彩票公益金绩效审计推行中应注意
　　　　　　的问题 ……………………………………………（263）

第七章　探索发行"生态"福利彩票 ……………………（265）
　　第一节　生态福利彩票的提出和必要性 …………………（265）

第二节 生态福利彩票服务于生态补偿的路径……………（267）

附 件

附件1 河北省福利彩票公益金绩效管理现状及满意度
调查问卷 ……………………………………………（271）

附件2 福利彩票发展大事概览 ……………………………（276）

附件3 《彩票公益金管理办法》…………………………（280）

附件4 《彩票管理条例》…………………………………（285）

附件5 《彩票管理条例实施细则》………………………（292）

参考文献 ………………………………………………………（301）

后 记 …………………………………………………………（310）

第一编 导言

第一编的目的是阐明本书的写作基础和概况,为读者提供阅读导引。内容主要包括研究背景、研究目的和意义、国内外研究动态与研究思路、研究方法和创新点。

第一章 研究背景、研究目的和意义

本章主要交代本书的研究背景、研究目的和意义。研究主要从福利彩票公益金提取和使用现状、理论研究情况及现实问题来提出福利彩票公益金绩效管理研究的背景。

第一节 研究背景

2011年中国福利彩票年销量突破1000亿元，实现又一次历史性跨越，至2016年全国福利彩票总销量已连续第三年跨越2000亿元大关。福利彩票公益金的提取以福利彩票的销售量作为基数，而其使用又以提取数作为主要依据，如此巨额的福利彩票发行收入也将福利彩票公益金的使用和管理问题推向了公众的视野。

一 福利彩票公益金的管理和使用

根据北京智研科研咨询有限公司2016年发布的《2017—2022年中国互联网彩票市场研究及发展趋势研究报告》可知，福利彩票公益金提取数（收入）和使用数（支出）均呈逐年上升趋势（见表1-1）。福利彩票公益金为我国福利事业做出了不可磨灭的贡献。例如2016年全年民政系统共支出彩票公益金268.3亿元，其中用于抚恤7.1亿元，退役安置0.8亿元，社会福利172.9亿元，社会救助30.0亿元，自然灾害救助2.7亿元[①]。

---

① 数据来源于民政部网站：http://www.mca.gov.cn/article/sj/。

第一编 导言

表1-1　　　2009—2016年我国福利彩票公益金收支情况①　　　单位：亿元

年份	2009	2010	2011	2012	2013	2014	2015	2016
公益金收入	248.0	297.1	388.7	449.4	510.7	585.7	563.8	591.5
公益金支出	113.4	121.2	127.9	159.0	195.5	231.3	288.9	268.3

中国福利彩票是为帮助社会中的弱势群体，解决资金问题而产生的一项社会福利事业[2]。每年我国都有许多特殊困难群体需要社会的关心与帮助，如孤寡老人的赡养、流浪儿童的安置抚养教育、伤残革命军人的医治、残障儿童的医疗救助等。解决这些问题，不仅要依靠政府的资金支持和关怀，还需要广泛的社会帮助，把社会各阶层聚集起来，一起为社会弱势群体贡献一分力量。发行福利彩票的目的正是基于此提出的。

福利彩票公益金是按照规定比例从彩票发行收入中提取，专门用于支持社会公益事业的资金，具有社会性、公益性和非营利性的特征。由于我国公益事业领域的资金缺口很大，因此，通过发行彩票筹集福利彩票公益金可以解决我国公益事业领域投资的资金缺口问题。中国福利彩票自1987年7月在河北省石家庄市正式发行以来，截至2014年年底共累计发行销售福利彩票11700多亿元，为国家筹集福利彩票公益金约3600亿元，主要用于补充全国社会保障基金，支持青少年学生校外活动场所建设和维护，教育助教助学，发展残疾人事业，困难群体大病救助，补助城乡医疗救助，发展红十字事业、扶贫、文化、法律援助以及符合"扶老、助残、救孤、济困"福利彩票宗旨的社会福利和公益慈善事业。这些福利彩票公益金在使用过程中充分发挥了支持我国社会福利事业的重要作用，例如"十一五"期间，儿童福利机构建设"蓝天计划"成功实施、残疾人康复养护水平大幅提高、农村医疗救助情况也有了大幅改善等。

---

① 数据来源于民政部网站：http://www.mca.gov.cn/article/sj/。
② 王新欣：《中国福利彩票绩效管理对策研究》，硕士学位论文，吉林财经大学，2012年。

实践证明，福利彩票公益金使用，有力地推动了我国社会福利事业的发展，加快了民政基础项目设施建设步伐，提高了社会弱势群体的生活水平和生活质量。然而，实践也暴露出一些福利彩票公益金在管理和使用方面的问题，如部分部门、单位福利彩票公益金超出使用范围、违背使用宗旨、基金预算过粗、监管不力、落实不到位等。

近几年，随着我国改革力度的加大，对于财政资金的审查和监管更加严格。在对福利彩票公益金使用的审计中，也暴露出一些问题。2010年，上海市福利彩票公益金有6个项目被审计查出存在因论证不充分、推动力度不够等原因，而未按计划进度执行；2个项目因实施调整而取消执行；20个公益招投标项目资助协议违约责任约定不够明确；16个公益创投项目资助协议未约定项目实际执行期；10个公益创投项目评审记录不完整等情况[①]。2010年5—7月，云南省对省级福利彩票公益金（2007—2009年）的审计发现，云南省省级福利彩票公益金主要存在的问题包括：部分福利彩票公益金未得到及时利用、部分州市由福利彩票公益金资助建设的敬老院（敬老公寓）项目建成后长期利用率低、个别地方存在资金损失和浪费、部分福利彩票公益金超出使用范围、福利彩票公益金资助项目管理不够规范、部分福利彩票公益金资助项目建成后未注明标识等[②]。浙江省2012年的审计工作报告显示，有14个市县残疾人事业投入主要依赖于残保金，福利彩票公益金投入明显不足[③]。2013年5月13日，《河北日报》刊登《服务打好四大攻坚战 福利彩票公益金可用于新型城镇化建设》一文提出福利彩票公益金可用于县域经济和新型城镇化建设的想法因说法不明确而令许多民众提出质疑[④]。2014年11月至12月，审计署对财政部、民政部及所属中国福利彩票发行管理中心、体育总局及所属体育彩票管理中心，北京等18个省（市，以下统称省）的省级财政、民政、体育行政等部门及228个省市级彩票销售机构、

---

① 中华彩票：上海首次公示本级公益金审计情况，《公益时报》2010年8月27日。
② 数据来源于中新网：http://www.chinanews.com/fz/2011/05-12/3037118.shtml。
③ 数据来源于浙江在线：http://zjnews.zjol.com.cn/system/2013/09/25/019611912.shtml。
④ 仝静海：《服务打好四大攻坚战 福利彩票公益金可用于新型城镇化建设》，《河北日报》2013年5月13日。

第一编 导言

4965个彩票公益金资助项目2012年至2014年的彩票发行费和彩票公益金进行了审计,共抽查彩票资金658.15亿元,占同期全国彩票资金的18.02%;审计查出虚报套取、挤占挪用、违规采购、违规购建楼堂馆所和发放津贴补贴等违法违规问题金额169.32亿元,占抽查资金总额的25.73%;涉及彩票公益金资助项目854个,占抽查项目数的17.2%。其中,23个彩票公益金资助项目被违规改变公益性用途,涉及金额3.61亿元。审计还发现,一些地方存在违规利用互联网销售彩票、彩票资金闲置等问题,包括17个省未经财政部批准,违规利用互联网销售彩票630.4亿元,其中福利彩票133亿元、体育彩票497.4亿元;向互联网彩票销售商支付佣金66.7亿元,其中挪用彩票公益金等财政资金支付3.06亿元,并且有204.72亿元彩票资金结存在财政部门、彩票公益金使用单位等超过一年以上未使用;有34个彩票公益金资助项目因决策失误等原因建成后长期闲置或未能正常使用,涉及金额2.68亿元[①]。这些福利彩票公益金使用的管理问题日益暴露出来,不仅对相关法规制度的健全提出了更严格的要求,也使得建立健全福利彩票公益金绩效管理制度的重要性凸显出来。

产生这些问题的深层次原因是现行福利彩票公益金的绩效管理体系已经无法适应新形势的要求,也无法满足福利彩票发行收入日益增长、管理强度和难度加大的需要。这也充分说明我国福利彩票绩效管理体系还有待完善。

二 福利彩票公益金的绩效管理研究相对滞后

随着福利彩票销售情况越来越好,福利彩票公益金的来源和使用等管理方面的问题不断暴露出来。与实践的迅速发展不同,福利彩票公益金绩效管理的理论研究相对滞后。

对1995—2016年知网全部论文进行检索后发现,检索主题为福利彩票的文章共1826篇,将关键词限定为福利彩票公益金后,有223篇,而加入绩效或业绩后,只有11篇;检索篇名为福利彩票的文章

---

① 审计署网站2015年第4号公告:彩票资金审计结果:http://www.audit.gov.cn/n5/n25/c67336/content.html。

有890篇，将关键词限定为福利彩票公益金后，则只有126篇，再加入绩效或业绩后，仅有2篇。由此可见，福利彩票公益金的相关研究明显滞后，已无法满足实践的发展需要。

因此，无论从实践还是从理论分析，都急需深入研讨、认真剖析并寻求科学合理的制度规范和方法途径，以确保福利彩票公益金更加科学有效地支持我国社会公益事业的快速发展。

第二节　研究目的

本书选题的目的在于对福利彩票公益金的资金来源和使用中的管理问题进行分析，并在此基础上提出福利彩票公益金绩效管理的体系框架及完善建议。具体说，即系统总结我国福利彩票公益金的筹集、使用和相应的绩效管理现状，以河北省福利彩票公益金管理使用部门、单位问卷调查和公开数据相结合的方式，探寻其中存在的关键问题并剖析其产生根源，进而基于成本效益、平衡计分卡、战略管理和权变理论等观点，设计更具可操作性、更加全面、更能激发福利彩票公益金作用发挥的福利彩票公益金绩效管理体系框架，并提出完善绩效管理的政策建议。

为实现上述研究目的，需设定以下具体目标。

一　福利彩票公益金绩效管理现状分析

在梳理福利彩票公益金绩效管理相关文献的基础上，对福利彩票公益金筹集和使用过程中的绩效管理现状展开分析。通过梳理福利彩票公益金绩效管理相关的国内外文献，了解现有相关研究的不足，阐明本书研究的意义，明确界定我国福利彩票公益金绩效管理的含义和内容。在文献梳理的基础上，以河北省为例，对福利彩票公益金的筹集和使用的绩效管理情况进行重点的实地调研和问卷调查，调研内容包括福利彩票公益金绩效管理的制度完善情况、公益金使用情况、制度执行情况以及现有绩效管理的满意度等，以全面了解福利彩票公益金在使用及管理中的问题。通过对问卷和实地访谈数据的整理，归纳当前我国福利彩票公益金管理和使用的现状。

二 探寻福利彩票公益金绩效管理存在的关键问题和影响因素

结合理论分析和实证分析,厘清福利彩票公益金在筹集和使用绩效管理过程中的关键问题和影响因素。本部分旨在借助理论分析和对调研数据的实证分析通过探寻福利彩票公益金绩效管理存在的关键问题和影响因素,以便发现福利彩票公益金在管理和使用中存在问题的原因,从而为其绩效管理体系框架提供理论指导和实证支持。

作为公共部门绩效管理的理论基础,战略管理、交易成本理论等经济学和管理学理论均表明,公共部门可借鉴私营部门的做法,通过引入市场竞争、完善激励约束机制、降低交易成本等手段,从以规制和过程管理为导向转变为以激励和目标管理为导向,从而切实提高福利彩票公益金绩效管理水平和使用绩效。理论分析表明,在福利彩票公益金等公共资源管理中清晰识别各利益相关者之间的利益关系,有助于各方实现互利共赢。

在调研基础上,通过多元回归模型对影响绩效管理满意度的因素进行分析。

三 构建绩效管理体系框架,提出完善建议

结合现有绩效管理研究和福利彩票公益金绩效管理现状,构建新型的绩效管理体系框架,提出完善绩效管理的政策建议。首先,明确构建新型绩效管理体系框架的理论依据;其次,提出构建原则;最后剖析构建体系框架的主要内容。本书提出,以绩效预算为导引,以绩效审计为约束,从福利彩票公益金绩效目标、绩效实施、绩效考核、绩效反馈四个方面入手,尝试构建我国福利彩票公益金绩效管理的三位一体式体系框架,对福利彩票公益金的管理体制机制改革和创新提出了相关的设想和建议。在这个体系中,制定战略规划是前提,绩效目标是对战略规划实施过程进行监测、判断是否实现预期结果的重要依据,开展绩效考核是重要手段和方法,绩效审计则是实现福利彩票公益金绩效管理目标的保障。

第三节 研究意义

无论从实践还是从理论角度，福利彩票公益金绩效管理问题的研究都具有一定的积极意义。

一 为福利彩票公益金的作用发挥和高效使用提供思路

作为新中国福利彩票的诞生地，河北省福利彩票的发行与销售走在全国前列，福利彩票公益金对社会福利和社会保障等公益事业的发展也发挥了十分重要的作用。特别是党的十六大以来，伴随着国民经济的迅速发展，河北省福利彩票的发行也迎来了行业腾飞的黄金时期，年发行量从2002年的4.7亿元迅速上升到2014年的近80.1亿元，十三年间全省福利彩票发行量增长17倍多。自2002年至2015年年底，河北省福利彩票累计发行500多亿元，筹集彩票公益金超过150亿元，除按规定上缴国家民政部、财政部外，河北省省本级自留资金已资助了一万多个如农村敬老院、社会福利院和儿童福利院等社会福利项目，还推出了"爱心献劳模""福彩巾帼创业行动""星光计划"等十项公益活动，真正做到了"取之于民、用之于民、造福于民"，有力地促进了社会福利事业和社会保障事业的发展。但是，福利彩票公益金在实践当中存在的问题也不容忽视。如资金拨付时间较长、申报审核过程烦琐、资金跟踪落实工作不到位、绩效评价指标体系不完善等。这严重影响了福利彩票公益金经济效益和社会效益的提升，也对加强福利彩票公益金绩效管理提出了新要求。

实际上，前面所述及的河北省福利彩票公益金现状只是当前我国福利彩票公益金筹集和使用管理的一个缩影。随着福利彩票公益金的规模不断扩大，其作用也更加突出，其来龙去脉的透明性、资金使用的效益和效率等问题也开始为社会公众所关注。

福利彩票公益金的筹集、分配和使用管理是否科学、合理，是福利彩票切实发挥作用的关键所在。理论和实践均证明，绩效管理，作为一种科学的激励约束机制，是提高资金使用效率、实现组织战略管理目标的有效制度和必要手段。福利彩票公益金，作为一种来源于社会公众并纳入政府基金预算管理的非税资金形态，事关政府运作的形象和社会责任的履行，更加需要通过绩效管理体系设计来激励、约束、监督其周转的过程、方式和效率、效果。

二 多角度引入管理理论，丰富福利彩票公益金绩效管理研究

现有福利彩票公益金绩效管理方面的研究非常匮乏。尽管实践中已经予以高度重视，但理论研究却明显滞后。因此，本研究以河北省为例，立足于我国福利彩票公益金的特征及其绩效管理现状，结合平衡计分卡、战略管理、权变理论等思想和观点，探讨福利彩票公益金筹集和使用绩效管理的关键问题及影响因素，并据此设计绩效管理体系框架，提出完善建议，既有现实意义，也有理论研究价值。

第二章 国内外研究动态

本章主要阐述关于福利彩票公益金研究相关的研究基础，即国内外研究动态，并对其进行评述。

福利彩票在我国兴起后，其发展便受到实务界与学术界的广泛关注，而在国外福利彩票及其公益金的管理也具有一定的研究基础。近年来，国内外学者从不同的角度针对福利彩票及公益金管理问题进行了相关分析，为本书研究奠定了较丰富的文献基础。

第一节 国外研究动态

在国外，学者们对福利彩票的研究有着悠久的历史，研究内容也十分丰富，并形成了系统化的研究理论。总体来看，相关研究主要集中在以下几个方面。

一 发行彩票的社会福利效应研究

克洛特菲尔特（Clotfelter）和库克（Cook）（1987）[1] 研究认为彩票具有累退税的性质，即随着家庭或个人收入的提高，彩票支出占其收入的比例是下降的，即在实际生活中，中低收入阶层更多参与购买，被称为"微笑纳税"。但是由于中低收入阶层家庭可支配的资金非常少，购买彩票往往会挤占个人或家庭的基本消费，从而产生负的社会福利效应。

---

[1] Clotfelter, Charles T., Philip J., Cook, "Implicit Taxation in Lottery Finance", *National Tax Journal*, Vol. 40, No. 4, 1987, pp. 533–546.

第一编 导言

博格（Borg）和梅森（Mason）（1988）[①]通过对美国伊利诺伊州的家庭进行调查，证实了彩票具有累退性并且福利效果差。该学者发现低收入阶层的彩票支出占收入比例要高于高收入阶层，而经常购买彩票的家庭其子女享受到的彩票公益金支持的教育经费却较低；并且福利彩票公益金对政府财政支出的其他教育经费产生了完全的"挤出效应"（这里是指政府支出增加所引起的私人消费或投资降低的效果）。另外，他还从税收方面分析了彩票隐含税筹集成本过高的问题。

迈克塞尔（Mikesell）（1989）[②]采用收入弹性分析法，用美国伊利诺伊州在线即开型彩票的数据分析得出，彩票支出的收入弹性介于0.94到1.49之间，因为收入弹性基本上大于1，则代表随着收入的增加，人们购买彩票的支出增多，故彩票作为税收具有明显的累进性。

基钦（Kitchen）和鲍威尔（Powells）（1991）[③]同样采用收入弹性分析法，应用加拿大各省的数据分析得出，彩票支出的收入弹性介于0.71到0.92之间，由此得出彩票融资对不同收入群体具有累退性的结论。

鲁本斯坦（Rubenstein）和斯卡菲迪（Scafidi）（2002），斯特拉纳汉（Stranahan）和博格（Borg）（2004）[④]等学者通过对教育彩票公益金的贡献者与受益者，以及他们的支出和收入水平的对比考查和研究发现教育彩票公益金并未达到预期的福利效果，低收入阶层在彩票上的支出远高于他们得到的福利资助，而高收入阶层却相反，造成这样结果的原因在于公益金的使用计划主要为接受高等教育提供资

[①] Borg, Mary O., Paul M., Mason, "The Budgetary Incidence of a Lottery to Support Education", *National Tax Journal*, Vol. 41, No. 1, 1988, pp. 75–85.

[②] Mikesell, John L., "A Note on the Changing Incidence of State Lottery Finance", *Social Science Quarterly*, Vol. 70, No. 2, 1989, pp. 513–520.

[③] Kitchen Harry, Scott Powells, "Lottery Expenditures in Canada: a Regional Analysis of Determinants and Incidence", *Applied Economics Letters*, No. 23, 1991, pp. 1845–1852.

[④] Stranahan Harriet A., Mary O. Borg, "Some Futures are Brighter than Others: the Net Benefits Received by Florida Bright Futures Scholarship Recipients", *Public Finance Review*, Vol. 32, No. 1, 2004, pp. 105–126.

助，而高等教育与收入水平、种族、教育水平等相关性较高，造成了低收入阶层用钱来资助高收入阶层的孩子接受高等教育的现象，因此出现了公益金福利效果的倾斜与偏差。

林（Lin）和吴（Wu）（2007）[1] 以我国台湾彩民购买福利彩票的花费为研究对象，运用经验模型验证了福利彩票对其他直接慈善支出具有正面的影响，而非前期学者所认为的"挤出效应"。

根特（Ghent）和格兰特（Grant）（2010）[2] 在对美国南卡罗来纳州教育彩票的研究中利用郡一级的数据计算出该州三种彩票和所有彩票作为隐性税收的"Suits指数"，得出虽然彩票作为税收具有"累退性"，但中高收入者购买比中低收入者购买更多的彩票，因此这种累退性比以往的研究结论要低。

贝克特（Beckert）和勒特（Lutter）（2013）[3] 运用德国概率抽样调查数据，研究指出与较高收入者相比，由于低收入者缺乏自治权或者对工作情况不满，因此会支付更多的收入份额购买彩票。由此可见，由于研究方法和研究样本的不同，对于彩票融资的收入效应是累进还是累退，发行彩票的社会福利效应究竟是正还是负，国外学者们得出的结论并不一致。

二 彩票销售量影响因素的研究

格利（Gulley）和斯科特（Scott）（1993）[4] 首次提出运用季度或年度销售数据对彩票需求函数进行回归的结果具有局限性，并运用彩票的每期数据来研究，结果发现预期效用是影响投注者购买与否的最主要因素，而彩票产品的结构设计（中奖概率）、上一期的滚动奖池数以及销售量又是对预期效用的主要决定因素，并且符合泊松分布。

---

[1] Lin Eric S., Shinh-Ying Wu, "Lottery Expresses and Charitable Contribution: Taiwan's Experience", *Applied Economics*, Vol. 39, No. 17, 2007, pp. 2241-2251.

[2] Ghent, Linda S., Grant, Alan P., "The Demand for Lottery Products and Their Distributional Consequences", *National Tax Journal*, Vol. 63, No. 2, 2010, pp. 253-268.

[3] Beckert Jens, Mark Lutter, "Why the Poor Play the Lottery: Sociological Approaches to Explaining Class-based Lottery Play", *Sociology*, Vol. 47, No. 6, 2013, pp. 1152-1170.

[4] Gulley O. David, Frank A. Scott, "The Demand for Wagering on State-operated Lotto Games", *National Tax Journal*, Vol. 46, No. 1, 1993, pp. 13-22.

第一编 导言

库克（Cook）和克洛特菲尔特（Glotfelter）（1993）[1]的研究发现，相对于中奖概率，人们更关注大奖的奖金，原因是大奖奖金常被宣传甚至加以夸大，而中大奖的概率很少被宣传；人们对"小概率事件"的概率大小并没有概念，只要不时有人中大奖，就会认为这种彩票的中奖概率大。除大奖的吸引外，彩票的人均销量与投注地区人口规模具有正比例关系，即"彩票规模经济"。

迈克塞尔（Mikesell）（1994）[2]以美国的人均季度彩票购买量为指标变量，统计彩票的销售情况，对失业率、人均收入和发行时间等自变量进行回归分析，得出：与人均彩票购买量成显著正相关的是人均收入和失业率；失业率对季度人均彩票购买量的影响是正相关，但是其影响程度没有人均收入大；发行时间与季度彩票购买量是负相关，即随着时间的推移，季度彩票购买量会是下降的趋势。

普赖斯（Price）和诺瓦克（Novak）[3]利用美国得克萨斯州的销售收入截面数据来研究不同类型彩票购买量的影响因素，得出结论：与乐透型彩票成正相关关系的是收入和教育水平，而收入和教育水平却与即开型彩票成负相关，同时与数字型彩票关系不明显。

福雷斯特（Forrest）、格利（Gulley）和西蒙斯（Simmons）（2000）[4]通过对英国国家彩票前三年的发行和销售情况估算出了彩票的价格需求弹性，研究结果表明这种彩票产品的设计非常接近使销量最大化，同时通过计量经济学方法，利用彩票和经济的相关数据对价格弹性和返奖率的设计是否能够同时满足发行商和福利事业的要求进行了研究。

---

[1] Cook Philip J., Charles T., Glotfelter, "The Peculiar Scale Economies of Lotto", *The American Economics Review*, Vol. 83, No. 3, 1993, pp. 634–643.

[2] Mikesell John L., "State Lottery Sales and Economic Activity", *National Tax Journal*, Vol. 47, No. 1, 1994, pp. 165–171.

[3] Price Donald I., E. Shawn Novak, "The Income Redistribution Effects of Texas State Lottery Games", *Public Finance Review of Applied Economics*, Vol. 28, No. 1, 2000, pp. 82–92.

[4] Forrest David, O. David Gulley, Robert Simmons, "Elasticity of Demand for UK National Lottery Tickets", *National Tax Journal*, Vol. 53, No. 4, Part 1, 2000, pp. 853–864.

奥斯特（Oster）(2002)[①] 分别考查了1992—2000年强力球彩票在美国各州的销量情况及在康涅狄格州每期各"邮政区"的销量后，认为彩票是一种上瘾的商品。

斯塔特曼（Statman）(2002)[②] 从心理学的角度探讨了人们购买彩票和股票的主要原因，认为其主要心理是想脱离贫穷，而不是喜欢风险，销售商也因此抓住消费者的心理来推销彩票和股票。

库普斯（Coups）、哈多克（Haddock）和韦伯利（Webley）(1998)[③] 研究了人口规模、个人特点、认识能力和社会影响等各方面因素对彩票销售的联合影响。研究结果表明，彩票参与率与受教育程度呈负相关，并且社会政治因素比个人认识能力因素对彩票销售的影响更大。

丽贝卡（Rebecca）等（2004）[④] 研究彩票公益金的分配和利益相关者的变化对组织部门的影响。

迈克塞尔（Mikesell）(1994)[⑤] 通过建立人均彩票销售量回归模型，研究了销售年限和彩票间的竞争对彩票销售的影响，并在模型中加入了消费行为理论的有关因素（如：人口中17岁以下的人口百分比、周边州售彩与否和服务机构的百分比等），研究结论：以上所有变量大约影响到人均彩票86%的销售量，其中有较高人均销售量的州是那些不受别州售彩影响的州；彩票的销售时间越长，其销售量会因吸引力不足而不断下降。

[①] Oster Emily, "Dreaming Big: Why Do People Play the Powerball?", *Dissertation: Harvard University*, *Senior Honors Thesis*, No. 3, 2002.

[②] Statman Meir, "Lottery Player/Stock Trader", *Financial Analysis Journal*, Vol. 58, No. 1, 2002, pp. 14 – 21.

[③] Coups, Elliot J., Geoffrey Haddock, Paul Webley, "Correlates and Predictors of National Lottery Play in the United Kingdom", *Journal of Gambling Studies*, Vol. 14, No. 3, 1998, pp. 285 – 303.

[④] Rebecca McKinney, Howard Kahn, "Lottery Funding and Changing Organizational Identity in the UK Voluntary Sector", *International Journal of Voluntary and Nonprofit Organizations*, Vol. 3, No. 15, 2004, pp. 1 – 19.

[⑤] Mikesell John L., "State Lottery Sales and Economic Activity", *National Tax Journal*, Vol. 47, No. 1, 1994, pp. 165 – 171.

第一编 导言

马西森（Matheson）和格罗特（Grote）（2007）[①]以美国强力球彩票为研究对象，分析了彩票是如何使人们上瘾的，得出彩票是一种产品的结论，并认为不同地区和不同的人对彩票的喜好不同，导致彩票销售量的不同。

乔治（George）（2006）[②]利用美国的彩票数据进行拉弗曲线分析，得出不同类别彩票的最优税率，并用最优税率和蒙特卡罗模拟测试当时的税制机构是不是收益最大化。

皮特（Peter）等（2010）[③]利用美国1985—2000年的数据分析彩票合法化的影响因素，基于Tobit模型研究国家的财政状况、政治路线、州内和州际竞争环境和人口特征。

玛丽亚（Maria）、福斯蒂诺（Faustino）和马克斯（2014）[④]基于葡萄牙18个区5年的面板数据分析影响彩票销售的因素，设定了人均地区收入、年龄、教育水平、性别和宗教5个自变量来解释彩票销售的区域差异，得出葡萄牙富人区的销售量超过穷人区且销售量与人均收入呈倒U形关系。

盖恩斯伯瑞（Gainsbury）等（2013）[⑤]探讨互联网环境下的彩票活动和交互模式，得出彩票销售和支付方式正在发生显著的变化。

一些学者还在全球范围内对彩票销售情况进行了跨国分析。例

[①] Matheson Victor A., Kent R. Grote, "Examining the Halo Eect in Lotto Games", *Applied Economics Letters*, Vol. 14, No. 4, 2007, pp. 307–310.

[②] George A. Papachristou, "Is Lottery Demand Elasticity a Reliable MarketingTool? Evidence from a Game Innovation in Greece", *International Review of Economics*, Vol. 12, No. 53, 2006, pp. 627–640.

[③] Peter T. Calcagno, Douglas M. Walker, John D. Jackson, "Determinants of the Probability and Timing of Commercial Casino Legalization in the United States", *Public Choice*, Vol. 1, No. 142, 2010, pp. 69–90.

[④] Maria João Kaizeler, Horácio C. Faustino, Rafael Marques, "The Determinants of Lottery Sales in Portugal", *Journal of Gambling Studies*, Vol. 30, No. 3, 2014, pp. 729–736.

[⑤] Gainsbury, Sally M., Alex Russell, Robert Wood, etc., "How the Internet is Changing Gambling: Findings from an Australian Prevalence Survey", *Journal of Gambling Studies*, Vol. 31, No. 1, 2013, pp. 1–15.

如，加勒特（Garrett）(2001)[①]对82个国家和地区的彩票人均购买量与该国或地区宏观经济中GDP和人均GDP之间的关系进行了调查，通过比较分析认为，不同国家和地区的彩票购买量占本地区国民生产总值的比重是不同的，发达国家一般排在发展中国家之前，即在一定范围内彩票具有"累进性"，而且累进的程度与经济发展水平呈正比。凯斯勒（Kaiseler）和福斯蒂诺（Faustino）(2008)[②]在加勒特研究的基础上，利用2004年80个国家的数据进行跨国回归分析，进一步研究了彩票销售与人均GDP的关系。结果发现，一个国家彩票发行量占GDP的比重会随着GDP的增加而增加，达到一定的水平即极值后，又就会随着GDP的增加而减少，从而验证了彩票销售量与人均GDP为倒U关系的假说。他们的研究结果还发现，低收入国家比高收入国家购买了更多的彩票。

三 公共筹资渠道合理性的研究

迈克塞尔（Mikesell）(1989)通过数据的统计，分析了美国福利彩票公益金对财政做出的贡献以及彩票具有高波动率、发行成本高的特点及其公平性的问题。

琼（John）(2000)[③]通过实验证明了彩票提供公共产品时比自愿捐款资助的收益高；彩票的固定奖金和公益金比例是影响彩票销量的最主要因素。

詹姆士（James）、迈克尔（Michael）和马克（Mark）[④]运用离散时间风险函数预测了影响一个地区引入彩票可能性的因素，以便考查以彩票作为一种财政收入手段的有效性。研究结果显示，在引入彩票

[①] Garrett Thomas A., "An International Comparison and Analysis of Lotteries and the Distribution of Lottery Expenditures", *International Review of Applied Economics*, Vol. 15, No. 2, 2001, pp. 213 - 227.

[②] Kaiseler, Maria J., Horácio C. Faustino, "Lottery Sales and Per-capita GDP: An Inverted U Relationship", *Working Papers Department of Economics*, Vol. 2, No. 41, 2008, pp. 225 - 238.

[③] John Morgan, "Funding Public Goods with Lotteries: Experimental Evidence", *Review of Economic Studies*, No. 67, 2000, pp. 785 - 810.

[④] James Alm, Mckee Michael, Skidmore Mark, "Fiscal Pressure, Tax Comprtition and Introduction of State Lotteries", *National Tax Journal*, Vol. 46, No. 4, 2000, pp. 46 - 76.

产品的初期,最主要的影响因素是财政压力,特别是收入的下降和短期债务的增加,但是到了后期这个因素所起的作用越来越小,而政治因素和邻近州的税务竞争成为主导因素。

四 福利彩票公益金预算管理的研究

罗森布鲁姆(David H. Rosenldoom)(2002)[①]认为,预算处于公共行政的核心地位,是一项非常重要的公共行政活动;进行福利彩票公益金预算管理可以帮助政府实现对资金收入与支出的有效控制。

卡尼(Kearney)[②]在相关研究中指出,美国由各州来划分彩票的发行区域,每州只有一个彩票发行单位,即州政府属下的彩票委员会,各州的彩票收益则是归入政府的财政预算。总体来看,英国学者关于彩票公益金预算管理的研究结论是:英国的彩票公益金必须用在那些正常预算没有资助的项目上,同时以法律形式明确规定,政府在制定年度预算时,需要避免正常预算支出与彩票公益金资助领域之间相互重叠。而法国学者在研究其国家的彩票公益金预算管理时认为,法国虽然没有建立一般意义上的彩票公益金制度,但法国彩票收入行使的是彩票公益金的功能,法国彩票收入的盈余全部作为政府财政收入上缴,纳入国家预算,法国预算部可以说是法国彩票业的主管机关,它是负责预算的机构,代表法国政府对整个彩票经营活动进行监管。

五 福利彩票公益金管理法制化的研究

在法制化建设方面,欧美发达国家努力调整、修订和完善原有福利彩票公益金管理的法律法规体系,从而保证了这些国家福利彩票公益金管理的权威性、强制性和有效性。西方的一些学者认为,正是因为法律制度的完善,才使得其彩票公益金管理取得了科学的管理结果。

[①] [美]戴维·H. 罗森布鲁姆(David H. Rosenldoom)、克拉夫丘克(Robert S. Kravchuk):《公共行政学:管理、政治和法律的途径》,张成福等校译,中国人民大学出版社2002年版。

[②] Kearney, Melissa S., "State Lotteries and Consumer Behavior", *Journal of Public Economics*, Vol. 89, No. 11 – 12, 2005, pp. 2269 – 2299.

以英国为例，英国的国家彩票创始于1569年，从该国1823年颁布《彩票法》开始计算，截至目前英国的彩票立法已有近200年历史。其中，比较完善的是1993年颁布的《国家彩票法》，以及1998年颁布的《国家彩票法案》，它们以法律的形式清晰地规定了国家彩票公益金分配、拨付、事中监控及事后监督工作的实施主体及运作程序，为英国福利彩票公益金管理提供了坚实的法律保障。所以，国外学者在福利彩票公益金管理法制化的研究方面已经取得一定的成果，正是因为有一个不断完备的法律法规体系，才使得彩票业的发展不断成熟。

托马斯（Thomas）（2012）[①] 以菲律宾、尼泊尔和印度尼西亚三个亚洲国家公共部门的绩效测量系统为分析对象，采用案例研究的分析方法，着重探讨了近几年来这些国家在绩效测量系统的设计、实施和管理等方面的一些经验教训，并在对这些经验教训反思的基础上，总结出具有可持续性的绩效评估系统成功的五个关键要素，即所有权、激励、简单化、透明度和部门政策目标，可以为发展中国家的公共部门绩效评估提供最好的实践指导。

这些国外研究为本书写作提供了文献基础和思路指导，为本书具体设计和分析福利彩票公益金绩效管理问卷问题、设计福利彩票公益金绩效管理框架等方面均提供了有益的帮助。

第二节 国内研究动态

与欧美等经济发达国家相比，彩票在我国的兴起与发展时间都比较短暂，所以国内对于彩票的研究晚于国外学者，相关研究主要集中在以下几个方面：

一 发行彩票的社会福利效应研究

国内学者很早就开始关注福利彩票的社会效应问题。这些研究有的是理论探讨，有的则是实证分析，为我国发行福利彩票提供了丰富

---

① [德] 托马斯·特拉斯维奇（Thomas Traskevich）、孙斐、许方圆、赵晓军：《公共部门绩效评估：来自发展中国家的经验》，《公共管理学报》2012年第9期。

的理论和数据支持。比较有代表性的观点包括:

党春生(1999)[①]指出,"只有通过没有任何强制性的募捐、赈济、发行福利彩票等手段筹集公众资金投入发展社会福利事业从而实现国民收入的第三次分配,才算真正顾及包括特殊困难群体在内的社会全体成员,才能促进真正意义上的社会公平",并且还特别指出,"发行福利彩票这项被人们称为'微笑纳税'的事业,是实现国家根本大法的重要途径"。

樊丽明、石绍宾(2003)[②]从彩票的社会效应方面入手研究了以福利彩票筹资的效果,结果表明,现阶段中国发行彩票的收入对人均GDP的变化并不敏感,并且发行收入与人均收入差距之间的关系也不明显;同时,中国现阶段的彩票发行收入对技术和制度的变化却非常明显。在此基础上指出,福利彩票是中国公共品自愿供给的一种有效形式,现阶段有效运用福利彩票自愿公共品的条件主要是优惠的管理政策和完善的发行技术,人均收入水平及其差距对福利彩票发行影响较小。并且,从宏微观经济学角度分别对彩票提供公共物品的分析表明,中国福利彩票自愿供给公共品对社会经济产生了规模效应、财政效应和社会公平效应。

田建湘、雷汞(2005)[③]分析了中国福利彩票产生的社会经济原因和彩票的社会效应以及经济持续增长对彩票继续发展的动力。

李刚(2008)[④]从彩民主观意愿即投注者的投注心理是否健康和公益金的分配是否公平两方面分析了彩票的社会福利效应。该学者借鉴国外的相关研究方法,运用了中奖比 Z 值来考查彩民在投注时的控制幻觉程度,从而考查了体彩的赌博性与娱乐性。研究结果表明我国的体育彩票显示出较强的赌博性质,并且由于投注者多数是没有或很

[①] 党春生:《中国福利彩票的社会基础》,《中国民政》1999 年第 10 期。
[②] 樊丽明、石绍宾:《中国公共品自愿供给实证分析——以中国福利彩票筹资为例》,《当代财经》2003 年第 10 期。
[③] 田建湘、雷汞:《中国福利彩票产生基础与发展动因分析》,《长沙职业技术学院学报》2005 年第 2 期。
[④] 李刚:《对当前我国体育彩票业社会福利效应的评价》,《体育科学》2008 年第 10 期。

少享受社会保障的中低收入阶层,因而对该部分人群造成伤害;另外彩票的税收成本较高。所以得出了我国的彩票销量越大,福利作用也越大的结论。

王默(2010)[①]以我国福利彩票历年的销售数据和相关的国民经济统计数据为基础,从彩票筹集公益金的效率和公平性入手,着眼于各省份之间的横向差异,考查了各省份由于国家通过彩票筹集公益金造成的福利差异,并对福利彩票公益金筹集效率和福利效果进行了分析。研究结果发现,我国居民购买彩票的支出整体上对居民的消费性支出形成了替代效应,具体到各个省份由于不同的居民收入水平等因素出现了不同的反应。同时,各省份发行彩票筹集公益金的效率也有所差异,造成该差异的主要原因是各省份发行和销售机构的运营成本和各地方彩票市场的发达程度的不同。

刘嫚(2011)[②]按照宏观税负的衡量方法,运用彩票发展指数(Lottery Development Index,LDI)综合反映我国各地区承担的彩票税负状况,运用1987—2007年大陆地区31个省市彩票销售数据和国民经济数据建立面板数据回归模型进行了实证检验。研究结果发现,我国彩票税负整体上具有累进特征,但是累进的程度较小,接近比例税。

张雅桦(2012)[③]分析了彩票业对经济发展的促进与保障作用,认为彩票业的发展推动了我国普惠型社会福利的发展,并分析了彩票业对经济发展的负面影响:博彩的过度发展会助长人们投机心理,抑制实体经济的发展;博彩业作为一种政府筹资手段,把分散在彩民手中的"闲散资金"集中到政府手中用于公共支出,必然会对私人投资产生挤出效应。穷人购买彩票造成内需不足的矛盾,会造成我国居民的边际消费倾向更加低下。我国居民边际消费倾向低并不是高收入者低,而是中低等收入者低,从而造成整体边际消费倾向低,并对经

---

① 王默:《福利彩票公益金筹集效率及福利效果分析》,硕士学位论文,山东大学,2010年。
② 刘嫚:《我国彩票消费与收入关联度分析》,硕士学位论文,扬州大学,2011年。
③ 张雅桦:《中国彩票业对经济发展的影响分析》,《技术经济与管理研究》2012年第8期。

济造成一定的负面影响,即内需不足的矛盾。

张增帆(2013)[①]通过对 2002—2010 年我国 31 个省市区面板数据进行回归估计,分析了影响我国各省彩票销售收入的相关因素。研究结果发现,以济困、公益等为宗旨和理念的彩票业已经陷入一个悖论,即中低收入人群为全民做出了福利贡献,而高收入群体并没有做出应有贡献,相反却分享了中低收入者提供的公共福利;原因是彩票博弈获奖概率均等的客观性降低了智力博弈的趣味性和成就感,导致高收入人群远离彩票市场,而低收入人群却成为了彩票的购买主力。要想吸引高收入阶层介入为公益事业做出贡献,就必须发展新的趣味性、博弈性更强的博彩业。

闫成芳(2014)[②]以我国彩票资金与国民经济相关数据为基础,采用面板数据变系数回归模型,对彩票资金的福利公平性进行了实证分析。其通过建立我国大陆地区 2001—2012 年 31 个省市彩票销售额与加权人均收入的回归模型,分析了彩票资金来源的福利公平性;通过建立我国大陆地区 2001—2012 年 31 个省市地方彩票公益金与财政在社会福利和体育方面支出的回归模型,分析了彩票资金去向的福利公平性。研究结果证明,在彩票资金来源方面,近年来我国彩票资金来源总体上存在累退性,经济落后地区的彩票购买支出比例较高,而经济发达地区却相对较低;从不同发行主体来看,福利彩票资金来源的累退性明显大于体育彩票;从不同类型来看,彩票资金累退性由高到低依次为:即开型彩票、乐透型彩票、竞猜型彩票,这与彩民购买动机、彩票玩法有很大关系。在彩票资金去向方面,总体上彩票公益金增加时,会导致财政在社会福利和体育方面的支出增加,但增加幅度小于前者,彩票公益金的促进作用不显著,经济越落后的地区促进作用越小;从不同发行主体来看,福利彩票公益金的促进作用比体彩要显著,这大多与彩票公益金的筹集总额、分配比例、使用效率有关。

[①] 张增帆:《我国彩票销售收入的实证分析——基于省际面板数据》,《产经评论》2013 年第 3 期。

[②] 闫成芳:《福利公平性视角下中国彩票资金问题研究》,硕士学位论文,上海师范大学,2014 年。

张有为（2015）① 指出在中国福利彩票发展中，各级民政部门忠实履行福利彩票"扶老、助残、救孤、济困"的宗旨，充分践行"以民为本、为民解困、为民服务"的核心理念和"取之于民、用之于民"的社会承诺，为推动社会福利、社会救助和其他社会公益事业的发展、保障困难群众基本权益，构建社会主义和谐社会作出了重要贡献。

二 福利彩票公益金支出的研究

对于我国福利彩票公益金支出的研究主要集中在管理、分配、使用等方面，代表性观点包括：

杨娜（2007）② 认为，应当将福利彩票公益金的支出纳入国家预算管理，加强对福利彩票发行机构的约束力度，从而保证福利彩票发行计划的严格执行，并及时足额上缴福利彩票公益金。

张向达、张敏（2008）③ 通过研究 2001—2005 年我国福利彩票公益金的使用情况，认为中央集中的福利彩票公益金中用于社会保障基金的比重过大，消耗了福利彩票公益金的正义价值。

黄芳（2008）④ 总结了福利彩票公益金使用法律制度中存在的问题、制度与体制原因，认为福利彩票公益金使用立法应当坚持社会本位指导思想，从法律关系的主体、使用方式和程序、监督救济途径及法律责任三个方面对福利彩票公益金使用做出具体的规定。

杨博（2010）⑤ 研究得出我国的福利彩票公益金使用信息公开制度建设落后于国外彩票业发达国家，制度的缺失已经成为福利彩票行业信息不透明的重要原因，信息公开制度化须要强制去执行。

---

① 张有为：《福利彩票的社会贡献和使用管理》，《社会福利》2015 年第 3 期。
② 杨娜：《彩票业的政府管制研究》，硕士学位论文，西南政法大学，2007 年。
③ 张向达、张敏：《彩票公益金价值的正义性分析——兼论教育彩票的必要性》，《财政研究》2008 年第 2 期。
④ 黄芳：《福利彩票公益金使用法律制度研究》，硕士学位论文，天津师范大学，2008 年。
⑤ 杨博：《新公共服务理论反思与启示》，《成都行政学院学报》2010 年第 6 期。

刘惠苑（2013）[①]对公共服务转型中的彩票公益事业进行了研究，认为我国彩票公益金的使用范围普遍较窄，其使用原则的社会公益性也并不充分。

王治、吴夏伟（2015）[②]研究了安徽省福利彩票公益金对于民生工程发展的作用，认为现阶段安徽省在彩票公益金使用与分配方面，信息公开的及时性与透明度不够，有待于提高；民生工程重点项目的投入比例不能完全达到暂行办法的要求；各个民生项目的资金分配量有待进一步优化与改进；民生工程的投入项目缺乏相关后续跟踪管理与监督，需要进一步改进与优化。

王余娟（2016）[③]依据某市25年间福利彩票公益金的使用管理情况，从基层角度分析福利彩票公益金使用管理的现状及存在问题，并提出改进对策，要进一步规范公益金使用管理，健全绩效评价和监督管理机制，推进公开透明，提升公益金的使用效益和社会效益。

刘寒波、苏知立（2003）[④]归纳总结了国际上福利彩票公益金使用的三种模式：集中筹资、归纳财政；集中筹资、分项支出；集中筹资、混合使用。通过比较三种模式的优缺点，他认为第二种管理模式更符合我国的国情。

三 福利彩票公益金监管的研究

关于福利彩票公益金监管的研究主要集中在监管模式、监管不力的影响及建议等方面，代表性观点包括：

张晓红（2007）[⑤]研究了中国福利彩票公益金现行的监管模式存

[①] 刘惠苑：《公共服务转型中的彩票公益事业发展路径》，《观点视角》2013年第5期。

[②] 王治、吴夏伟：《浅析福利彩票公益金对于民生工程发展的作用——以安徽省本级福利彩票公益金的分配与使用为例》，《会计师》2015年第9期。

[③] 王余娟：《基层福彩公益金使用管理现状及改进对策》，《行政事业资产与财务》2016年第25期。

[④] 刘寒波、苏知立：《彩票公益金管理的国际比较》，《湖南财经高等专科学校学报》2003年第8期。

[⑤] 张晓红：《我国彩票公益金管理的财政视角分析》，《地方财政研究》2007年第10期。

在的问题，提出在建立福利彩票公益金财政上缴和返还制度基础上，应当建立健全以国家财政为主导的福利彩票公益金监管模式。

卢志凯（2007）[①]分析了我国福利彩票公益金中存在的问题和原因，总结了英、美、法等国彩票法律监管制度方面的经验，提出我国需要加强立法方面的工作，组建独立的监督机构，确保对福利彩票公益金进行有效监管。

江涓（2009）[②]从公共财政的视角，对我国彩票公益金管理的法律制度进行了研究分析，认为我国彩票的发行与运营没有相应的法律依据，是导致福利彩票公益金监管不力的重要原因，并提出应当加快彩票业监管的立法工作，通过立法来实施对福利彩票公益金的有效监管。

刘春香（2012）[③]分析了我国彩票公益金的政府监管情况，认为目前政府对彩票公益金的监管力度不够，且缺乏专业化、独立化的监督机构，提出了需要建立健全彩票公益金监督机制的意见，包括建立统一的公益金分配机构、明确公益金的分配标准、增强公益金管理的透明度等。

闵志刚（2014）[④]认为传统体彩公益金审计的范畴往往局限于资金的合法性和合规性，而资金分配环节的科学性和使用环节指标体系构建及评价是传统体彩公益金审计的"盲区"，并以现代绩效审计的理念，试图弥补传统体彩公益金审计的缺陷，对体彩公益金绩效审计的思路和方法进行了探讨。

单世凤（2015）[⑤]在现有的政府、财政、民政三重管理的监管体制下，提出可借鉴发达国家的经验，成立一个专门的监督管理机构，并使其保持一定的独立性，从而可以更加公正地对安徽省福利彩票公

[①] 卢志凯：《我国彩票公益金管理存在的问题及对策分析》，硕士学位论文，吉林大学，2007年。
[②] 江涓：《公共财政视角下的彩票公益金法律制度研究》，硕士学位论文，华东政法大学，2009年。
[③] 刘春香：《我国彩票业的政府监管制度研究》，硕士学位论文，苏州大学，2012年。
[④] 闵志刚：《体彩公益金绩效审计框架构建》，《审计月刊》2014年第4期。
[⑤] 单世凤：《安徽省福利彩票公益金管理存在的问题与对策研究》，硕士学位论文，安徽大学，2015年。

益金的使用进行管理,并提高其管理水平。

贡艳(2015)①总结了福利彩票公益金资金总量逐年递增、制度体系基本建立、资金管理逐步规范、慈善平台初步形成的现状,并指出在福利彩票公益金管理中仍存在福利彩票公益金分配缺乏制度性约束、福利彩票公益金使用效率效果低下、福利彩票公益金公开力度不够等问题,进而从大力推进法制化进程、积极构建全方位督查体系、全面强化信息公开、精心打造公益品牌等几个方面提出了改进福利彩票公益金管理的意见。

由会贞、李海霞(2015)②通过分析体育彩票公益金存在的问题,指出传统体育彩票公益金审计内容过于单一、评价指标缺乏科学性、缺乏定期跟踪审计的缺陷,结合现代绩效审计理念,从体育彩票公益金绩效审计的目标、主要内容、指标体系设计及指标量化入手,研究重新构建体育彩票公益金绩效审计框架。

林江(2015)③认为,将彩票的发行和管理分开进行,让社会机构来充当彩票发行的角色,而政府部门则充当监管的角色,如此一来才能有效降低彩票发行费及其相关的标准,也增加了公众对与福利彩票的监督意识。

赵璐(2016)④认为,随着彩票规模快速增长,有必要对彩票资金尤其是彩票公益金进行有效审计监督和评价,然而现阶段我国彩票公益金绩效审计评价指标体系尚不够完善,给其绩效审计工作带来了一定的困难,因此提出按照其运转流程构建了绩效审计评价指标体系,并提出了相关建议。

郁菁(2015)⑤通过分析美、英、法三国彩票公益金的筹集、管理及分配使用,对比中国的公益金管理实际,指出了中国彩票公益金

---

① 贡艳:《福利彩票公益金管理探讨》,《合作经济与科技》2015年第10期。
② 由会贞、李海霞:《绩效审计理念下的体育彩票公益金绩效审计》,《中国内部审计》2015年第1期。
③ 林江:《关注彩票资金监管》,《财政监督》2015年第1期。
④ 赵璐:《彩票公益金绩效审计评价指标体系构建》,《财会通讯》2016年第9期。
⑤ 郁菁:《美英法三国彩票公益金管理体制的对比研究及启示》,《社会福利》(理论版)2015年第7期。

管理中存在的不足，提出应从建立《彩票法》来规范公益金的管理，建立彩票公益金基金委员会来管理彩票公益金，以及建立彩票公益金的绩效评价制度等三个方面来完善中国彩票公益金的管理。

四 针对具体地区福利彩票管理实践的研究

针对具体地区福利彩票管理实践的研究相对较为零散，且数量不多，代表性研究包括：

姜昊苏（2013）[①] 从辽宁省朝阳市彩票发行管理的现状出发，指出福利彩票在发行和管理中存在市场建设滞后、内部管理不佳、体育彩票的竞争、非法彩票的冲击等问题，并提出了改革完善管理机制、规范完善福利彩票市场、营造良好的福利彩票文化、构建福利彩票的阳光工程等具体的具有可操作性的方案。

王英（2014）[②] 指出广东省福利彩票在发行销售管理中存在福利彩票与体育彩票发行中利益争夺剧烈、互联网彩票乱象丛生、产品设计思想保守等问题；在发行监管中存在管理机构管理不到位，监督乏力、经营和管理不够规范等问题；在资金分配管理中存在彩票发行的社会信任度低等问题，这些都是由于管理体制不顺、制度建设滞后、监管制度不健全、发行管理水平低等原因导致的。

谢兵（2014）[③] 指出了安徽省福利彩票公益金在管理实践中存在的问题，如使用情况宣传不到位、使用范围不均衡、预算管理有待强化等；因此，应健全福利彩票公益金使用情况信息公告制度、建立福利彩票公益金信息管理系统、编制福利彩票公益金年度收支预算、加强福利彩票公益金资助项目管理、探索建立绩效评价制度和指标体系，由此来提升安徽省福利彩票公益金管理水平。

---

① 姜昊苏：《朝阳市福利彩票发行管理问题及对策研究》，硕士学位论文，渤海大学，2013年。
② 王英：《广东省福利彩票发行管理问题及对策研究》，硕士学位论文，华南理工大学，2014年。
③ 谢兵：《安徽省本级福利彩票公益金管理现状与对策研究》，《中国民政》2014年第12期。

单世凤（2015）[①] 也指出了当前安徽省福利彩票公益金管理过程中存在五个问题，即福利彩票公益金支出结构不合理、福利彩票公益金资助项目管理不够规范、福利彩票公益金使用信息公开制度不到位、福利彩票公益金的预算管理法律不完善、缺乏有效的福利彩票公益金审计监管体系；并进一步地从福利彩票公益金管理的国家政策方面、立法层面、理论研究存在信息壁垒、管理技术手段等方面分析了存在以上问题的深刻原因。

王余娟依据某市 25 年间福利彩票公益金的使用管理情况，从基层角度分析福利彩票公益金使用管理的现状及存在问题：一是福利彩票公益金收支预决算编制主体不合规；二是公益金使用效益待提高，对资助项目尚未进行追踪问效和实效考评；三是有些项目资金长期闲置；四是公益金使用情况未及时透明公开。并相应提出了健全福利彩票公益金使用管理机制的改进对策。

五　福利彩票公益金绩效管理的研究

专门研究福利彩票公益金绩效管理的文章较少，但关于公共部门绩效管理的研究较多，对福利彩票公益金绩效管理具有重要参加价值。相关观点主要有：

蔡立辉（2002）[②] 认为西方国家以公共责任和以顾客至上为理念的政府绩效评估改革措施为政府改革实践和政府公共管理研究提供了新的视野，对我国采取有效的管理对策以解决全球化背景条件下的政府管理问题、改进政府管理方式、转变政府管理理念、提升政府管理能力以获得发展的机遇和迎接挑战，都具有较大的借鉴意义。

蔡立辉（2003）[③] 认为绩效评估是西方国家在现存政治制度的基本框架内、在政府部分职能和公共服务输出市场化以后所采取的政府

[①] 单世凤：《安徽省福利彩票公益金管理存在的问题与对策研究》，硕士学位论文，安徽大学，2015 年。
[②] 蔡立辉：《政府绩效评估的理念与方法分析》，《中国人民大学学报》2002 年第 9 期。
[③] 蔡立辉：《西方国家政府绩效评估的理念及其启示》，《清华大学学报》（哲学社会科学版）2003 年第 2 期。

治理方式；也是公众表达利益和参与政府管理的重要途径与方法，他通过对西方国家政府绩效评估的理念进行分析，为我国的政府管理提供了有益的经验和启示。

李新（2010）[①]通过对绩效管理与绩效审计关系的考查，提出了基于绩效管理系统的公共部门绩效审计实施框架，并在此基础上根据中国的具体情况，提出了在开展绩效审计过程中应注意的几个问题。

王新欣（2012）[②]通过借鉴国外彩票业的管理体制、公益金的分配和使用体制、监管机构设置等方面的成功经验，来分析我国福利彩票业的管理机制；并运用绩效研究方法，研究了我国福利彩票的绩效管理问题。

葛晶爽（2014）[③]通过回顾英美公共部门绩效管理的发展历史，对英美公共部门绩效管理特点（依托政府体质、评估多元化、公民广泛参与、评估程序法制化、评估体系以结果为导向、专门的评估组织）进行分析，借鉴西方发达国家的宝贵经验，逐步提高我国公共部门绩效管理水平，促进我国公共部门绩效管理体系的逐步完善。

此外，针对福利彩票公益金的实际使用情况，国家有关部门也做了许多调研工作。例如，为提高福利彩票公益金的使用效益，新疆尼勒克县财政局对2005—2008年度福利彩票公益金专项资金使用情况开展了绩效评价，其中主要是针对乔尔玛烈士陵园项目的经济效益和社会效益进行了绩效评价，从自然地理条件、资金、管理三个方面找出了影响该项目综合效益发挥的制约因素并提出了加大上级部门的资金支持、管理力量、宣传力度等方面的相关建议。

民政部政策研究中心"福利彩票公益金绩效管理研究"项目调研组在2012年4月赴海南、广东和上海三地开展了社会养老服务机构和福利彩票公益金绩效管理调研，对福利彩票公益金资助典型项目进行了考查和深入了解，并形成了《关于两省一市养老服务与福利彩票公益金管理的调研报告》。报告中介绍了两省一市养老服务与福利彩

[①] 李新：《基于绩效管理的公共部门绩效审计研究》，《管理世界》2010年第9期。
[②] 王新欣：《中国福利彩票绩效管理对策研究》，硕士学位论文，吉林财经大学，2012年。
[③] 葛晶爽：《英美公共部门绩效管理发展历史及启示》，《时代金融》2014年第1期。

票公益金管理的做法和经验,指出目前面临着量化评估福利彩票公益金绩效的难度较大、福利彩票公益金绩效评估体系和机制不完善、福利彩票公益金使用管理的法律法规不健全等问题,并从增强绩效管理意识、创新公益资金项目资助机制、建立福利彩票公益金绩效评估指标体系、加强法规政策保障等几个方面提出了今后工作的方向、思路及建议。

六 对国外彩票管理经验借鉴的研究

也有些研究总结归纳了国外彩票管理的先进经验,例如:

李洁昀(2013)[1]介绍了法国、美国、英国的彩票公益金管理情况,并在管理模式和管理制度建设方面对国内外福利彩票公益金的管理进行了对比分析研究,挖掘出福利彩票公益金值得借鉴的管理规律和经验,包括彩票公益金的提取、分配和使用的严格国家法律保护、程序和管理制度以及将彩票公益金的使用纳入社会公益事业发展的整体规划之中、彩票公益金的提取要有利于彩票产品销售的积极性等方面都是值得我国学习和借鉴的。

王英(2014)[2]对比分析了美国、英国、法国等发达国家彩票发行、管理的经验,从彩票主管机关、发行机构和零售商三级介绍了国外彩票管理体制,以及政府直营模式、企业承包模式和发照经营模式三种国外彩票发行经营模式。

海艳(2015)[3]从管理体制、彩票类型、发行方式、彩票公益金分配制度、法制建设、人员队伍建设等几个方面介绍了英、美、法、西班牙四个国家彩票业发展的概况及带给我国的经验启示。

郁菁(2015)[4]研究发现,美英法三国的彩票公益金管理体制呈

---

[1] 李洁昀:《云南省福利彩票公益金管理研究》,硕士学位论文,云南大学,2013年。
[2] 王英:《广东省福利彩票发行管理问题及对策研究》,硕士学位论文,华南理工大学,2014年。
[3] 海艳:《我国福利彩票业发展的制约因素与对策》,硕士学位论文,大连海事大学,2015年。
[4] 郁菁:《美英法三国彩票公益金管理体制的对比研究及启示》,《社会福利》(理论版)2015年第7期。

现三种模式：法国属于财政统管模式，英国是专项管理模式，美国是财政统管与专项管理相结合模式；三国的彩票公益金都是在法律约束下发挥作用；美英法三国的彩票公益金公布制度非常清晰，对公益金的使用方向界定非常明确。

单世凤（2015）[①] 通过对法国、美国、英国这三个国家在彩票公益金管理方面的实践分析，总结了国外发达国家在彩票公益金管理方面的成功经验，并指出国外先进的彩票公益金管理模式、完善的彩票公益金管理法律制度、健全的彩票公益金管理监督体系对我国福利彩票公益金的管理具有重要启示。

七 彩票销售量影响因素的研究

影响福利彩票销售量的因素主要是从社会和个体两方面展开研究，代表性观点包括：

樊丽明和石绍宾（2003）[②] 从彩票的社会效应研究我国福利彩票，认为福利彩票的有利条件是管理政策的优惠和发行技术的完善，并对我国福利彩票的效应进行分析和实证研究。他们得出的研究结论包括：第一，目前我国的人均收入水平和差异对福利彩票的发行销售影响作用较小；第二，我国彩票的发行制度和技术是影响我国福利彩票销售量的重要影响因素。

李刚（2006）[③] 对我国福利彩票和体彩销量的影响因素进行了研究，其研究得出的结论是：我国低收入者是彩票的主要购买群体，彩票销量与人均收入负相关，并且福利彩票与体彩之间没有替代效应。

王素娟（2008）[④] 研究发现福利彩票消费者的收入结构符合倒U形特征，并对各个收入段彩民的比重进行估算，通过具体数字发现低

[①] 单世凤：《安徽省福利彩票公益金管理存在的问题与对策研究》，硕士学位论文，安徽大学，2015年。

[②] 樊丽明、石绍宾：《中国公共品自愿供给实证分析——以中国福利彩票筹资为例》，《当代财经》2003年第10期。

[③] 李刚：《彩票人均销量的决定因素和我国彩票市场发展趋势的预测》，《体育科学》2006年第12期。

[④] 王素娟：《我国福利彩票消费者构成特征和消费心理研究》，《河北企业》2008年第3期。

收入者是彩票的主要消费者。

张增帆（2013）[①]利用2002—2010年我国31个省市区面板数据，运用固定效应模型分析我国各省彩票销售收入的影响因素，研究发现：影响我国各省市区彩票销量的因素主要有经济发展水平、百万大奖的个数、生活水平等。

吴胜男、许晓彤和陈晓（2014）[②]从个体和社会环境两方面构建影响彩票消费行为的影响因素体系，运用DEMATEL模型分析各因素间的交互关系，结论：影响外来务工人员彩票消费行为的关键性因素是阶层特征、彩票价格、娱乐方式和投机心理。

韩晶晶（2015）[③]通过对国内外有关彩票业发展的影响因素、风险控制策略等的文献研究，借鉴国内外彩票业研究的理论和方法，详细地剖析了2007—2013年我国彩票业市场现状，并在此基础上，以我国2007—2013年的彩票地区历年的销售量为衡量彩票业发展的指标和以地区GDP总值、地区人均GDP总值、人均可支配收入、地区平均受教育年限、第三产业地区生产总值、居民消费总值、网民人数、移动网民数、网站数、IPv4和域名数等数据作为研究对象，建立了基于面板数据的双对数线性回归模型和普通线性回归模型，分别对我国整体彩票销量和互联网彩票销量的影响因素进行定量分析，并提出相应的策略建议，最后对快速发展的我国彩票业存在的风险进行分类归纳，给出管控我国线上线下彩票业的具体策略建议，为我国彩票业树立科学健康的发展观提供参考价值。

第三节 国内外研究动态评述

综合来看，前人研究为本书写作奠定了丰富的理论基础，也为本研究留下了一定的空间。

[①] 张增帆：《我国彩票销售收入的实证分析——基于省际面板数据》，《产经评论》2013年第3期。

[②] 吴胜男等：《中美体育彩票的比较研究》，《现代商业》2014年第8期。

[③] 韩晶晶：《彩票销量的影响因素分析及我国彩票业发展的策略研究——基于面板数据》，硕士学位论文，中国矿业大学，2015年。

一 现有研究为本书写作提供了文献基础

福利彩票公益金管理作为公共管理的必要组成部分,对我国公益事业发展具有举足轻重的意义。但根据以上对国内外研究动态的陈述综合来看,这些研究多针对福利彩票及其公益金管理的某一方面展开,虽然从不同侧面为本书研究提供了很好的思路借鉴,奠定了行文的基础,但还缺乏系统性,也有待提升理论高度。相对于我国福利彩票事业的快速发展,相关研究明显不足,关于福利彩票公益金绩效管理的专题研究更是少之又少。

二 本书研究可以丰富相关文献,弥补现有研究的不足

本书在现有研究基础上,结合管理学绩效管理的相关理论,从我国福利彩票公益金的管理和使用现状入手,系统深入地围绕福利彩票公益金的性质、筹集和使用特征以及绩效管理体系的构建问题展开研究,不仅更加全面,还加入了更多的理论分析和实证证明,能够弥补现有研究的不足,并为政策制定部门提供可操作性建议,更重要的是为实际管理使用部门提供了福利彩票公益金绩效管理体系构建的思路借鉴和可行建议。

第三章 研究思路、研究方法和创新点

本章主要介绍本书的研究思路、研究方法和创新点。研究思路是了解一本著作或者一篇论文的理论索引，本书通过研究思路图和详细解释说明展开论述；研究方法是证明研究观点合理性的必要手段，本书采取了理论与实证相结合的方法，分析福利彩票公益金绩效管理面临的问题及影响因素并提出了自己的观点和建议；创新点是研究的灵魂，本书的创新点主要在于新框架理论体系和新理念的引入。

第一节 研究思路

通常认为，研究思路是科学研究的灵魂。好的研究思路可以有效指导科学研究的过程，为顺利实现研究目标奠定基础。本书的基本思路是以搜集资料（文献梳理和实地调研两种途径）作为基础，一方面对福利彩票公益金绩效管理的现状进行分析，然后剖析其中的主要问题，探寻产生问题的根源；另一方面展开理论探讨和实证分析，从而提出福利彩票公益金绩效管理的体系框架，并给出应用和运行的建议。

具体而言，本书的研究思路如下：

一 搜集国内外福利彩票公益金绩效管理的相关资料

本书从两个方面搜集福利彩票公益金绩效管理的相关资料：一是文献资料；二是一手调研资料。首先，搜集国内外相关文献资料并进行分类梳理，为本书研究提供文献支持和理论基础。本书广泛

第三章 研究思路、研究方法和创新点

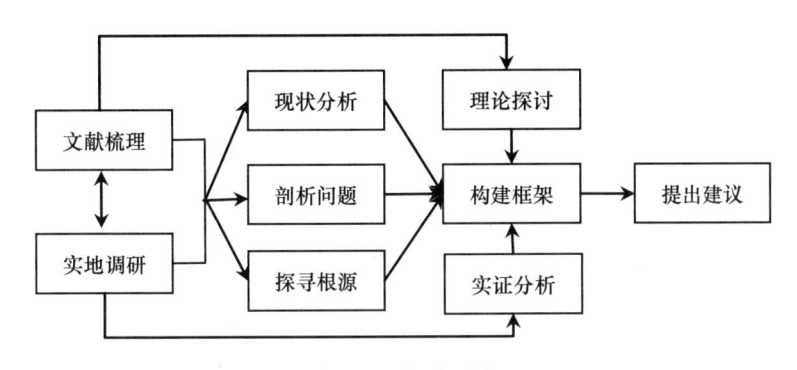

图 1-1 研究思路

搜集了现有福利彩票公益金管理相关的研究文献,并进行了细致梳理和简要评述,为本书研究奠定了文献基础。然后,基于此,以河北省福利彩票公益金绩效管理的突出问题为重点设计了问卷调查、实地访谈、电话采访等组合式调研方式,收集了相互补充的第一手资料数据。调研内容重点包括福利彩票公益金绩效管理制度完善情况、公益金使用情况、制度执行情况和满意度等。调研对象以福利彩票公益金管理使用部门、单位的财务和人事部门负责人为主,以更直接地了解福利彩票公益金使用和绩效管理中的关键问题,为进一步分析福利彩票公益金管理现状和影响因素提供了较为充分的数据支持。

二 阐析福利彩票公益金绩效管理的基本理论和现状

结合现有文献梳理,对福利彩票公益金绩效管理的基本理论进行阐述。首先,对绩效和绩效管理进行界定,以明确福利彩票公益金绩效管理的范畴。然后,对可以借鉴的公共部门绩效管理框架、核心环节、发挥作用进行归纳整理,再在此基础上提出这些理论研究对福利彩票公益金绩效管理的借鉴性。接着,对我国福利彩票公益金的概念、分类及特征进行概述,对调研问卷中的福利彩票公益金筹集、分配和使用、管理等发展状况进行详细分析,找出存在的问题并剖析其中原因,以为福利彩票公益金绩效管理的实证分析和框架构建奠定现实基础。

三 福利彩票公益金绩效管理影响因素的描述分析与实证检验

结合前面述及的福利彩票公益金绩效管理相关理论观点，利用问卷数据对福利彩票公益金绩效管理情况运用统计描述、因子分析、回归分析等实证分析方法，剖析其中存在的问题、影响及背后的根源，找出关键影响因素，为构建福利彩票公益金绩效管理体系框架奠定基础。这是本书研究的关键环节之一，也是理论观点提出的重要论据。

四 构建福利彩票公益金绩效管理的体系框架

在理论探讨的基础上，本书构建了我国福利彩票公益金绩效管理体系框架。本书选取了目标管理理论、成本效益观点、权变理论、战略管理理论和平衡计分卡理论作为福利彩票公益金绩效管理体系框架构建的理论基础。本书在此基础上设计了一套集绩效预算、绩效管理、绩效审计"三位一体"的绩效管理体系框架，具有全面性、动态性和战略性。针对绩效管理这一核心内容的构成模块，本书分别进行了详细的论证，不仅有严谨的文字分析，还配有直观的图表，使研究观点更加明晰。特别值得一提的是，本书结合现有绩效考核指标和标准，提出了针对性的改进建议，可以直接为民政部门细化绩效考核指标提供借鉴。

五 多角度提出福利彩票公益金绩效管理体系框架应用的建议

结合理论和实证分析，本书对福利彩票公益金的绩效管理体系框架的有效推行提出合理化建议。为了确保福利彩票公益金绩效管理体系框架在福利彩票管理部门的应用，本书提出的具体措施主要包括完善相关法规制度、加强理论与实践运用的结合、树立绩效文化观念、健全风险内控制度和完善信息化管理系统等。多角度、全方位的保障运行建议，使本书观点更加系统、全面。

第二节 研究方法

本书研究采用定性分析和定量分析相结合的方法。定性分析是定量分析的基本前提，好的定性分析为定量分析提供理论依据和方向指导；定量分析是定性分析科学准确的有效证明和必要补充。具体地说，本书采取了多种定性和定量分析方法，主要包括：

一　文献分析法

文献分析法，是一种搜集、鉴别、整理文献，并通过对文献的研究形成对事实科学认识的研究方法。这种方法是一项经济有效的信息收集方法，通过对与工作相关的现有文献进行系统性的分析来获取工作信息。具体地说，本书采用文献分析法对福利彩票公益金绩效管理的国内外现状和相关理论、实践中存在的问题进行探寻、搜集和整理，从而形成对福利彩票公益金绩效管理的初步认识。

二　问卷和访谈调查法

问卷法，也称调查表法，是社会调查研究中普遍使用的一种收集资料的研究工具。问卷的形式一般以问题的形式系统地记载调查内容，实质是为了收集人们对于某个特定问题的态度行为特征价值观观点或信念等信息而设计的一系列问题集合体。访谈法，即研究性交谈，又称晤谈法，是指通过采访员和受访人面对面地交谈来了解受访人对问题看法的一种基本研究方法。最初用于心理学研究，现在广泛用于研究比较复杂的问题，特别是需要向不同类型的人了解不同类型的材料时通常使用该方法。通常认为，访谈是一种以口头形式，根据被询问者的答复收集客观的、不带偏见的事实材料，以准确地说明样本所要代表的总体的与研究方法。本书采用访谈、问卷调查法作为互相补充，以便更好地厘析和梳理福利彩票公益金绩效管理中的关键问题。

三　实证分析法

实证分析法是指只对经济现象、经济行为或经济活动及其发展趋势进行客观分析，得出一些规律性结论的方法。该方法已经被广泛用于经济管理学研究，是一种典型的定量研究。本书采用描述性统计、因子分析、逐步回归分析等实证分析方法对福利彩票公益金的绩效管理情况及其对满意度的影响因素进行系统剖析。

四 理论分析法

与实证分析方法相对,理论分析法是在感性认识的基础上通过理性思维认识事物的本质及其规律的一种科学分析方法。理论分析属于理论思维的一种形式,是科学分析的一种高级形式,是定性研究。理论分析法是在思想上把事物分解为各个组成部分、特征、属性、关系等再从本质上加以界定和确立,进而通过综合分析,把握其规律性。本书采用理论分析法,通过对成本效益、战略管理、平衡计分卡和权变理论等理论观点的综合剖析,找出福利彩票公益金绩效管理的必备要素,构建福利彩票公益金绩效管理的体系框架,并从不同层面提出相应的实施和完善建议。

第三节 创新点

本书选取以福利彩票公益金作为研究对象,从管理部门角度探讨其绩效管理问题,以弥补当前理论研究的不足,能够在一定程度上应对当前福利彩票公益金使用不规范、监督弱化等问题,从而满足实践对提升福利彩票公益金绩效管理的要求。

一 福利彩票公益金绩效管理的概念界定和意义剖析

本书在对现有研究研读的基础上,不仅对福利彩票公益金绩效及绩效管理的概念进行了界定,还综合讨论了现有可借鉴的公共支出绩效管理的体系框架,并明确了福利彩票公益金绩效管理的作用。本书对福利彩票公益金筹集、分配和使用及管理现状进行了有效整合,不仅为体系框架的构建奠定基础,也可以为相关研究提供系统参考。

二 构建"三位一体"的福利彩票公益金绩效管理体系框架

本书从研究对象的特征、所处环境和现状出发,运用理论与实证相结合的方法,系统讨论了现有绩效管理制度中存在的问题,并构建了一套更可行和有效的集绩效预算、绩效管理和绩效审计为一体的绩效管理体系框架,重点论证了绩效管理的各项内容。如能够在实践中展开推行,将对当前福利彩票公益金绩效管理法规制度完善、福利彩票公益金管理的绩效和社会形象提升发挥重要作用。

其中值得一提的是,本书研究结合理论分析,集合目标管理法、平衡计分卡法和360°考核法、KPI法等先进方法,较为详细地提出了现有绩效考核指标体系的改进建议,依据更加合理、体系更加完备,也更易操作、更能体现福利彩票公益金的特征。

三 结合新思想引入福利彩票公益金绩效管理的新理念

本书研究结合当前企业管理中的企业文化、生态管理、风险内控等先进管理经验,提出了促进福利彩票公益金绩效管理长效发展的政策建议,尤其是建立健全风险内控制度、树立绩效管理文化观念、发行生态福利彩票等均属首次提法,对于我国研究福利彩票公益金管理的相关问题和应对实践中审计监管问题等均具有重要的参考价值。

第二编 福利彩票公益金绩效管理的理论基础和现状分析

福利彩票的发行宗旨是"扶老、助残、救孤、济困",为了提高公益金使用效率,更好地达到服务社会的目的,加强对福利彩票公益金的绩效管理迫在眉睫。本章首先结合公共管理特征对福利彩票公益金绩效管理研究的相关理论基础进行了分析;然后利用收集的资料对福利彩票公益金发展现状进行了总结描述,包括福利彩票公益金筹集、分配、使用与管理的管理制度和要求;然后在此基础上深入剖析了当前福利彩票公益金在理论与实践中存在的系列问题,如管理不规范、支出结构不合理、绩效考核指标缺失、缺乏审计监管体系等。

第一章 绩效管理的基本理论内容

绩效管理制度是检验福利彩票公益金筹集和使用是否贯彻其宗旨的第一道关口。这是因为，福利彩票公益金的绩效管理制度科学规范直接影响福利彩票公益金的筹集、使用是否符合既定目标、是否遵循了公益性和经济性等原则等。为此，本书围绕现有研究对公共管理部门绩效管理的基本理论，结合福利彩票公益金及管理的现状，分析了现有福利彩票公益金在绩效管理过程中存在的问题，以从理论层面探讨福利彩票公益金管理问题产生的原因，并根据理论调研实践中存在的实际问题和影响因素，找寻绩效管理角度激励和约束其管理部门和人员的思路和办法，目的是为民政部门完善福利彩票公益金绩效管理制度、实现福利彩票"取之于民，用之于民"的宗旨提供理论指导。

第一节 绩效及绩效管理的界定

一 绩效的特点和分类

关于绩效的概念，经常被赋予许多模棱两可的含义。绩效，从字面上来看，是由绩和效组成，也称为业绩、效绩、成效等，反映的是人们从事某一种活动所产生的成绩和成果。达布尼克（Dubnick，2007）[1]认为绩效有四层含义：第一层含义，绩效包括了所有执行的活动，比如一次警察的巡逻、一次课程等，而不论这些活动是否成功；第二层含义，绩效是一种胜任能力或者生产能力，大量文献都将

---

[1] Dubnick, Melvin J., "Accountability and Ethics: Reconsidering the Relationships", *International Journal of Organization Theory and Behavior*, Vol. 6, No. 3, 2007, pp. 405–441.

公共部门的胜任能力粗略地等同于绩效;第三层含义,绩效等同于结果,而不考虑结果的获得方式;第四种含义,绩效代表可持续的结果,即公共部门能够将自身能力转换为产量和成果。

(一)绩效的特点

站在不同角度,对绩效的理解是不同的。单位可能认为:绩效就是利润、绩效就是规模、绩效就是单位可持续发展的能力。个人可能认为:绩效是个人工作的成果、绩效是个人工作的行为、绩效是个人表现出来的素质。之所以产生这种差异,源于绩效的特点:多因性、多维性和动态性。

绩效的多因性,是指组织绩效的产生不取决于单一因素,而取决于多方面因素,既有客观的也有主观的。总结起来,客观方面主要包括三大因素:外部因素、内部因素、员工个体因素。外部环境因素,如经济环境、政治环境、社会环境等;内部因素包括组织的各项管理制度,如人力资源管理制度、财务管理制度、信息沟通制度等;员工个体因素,包括员工的教育培训背景、技能水平、家庭环境等。主观方面则包括组织的文化氛围、团队意识以及员工的工作动机、个人素质、性格及价值观等。

绩效的多维性,是指组织的绩效的产生存在多个维度。即在大因素中包含若干子因素,子因素又有若干分子因素,是分层次的,渐进的,又是互相关联的。因此,绩效的分析和管理需要综合考虑多维度的相互影响。

绩效的动态性,是指组织的绩效会随着时间的推移而产生变化。组织绩效随着时间的变化,既可能由好变差,也可能由差变好,没有一种管理模式或者套路是始终适用的。从某种意义上说,不同的管理对象,绩效指标应有所不同,才能够对症下药,实现绩效管理的目标。

(二)绩效的分类

组织的整体绩效是从不同的个体绩效中综合体现出来的。在组织活动中,所有员工行为的工作过程转化为部门或团队的工作结果,最终形成了组织的整体绩效。依据组织的层次性,可以将绩效分为三个层次:

1. 组织绩效。组织绩效，是组织的整体绩效，是面向整个组织的任务和目标的，指的是组织任务在数量、质量及效率等方面完成的情况。组织层次上的绩效主要强调"组织与市场的关系及其所涵盖主要职能的基本骨架"。影响组织绩效的主要变量有战略、组织整体的目标及测评指标、组织结构和资源配置等。

2. 部门/团队绩效（流程绩效）。部门/团队绩效是指由两个或者两个以上具备互补知识、技能和共同目标的人在具体的、可衡量的业绩目标指引下共同实现的工作结果。

流程是指生产产品或者提供服务的一系列步骤和活动。质量和流程重组是这个领域中提高绩效最重要的两个方面。组织中有跨越不同部门的诸多的流程。流程绩效管理的任务就是考查流程哪里出现了问题或什么地方需要改进以满足组织的战略计划要求。

如果忽视了部门/团队绩效的关注，就可能使专业技术人员只注重与个人绩效有关的工作，最终削弱了整个部门/团队的凝聚力和战斗力。

3. 个人绩效。个人绩效是指个人所表现出的、能够被评价的、与组织与群体目标相关的工作行为及其结果。个人绩效主要考查专业技术人员的行为是否达到职业化的标准，是否按照职业化工作程序做正确的事情。个人绩效管理最受人关注的一个领域，一般包括员工绩效计划、绩效指导、绩效评估、结果运用（培训和发展、激励）方面的内容。个人绩效管理集中于怎样促使员工努力工作以达到其工作岗位的要求。影响个人绩效的变量主要在于招聘、晋升、职责、标准、薪酬、培训等。

个人绩效是组织绩效的根本和基础，只有使个人工作绩效最大化，才有可能使组织绩效最大化。

尽管组织绩效、部门/团队绩效和个人绩效有所差异，但是三者又密切相关。组织和部门/团队绩效是通过个人绩效实现的，离开个人绩效，无所谓组织和部门/团队绩效。从绩效评价的角度看，离开组织、部门/团队绩效的个人绩效是毫无意义的，个人绩效需要通过组织、部门/团队绩效来体现。因此，组织、部门/团队绩效的管理最终落脚点在于专业技术人员个人绩效管理。

第二编　福利彩票公益金绩效管理的理论基础和现状分析

二　绩效的代表观点

综合不同学科、不同组织和不同社会发展阶段，人们对于绩效概念的认识，绩效可以分为结果论、行为论和潜能论之争。基于这三种理论观点，学者们又提出了全面绩效论。

（一）绩效结果论

绩效结果论，也称绩效产出论，认为绩效是"结果""产出"或"目标实现度"，而绩效管理就是对企业的所有员工的工作结果进行客观评价与管理的过程。简而言之，在绩效考核时只考核结果，而不考核其他因素。这种观点属于结果导向，强调结果，关注员工最终的业绩，而不论员工的素质和行为过程。在这种观点下，绩效管理通常只对绩效的结果进行评价与考核，如对销售员只考核销售额和利润率，不考核其他指标，如出勤率、对客户的服务等。

例如，《韦氏词典》将绩效定义为完成某种任务或达到某个目标；伯纳丁（Bemardin）和比蒂（Beatty）（1984）[1]认为绩效是在特定的时间范围内，在特定工作职能下活动或行为产出的结果；著名学者芬维克提出"3E"绩效理念，即绩效是经济性（Economy）、效率性（Efficiency）和有效性（Effectiveness）的综合判断；随后学者提出"4E"概念，即在"3E"绩效概念的基础上增加公平性（Equity），而绩效是组织为实现目标，部门、员工各层面须产出的有效成果，是员工产出的各类产品与服务，对组织内部客户与外部客户的价值。

绩效结果论的重要代表人物是伯纳丁，伯纳丁及其同事认为，对于绩效管理来说，采用以结果为核心的方法更为可取，因为它是从顾客的角度出发的。绩效是工作任务的完成、目标的实现以及所达到的结果或产出。显然，结果论认为绩效即结果（即"结果绩效"）。结果绩效的构成主要包括数量、质量、效果、公平和顾客满意等方面的要素。另外，张祖忻（2006）[2]认为，绩效是行为的结果，其概念本

---

[1] Bernardin, H. John, Richard W., Beatty, *Performance Appraisal: Assessing Human Behavior at Work*, Boston: Kent Publishing Company, 1984.12.

[2] 张祖忻：《绩效技术的启示教育技术发展的要求》，《现代远程教育研究》2006年第4期。

身包含了行为和价值两个方面；威廉·J. 罗思韦尔（William J. Rothwell）、卡罗琳·K. 霍恩（Carolyn K. Hohne）和斯蒂芬·B. 金（2007）[①]指出，绩效是个体、团队或组织所取得的成果、结果或成就。这些关于"绩效"的阐述都明确了结果的重要性。

在绩效结果论下，绩效结果受诸多因素影响，并不一定是由员工的行为所产生的；工作执行者执行任务的机会也不平等；过分强调结果，导致追求短期效益。

（二）绩效行为论

绩效行为论认为，绩效是一个实现目标、采取行动的过程，包括工作能力、工作态度、协作意识等。在该观点下，绩效等同于"行为"。绩效是与一个人在其工作的组织或组织单元的目标有关的一组行为（包括正确做事的方式、方法），绩效可以定义为"行为"的同义词，它是人们实际的行为表现并能观察到。该观点下的绩效评价与考核一般从"德、能、勤、绩"四个维度进行。其中，德指的是品质、能指的是行为、勤指的是品质、绩指的是结果，概括起来则由思维变成了"结果、品质和行为"三维度。这种观点下的品质和行为是支撑结果的因素，正是因为加入了这些因素，绩效管理的内容不再局限于结果，而是将过程纳入系统。但是在具体执行时，只有量化的指标才可以考核。而依据绩效行为论考核的关键在于如何把品质、行为量化。如果解决不好，容易产生为了量化而量化的局面，往往会导致考核指标不科学、不适用。

《牛津词典》将绩效解释为执行或完成一项活动、任务和职能的行为或过程；绩效包括在个体控制之下的，与目标相关的动作，无论这些动作是认知的、驱动的、精神运动的，还是人际间的。绩效管理的关键是使员工掌握正确的做事方式、方法，是员工行为规范化、职业化的过程。这种观点下的绩效管理侧重于建立行为标准或规范，强调在完成绩效目标过程中的行为必须符合这种标准或者规范，通过员工行为与企业行为的比较和评估，推断出员工的工作

[①] [美] 威廉·J. 罗思韦尔、卡罗琳·K. 霍恩、斯蒂芬·B. 金：《员工绩效改进——培养从业人员的胜任能力》，杨静、肖映译，北京大学出版社2007年版，第7—12页。

绩效。

对行为绩效结构模型研究的开创者是卡茨（Katz）和卡恩（Kahn），在1978年，他们提出了行为绩效的三维分类法和五种行为绩效类型。真正对行为绩效的范围进行拓展始于奥根（Organ），在大量实证研究的基础上，奥根等人于1983年创造性地提出了组织公民行为理论（Organizational Citizenship Behavior，OCB），布里夫（Brief）和摩托维德罗（Motowidlo）在OCB的基础上于1986年提出了超组织行为理论（Prosocial Organizational Behavior，POB）。POB与OCB虽然提法各异，但都强调组织中的合作和助人行为，强调自发行为，认为这种行为将影响工作结果。两者的区别在于，POB可以是职务内行为，也可以是职务外行为；POB有可能在对个人有利的同时对组织造成不利的影响，但OCB指的是有利于组织的行为。在该观点下的基本假设是行为最终必然导致结果，只要控制了行为就能够控制结果；员工的行为标准或规范，还可以赋予企业文化的诉求。

（三）绩效潜能论

绩效潜能论强调员工潜能与绩效的关系，认为绩效等于"做了什么"与"能做什么"，关注的是实际收益与预期收益的差异。这种观点的贡献在于将个人潜力、能力纳入绩效评价的范畴。该观点下，绩效评价与考核不再仅仅是追述过去、评价历史的工具，而更在于关注未来。这种观点，更适合对知识性员工和创新性的工作进行绩效管理管理关，其关键是帮助组织机构寻找真正产生高绩效的人才。

（四）全面绩效论

该观点认为绩效是由人的潜能（素质）、潜能发挥（行为）、潜能发挥效果（结果）共同作用的过程。优秀绩效取决于潜能（能做什么）、行为素质（如何做）和结果（做到什么）三者之和。姆维塔（Mwita，2000）[1]认为绩效是一个综合概念，应包括行为、产出、

---

[1] Mwita, John I., "Performance Management Model: A Systems-Based Approach to Public Service Quality", *The International Journal of Public Sector Management*, Vol. 13, No. 1, 2000, pp. 19–37.

效果三个因素；达布尼克（Dubnick，2007）[①] 指出绩效通常包括四层含义，一是绩效涵盖了所有已经执行的活动，而不论这些活动是否成功；二是绩效是一种胜任能力或者生产能力；三是将绩效等同于结果，而不考虑结果是何种途径取得；四是绩效表示的是可持续的一种结果。借鉴上述观点，对于公共部门而言，绩效应该是行为主体执行活动及在活动过程中表现出来的胜任能力和可持续的结果。

（五）成本收益论

该观点主要是从管理会计视角，针对企业组织绩效管理问题提出的。由于政府部门也在探索引入管理会计加强成本管理、提高管理效率的问题，故此本书认为从管理会计视角对福利彩票公益金绩效管理进行改进也是有必要的。因此，在界定绩效的内涵时，我们引入成本收益论观点。

2014 年财政部颁布了《关于全面推进管理会计体系建设的指导意见》（财会〔2014〕27 号）将绩效管理视为我国管理会计体系建设中的一项重要内容。管理会计视角的绩效管理模式是指将成本与收益导向嵌入企业目标与其他相关目标的绩效管理之中，在为顾客创造价值的基础上协调企业与各利益相关者之间的关系，谋求企业及其合作方的利益平衡。这种模式对于当前"互联网+"条件下的企业集聚发展，以及实现经济社会的创新驱动具有积极的意义。从管理会计角度考查，全面绩效管理中核心的关键要素是成本与收益，因为控制住了成本，企业的收益就有了保证。从成本管理入手，企业以采购业务环节为起点，通过作业分析与流程改造，提升企业绩效管理效率。加强成本管理，首先需要对每项成本确定责任人，这是提升成本绩效管理与控制的基础。从收益管理入手，借助于管理会计利润表、精益生产管理和生产作业管理视角等，进一步对企业的全面绩效管理作出分析与论证。从收益管理视角考查企业绩效管理的实施效果，是管理会计开展全面绩效管理的独特之处[②]。

[①] Dubnick, Melvin J., "Accountability and Ethics: Reconsidering the Relationships", *International Journal of Organization Theory and Behavior*, Vol. 6, No. 3, 2007, pp. 405 – 441.

[②] 冯巧根：《管理会计视角的全面绩效管理》，《会计之友》2016 年第 1 期。

第二编 福利彩票公益金绩效管理的理论基础和现状分析

综合以上观点，本书认为，绩效是组织机构所有活动的系统表现，既包括各种活动实施过程，也包括活动的实施结果。组织活动实施过程是通过分解成员工行为实现的，行为表现为具体的操作过程，而操作过程最终会以成本效益的不同形式表现为结果，结果又是分层次、分角度的。因此，绩效是企业活动的全部过程和结果。

三 绩效管理的界定

绩效管理是绩效和管理相结合的活动，管理是借以创造绩效的手段，绩效是实施管理的目标。从概念上讲，绩效管理是一个完整的管理系统，是指在社会或组织共同确定的战略目标基础上，通过制定绩效目标、实施绩效监控、评估绩效结果、反馈和改进绩效等环节，确保组织和员工的工作行为和工作产出与组织目标保持一致并持续改善绩效，最终实现组织战略目标的过程。绩效管理的目的是持续提升个人、部门和组织的绩效。绩效管理主张放松对组织活动的过程管理和规则控制，将管理重点从以规则为基础的责任制转向以绩效为基础的责任制。绩效管理是管理组织绩效的过程［罗杰斯（Rogers，1990）[1]；布雷德鲁普（Bredrup，1995）[2]］。

绩效管理强调组织目标和个人目标的一致性，强调组织和个人同步成长，形成"多赢"局面；绩效管理体现着"以人为本"的思想，在绩效管理的各环节中都需要管理者和员工的共同参与。

绩效管理的概念告诉我们：它是一个管理者和员工保持双向沟通的过程，在过程之初，管理者和员工通过认真平等的沟通，对未来一段时间（通常是一年）的工作目标和任务达成一致，确立员工未来一年的工作目标，在更高层次的绩效管理里用关键绩效目标（KPI）和平衡记分卡表示。

绩效管理的过程通常被看作一个循环，这个循环分为四个环节，即绩效计划、绩效辅导、绩效考核与绩效反馈。

---

[1] Rogers Steve, "Performance Management in Local Government", Harlow Essex: Longman, 1990.

[2] Bredrup Harald, "Background for Performance Management", "Performance Management", Dordrecht: Springer, 1995, pp. 61–87.

按管理主题来划分,绩效管理可分为两大类,一类是激励型绩效管理,侧重于激发员工的工作积极性,比较适用于成长期的企业;另一类是管控型绩效管理,侧重于规范员工的工作行为,比较适用于成熟期的企业。但无论采用哪一种考核方式,其核心都应有利于提升企业的整体绩效,而不应在指标的得分上斤斤计较。

(一)绩效管理不同于绩效考核

早些年的研究多将绩效考核等同于绩效管理,但随着经济发展,人们逐步意识到绩效考核只是绩效管理的一个组成部分。只进行绩效评估会引来一系列问题:工作目标和标准不明确,导致员工不明白对其工作的要求,工作中无所适从;员工感觉管理者的角色是裁判,考核就是要挑毛病;对员工绩效的判断通常是凭印象、主观的和武断的;管理者与员工之间是对立的,组织气氛紧张;绩效考核只是管理人员的工作,员工完全是被动的;过分地把员工绩效改善和能力的不断提高依赖于奖惩制度,员工改善绩效的动力来自利益的驱使和对惩罚的惧怕,考核是使员工更努力工作的"棍棒";只是每年对员工以往的绩效进行一两次考核,而忽略了对其产生绩效行为过程的控制和督导;只是对员工进行绩效考评,而没有向员工反馈考评的结果,使得员工可能由于好的成绩没有得到及时认可而产生挫折感,也可能使缺乏工作能力和经验的员工难以发现自身的问题,而不利于其绩效的改善和能力的提高。

这些问题的出现并非偶然,因为绩效考核的本意不能是为了考核而考核,而应该通过评价员工的绩效表现来奖励先进、鞭策后进,激发员工作的积极性,进而提高整个组织的绩效水平。如果只是孤立地进行绩效考核这项工作,而忽视了绩效考核之前和之后应该做的一系列工作,必然会出现上述问题,使绩效考核丧失意义。为了扭转这种状况,我们就有必要将目光更多地从"考核"转向"绩效",重视绩效管理,从绩效考核走向绩效管理。为了扭转这种状况,我们就有必要将目光更多地从"考核"转向"绩效",重视绩效管理,从绩效考核走向绩效管理。

本质上,绩效管理是战略管理的重要构成部分——引导、评价和激励员工去实现组织结构的战略/目标。所以，脱离了战略/目标的绩效管理或绩效考核将毫无意义。绩效管理作为现代管理中非常重要的领域之一，受到了越来越多组织者的关注；绩效管理包括了绩效考核，但是，绩效管理远不只是绩效考核，还有绩效管理架构、绩效指标库、绩效管理手册、激励体系这四个构成部分；具体地说，还有目标管理体系和绩效应用体系，尤其是绩效应用管理体系——绩效考核结果应用于薪酬福利，应用于学习培训，应用于岗位调整。考核完成之后并不意味着绩效管理的闭环结束，还需要检视被考核者的达成情况，如果结果不理想，还需要做绩效面谈、提供绩效辅导，并将分析结果记录，形成员工的绩效档案。

但现实情况是，很多组织仅仅把目光聚焦在考核上，而忽略了考核的初衷，以及如何提升员工的绩效。绩效考核仅仅是绩效管理的一个环节，而不是绩效管理的终点。对于组织而言，最重要的事情是构建起完善的绩效管理体系，而非简简单单的绩效考核。

代顿（Dayton）（2001）[1]就直接指出应该用绩效管理系统代替每年的绩效考核，绩效考核重点在于考核，管理者的角色是"裁判"，而绩效管理却着眼于员工绩效的改善，在绩效管理中，管理者的角色是"教练"，它的主要目的是通过管理人员和员工持续的沟通、指导、帮助或支持员工完成工作任务，这样的结果必然是实现员工个人绩效和组织整体绩效共同提高的"双赢"。再如，韩翼、廖建桥（2006）[2]也指出，绩效管理是依据主管与员工之间达成的协议来实施一个动态的沟通过程，绩效考核与评估只是完善绩效管理过程中的一个环节；绩效管理是一个完整的系统和过程，能帮助雇员和组织提高效能，规划组织和雇员的未来，而绩效考核仅仅是这个过程中的一部分，是对雇员绩效的一个阶段性总结。绩效考核的最大问题在

---

[1] Dayton Fandray,"The New Thinking in Performance Appraisal", *Workforce*, Vol. 80, No. 5, 2001, p. 36.

[2] 韩翼、廖建桥：《组织成员绩效结构理论研究述评》，《管理科学学报》2006年第2期。

于会损害组织系统内部的自发力量［朔尔特斯（Scholtes，1998）］[①]。

（二）绩效管理的含义

目前，各学者对绩效管理的内涵莫衷一是。徐红琳（2007）[②]认为绩效管理是一个控制系统；徐中奇、顾卫俊（2004）[③]认为绩效管理是一种战略过程，其目标是行为；周志忍（2006）[④]则认为绩效管理（未与绩效评估做明显区分）是一种技术工具，强调外部责任和内部控制，其价值导向是公民。另外，董晓敏（2013）[⑤]、杨修平（2015）[⑥]等学者认为绩效管理是一个动态的、持续改进的过程，包括绩效目标制定、实施，绩效结果考核，绩效信息反馈等活动。

阿姆斯壮（Armstrong，2000）[⑦]将绩效管理定义为策略和信息集成的过程，它通过提高组织中成员和团队的工作效率从而使组织得到持续的成功。"绩效管理涉及组织管理活动的各个环节，具有自己的基本信念和理论基础，不是一种技术而是多项技术的集合，并且实际操作中体现出自己的特点。"肖希明、戴艳清（2010）[⑧]提出了对绩效管理的解释，"绩效管理是管理组织绩效的一种体系；绩效管理是管理员工绩效的一种体系；绩效管理是一个组织绩效管理和员工绩效

[①] Scholtes Peter R., "The Leader's and Book: A Guide to Inspiring Your People and Managing the Daily Workflow Advice for Leaders in the New Millennium", *New York: McGraw-Hill Company*, 1998.

[②] 徐红琳：《绩效管理的理论研究》，《西南民族大学学报》（人文社科版）2007年第2期。

[③] 徐中奇、顾卫俊：《绩效管理的内涵意义与方法》，《中国人力资源开发》2004年第5期。

[④] 周志忍：《政府绩效管理研究：问题、责任与方向》，《中国行政管理》2006年第12期。

[⑤] 董晓敏：《浅析当前事业单位绩效管理中的不足与对策》，《人力资源管理》2013年第5期。

[⑥] 杨修平：《绩效管理流程中的实践策略及应用技术》，《改革与战略》2015年第4期。

[⑦] Armstrong, Michael, "Performance management: Key Strategies and Practical Guidelines (2ed)", *London: Kogan Page Limited*, 2000.

[⑧] 肖希明、戴艳清：《基于不同模型的信息资源共享系统绩效管理策略》，《中国图书馆学报》2010年第6期。

管理相结合的体系"。

较为权威的界定是由美国"国家绩效管理小组"提出来的,绩效管理是"利用绩效信息协助设定统一的绩效目标,进行资源配置与有限顺序的安排,以告知管理者维持或改变既定目标计划,并且报告成功符合目标的管理过程"(张成福、党秀云,2001)[①]。由此可见,绩效管理是一个完整并且不断进行的循环,其最终的结果是员工个人绩效水平和组织整体绩效水平的不断提高,从而实现员工个人发展和组织整体发展的"双赢"。它是指为实现企业的战略目标,通过管理人员和员工持续地沟通,经过绩效计划、绩效实施、绩效考核和绩效反馈四个环节的不断循环,不断地改善员工的绩效,进而提高整个企业绩效的管理过程。

绩效管理是管理(不是人力资源部的专利),涵盖管理的所有职能:计划、组织、领导、协调、控制。绩效管理是一个持续不断的交流过程,该过程是由员工和他的直接主管之间达成的协议来保证完成。绩效管理不仅强调工作结果,而且重视达成目标的过程。绩效管理是一个循环过程。在这个过程中,它不仅强调达成绩效结果,更通过目标、辅导、评价、反馈,重视达成结果的过程。

福利彩票从发行、分配到公益金的管理都由民政部门负责主管,而民政部门则是典型的公共部门[②]。借鉴这一定义,公共部门绩效管理是指公共部门在履行公共责任的过程中,以公共产出的最大化和公共服务最优化为目标,实施的一种全面管理(尹忠红、郝振河,2008)[③]。

第二节 公共部门绩效管理的框架

当代绩效管理问题的研究与实践要追溯到20世纪80年代。一般

[①] 张成福、党秀云:《公共管理学》,中国人民大学出版社2001年版。
[②] 公共部门是指被国家授予公共权力,并以社会的公共利益为组织目标,管理各项社会公共事务,向全体社会成员提供法定服务的政府组织。
[③] 尹忠红、郝振河:《政府公共部门绩效管理的相关问题及研究》,吉林省行政管理学会"加强体制机制创新,建设服务型政府"研讨会论文,2008年。

认为，当代绩效管理体系是在吸收了传统的德能勤绩、目标管理、绩效考核和绩效评估等管理理论和方法的基础上，形成的科学的、系统的对绩效实施战略管理的一套方法、流程和理论。

由于一般企业和公共部门（主要是指行政事业单位）的目标及管理体制有着本质区别，故而本书专门对现有研究行政事业单位绩效管理问题的文献进行了归纳整理。分析发现，比较有代表性的观点包括，孙克竞（2011）[①] 提出的部门预算支出绩效管理组织实施体系框架（见图2-1）；肖希明、戴艳清（2010）[②] 基于前人研究提出的信息资源共享系统绩效管理的平衡计分卡绩效管理模型（见图2-2）和一般模型（见图2-3）；常丽（2013）[③] 提出的公共绩效管理的指标体系（见图2-4）以及张雷宝（2009）[④] 提出的公共支出绩效、绩效管理制度和绩效管理文化之间的逻辑关系模型（见图2-5）。这些模型从不同角度阐述了绩效管理的体系框架，为本课题研究提供了思路和借鉴。

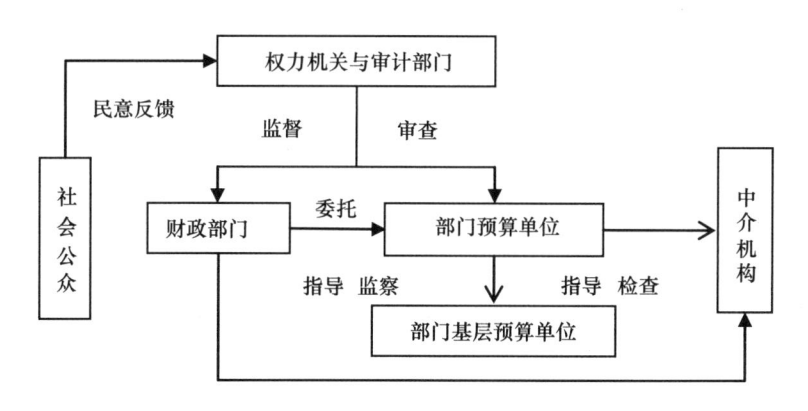

图2-1 部门预算支出绩效管理组织实施体系

[①] 孙克竞：《政府部门预算支出绩效管理改革框架分析》，《审计研究》2011年第3期。

[②] 肖希明、戴艳清：《基于不同模型的信息资源共享系统绩效管理策略》，《中国图书馆学报》2010年第6期。

[③] 常丽：《公共绩效管理框架下的政府财务绩效报告体系构建研究》，《会计研究》2013年第8期。

[④] 张雷宝：《公共支出绩效管理创新：浙江的实践与启示》，《财政研究》2009年第6期。

一　部门预算绩效管理组织实施框架

孙克竞（2009）[①]提出，政府预算绩效管理的首要任务是确定合理的预算支出绩效目标，制定预算绩效计划和战略。作为政府部门，相对于收入而言，更重要的是支出是否实现了经济和社会责任目标。

第一，部门预算单位是部门预算支出绩效管理改革的核心，绩效管理必须将给予部门管理者更多的灵活性，且部门也要秉持透明、公开、具有说服力的方式通过绩效管理找到适合自身管理的有效路径。

第二，财政部门作为政府预算管理的职能部门，在引导和掌控部门预算支出绩效管理改革方面责无旁贷，且具有其他部门不可替代的作用。

第三，权力机关与审计部门承担着保障部门支出预算绩效管理改革，坚持改革初衷，切实有效推进，可持续开展，树立改革威信，防止"伪改革"与虚假绩效信息的重要监督职责。

第四，民间中介机构与社会公众的积极参与是部门预算支出绩效管理改革充满活力与生命力、实现改革理想、完善监督体系的重要内容。

二　信息共享系统下的绩效管理体系

肖希明、戴艳清提出的模型框架强调绩效管理是一个持续优化组织绩效的过程，并强调成员机构参与和使用的系统模式和策略。该模型集合当前平衡计分卡绩效管理体系在企业运用的特征，又充分考虑了公共支出系统的目标差异性，为本报告研究思路形成起到了基础作用。

三　政府财务绩效报告体系的基本框架

常丽（2013）[②]指出，绩效管理是一个处于变化和改进中的程

[①] 孙克竞：《政府部门预算支出绩效管理研究》，博士学位论文，东北财经大学，2009年。

[②] 常丽：《公共绩效管理框架下的政府财务绩效报告体系构建研究》，《会计研究》2013年第8期。

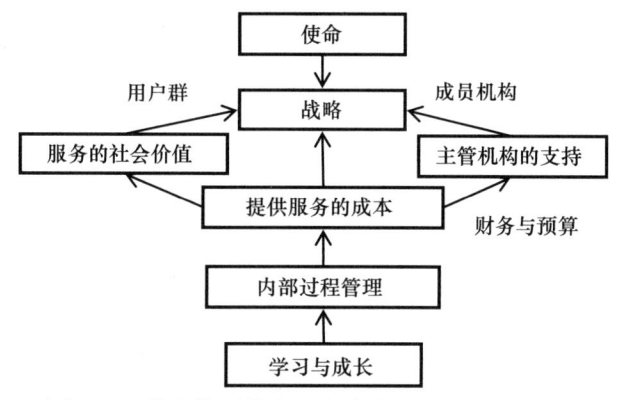

图2-2 信息资源共享系统绩效管理的平衡计分卡绩效管理模型

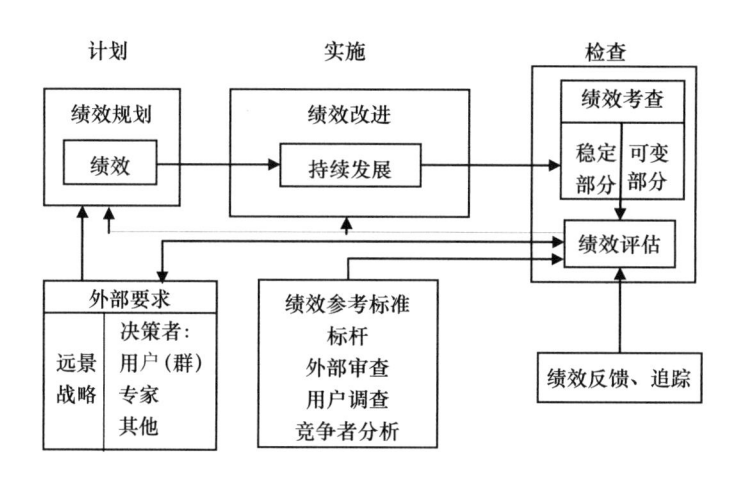

图2-3 信息资源共享系统绩效管理的一般模型

序，并从公共绩效管理的视角，结合微观的政府会计和财务报告理论与公共绩效管理理论，提出了政府财务绩效报告体系的基本框架、主要内容和具体实施的技术路线以及公共绩效管理的指标体系（见图2-4）。她将公共绩效管理的指标体系划分为货币量化指标和非货币量化指标两类。这两类指标在公共绩效管理流程中均有所体现，不可或缺。这一思路主要是针对政府财务绩效报告体系而设计的，但同样对于福利彩票公益金支出管理具有较好的参考作用。

第二编 福利彩票公益金绩效管理的理论基础和现状分析

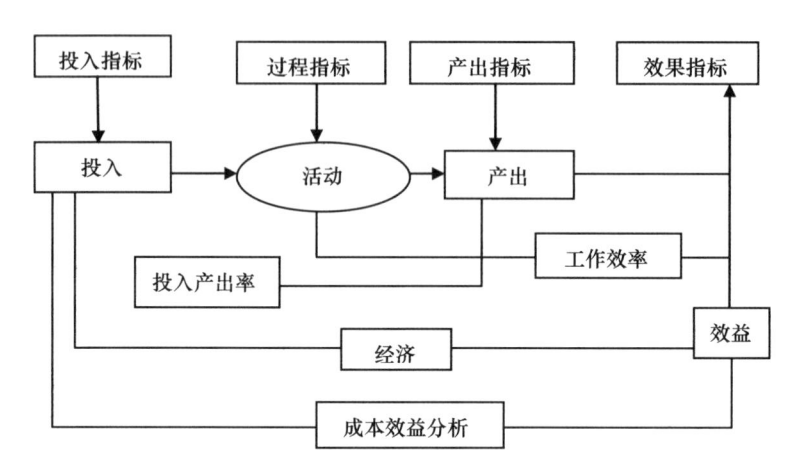

图 2-4 公共绩效管理的指标体系

四 逻辑关系模型

有学者将支出绩效、绩效管理制度和绩效管理文化结合在一起，提出了新的视角。比较有代表性的，如张雷宝（2009）[①] 通过对公共支出绩效、绩效管理制度和绩效管理文化三者之间的重要逻辑关联的分析（见图 2-5），指出从本质上说，公共支出绩效管理是通过预算管理的绩效化或预算的绩效化，企图改变或改进公共预算管理文化。进一步，他指出只有绩效制度与绩效文化的真正耦合，严格意义上的绩效预算才有实现的可能。项目组认为，同样的，没有文化的福利彩票公益金绩效管理是机械式的，缺乏生气的，只有注入了文化因素，福利彩票公益金的绩效才能从根本上获得提升。

综合以上观点，本书认为，绩效管理不应局限于现有的研究和实践状态，必须对各部门特征和当前业务发展情况进行系统分析，如可通过定期或不定期的实地调研或问卷调查等形式予以摸底，吸收先进的管理理论和国内外管理观念，有针对性地探讨绩效管理中存在的主要问题，厘析关键原因或影响因素，才有可能构建出适用性更强、方

[①] 张雷宝：《公共支出绩效管理创新：浙江的实践与启示》，《财政研究》2009 年第 6 期。

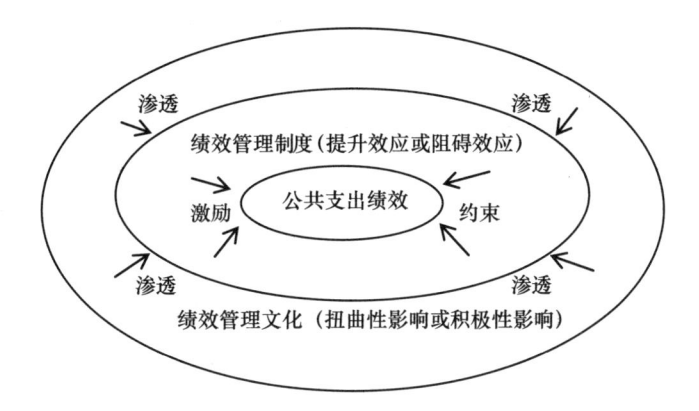

图 2 – 5　公共支出绩效、绩效管理制度和绩效管理文化
之间的逻辑关系模型

法更加科学的绩效管理体系。

第三节　公共部门绩效管理的核心环节

不论哪种绩效管理框架，在绩效计划、绩效实施、绩效考核和绩效反馈的过程中，保持管理者和员工之间持续和有效的沟通，是成功实施绩效管理的核心。

一　沟通在绩效管理中的核心作用

美国哈佛大学教授弗雷德·卢森斯等（2008）[①] 与他的助手通过对 450 名管理者进行研究发现，有效管理者花费了最多的时间（44%）用于沟通，成功管理者花在沟通方面的时间也很多，占到了 26%，足见沟通在管理中的重要作用。也许有的管理人员会抱怨自己很忙，没有那么多的时间与员工进行沟通。但也许正是由于缺少及时的沟通，他们反而可能会花费大量的时间来"救火"。只有重视并充分理解沟通的作用，才能节约沟通成本、提高沟通效率，强化绩效管

[①] ［美］弗雷德·卢森斯、理查德·霍杰茨、乔纳森·多:《跨文化沟通与管理》（英文版），人民邮电出版社 2008 年版。

理的效用。

二 内部沟通是外部沟通的必要条件和有效保障

公共组织部门缺少内部沟通往往也是导致外部沟通不足的重要原因，而内部沟通的不及时、不全面则会导致部分员工带着负面情绪甚至报复心理工作，进而导致部门工作环境恶劣，形成恶性循环。所以公共部门的内部沟通是外部沟通的必要条件和有效保障。而外部沟通关系到社会对公共部门管理绩效的认识和评价。而且，在绩效管理的每个环节上，沟通都扮演着非常重要的角色（见表2-1）。任何一个环节沟通出现问题，都会影响组织绩效管理的效果。

表2-1　　　　　　　　沟通在绩效管理中的作用

环节	沟通内容	员工	管理人员
绩效计划	员工和直接上级共同制定绩效计划，并就绩效管理制度、主客体、绩效考核指标体系的确定、实施与监督反馈等达成一致	明确工作目标和工作重点，并了解上级对其工作成果的期望，制定自己的工作计划	将组织目标和员工个人目标联系起来，引导员工的行为朝着实现组织战略目标的方向努力，协调部门和个人目标
绩效实施	进行定期和不定期的绩效面谈；对绩效计划进行不断调整和优化	向上级汇报工作进展情况；寻求上级的指导或帮助；提出改进建议和修正方案	对员工工作进展情况进行了解，必要时给予指导或帮助；对员工偏离组织战略目标的行为及时加以纠正；听取员工对的意见和建议
绩效考核	计划与结果的差异、差异产生的原因、员工对差异的解释	保障充分的参与权和建议权，从而化解矛盾和减少争议	充分了解计划与结果的差异及差异产生的原因；帮助员工认可考核目的和过程
绩效反馈	员工和直接上级共同回顾员工在绩效期间的表现；共同制定员工的个人绩效改进计划	肯定优点和成绩；及时反馈工作中的问题并明确改进措施；对绩效管理提出建议	肯定自身和员工的成绩，指出不足；帮助员工提高绩效水平；对反馈的问题进行分析研究，持续改进，形成绩效文化

三 良好的沟通是双向的

良好的沟通应该是双向展开的,即自上而下和自下而上的沟通渠道都是畅通无阻的。

从自上而下的角度来看,员工都会要求管理者对自身工作能力进行恰当的评价,那么管理者的认可或者满意就可以通过一些渠道得以及时地传递给员工。这样不仅可以形成良好的上下级关系,也可以创造和谐的组织氛围。

从自下而上的角度来看,通常管理者在进行决策时都需要从组织内部的沟通中获取大量的信息情报,通过分析判断并作出决策。沟通可以使组织内部的各个部门和人员能够参与决策,为决策提供更全面的信息,从而提升决策的正确性。

因此,只有重视并充分理解沟通的作用,才能节约沟通成本、提高沟通效率,强化绩效管理的作用。

通过发挥绩效沟通在绩效管理流程中的作用,形成组织所期望的利益和产出并推动团队和个人做出有利于目标达成的行为(具体见表2-1)。强调沟通的作用,是因为沟通贯穿于绩效管理的始终,是绩效管理实施成败的关键因素。绩效管理各个环节对员工绩效的影响都是显著的,因此良好的沟通必须涵盖绩效管理的绩效计划、绩效实施、绩效考核和绩效反馈四个环节,且需做到相互配合,层层递进。充分的沟通贯穿绩效管理整个过程,使管理者和员工互相信任和支持,形成共同为组织战略目标实现的自发动力,从而树立更好的服务意识和大局意识。显然,对于强调服务意识和社会效益的公共部门,沟通更具现实意义。

第四节 公共部门绩效管理的作用

公共部门绩效管理的产生和发展主要出于提高资金使用效率、更好地服务于社会的目的。因此,概括来讲,对于公共部门而言,绩效管理最根本的作用是能够通过绩效管理的制度、方法和理念帮助组织更好地实现战略发展目标。换句话说,绩效管理对于公共部门管理的重要价值主要体现在绩效管理是公共部门战略规划与实施的重要途径，在提高公共服务的效率和质量、科学评价与引导组织与员工行为为实现组织使命和目标方面具有至关重要的地位和作用[①]。

具体来看，绩效管理可以发挥如下几方面的作用：

一 绩效管理能够保证组织战略得到有效贯彻执行

要实现组织战略，组织需要将战略目标有效地分解给各个部门和每个员工，并使他们都积极为共同目标的实现而努力，组织要监控目标达成过程中各个环节的目标实现情况，及时发现阻碍目标实现的问题，并予以解决。其一，通过绩效目标的设定和绩效计划过程，组织战略目标通过指标的分解和标准的划定被有效地分解到各个部门和个人，明确落实政府部门内部各单位的责任机制，使各个单位在开展工作时有更清晰的目标和责任感，使组织战略目标得以层层传递和落实，从而保证个人目标与组织目标一致；其二，借助资源的优化配置及整个组织系统协调，增强各单位和个人的满意度和公平感，从而更好地发挥激励效应，提高其工作热情，个人可以更好地为实现目标而努力工作；其三，通过对员工实现绩效目标过程的监控以及绩效考核，组织可以有效地了解目标的实现情况，可以及时发现阻碍目标实现的原因并采取相应的措施，从而能够有效地约束、引导和激励员工行为，通过员工个体的绩效持续改进，保障公司战略目标的实现和业绩的不断提升。

二 绩效管理是管理人员进行日常管理的有效工具

管理人员在日常管理中经常面临以下困惑：员工工作质量低下；员工们重复犯相同的错误；员工不明白为什么要做这些工作；员工对谁该做什么和谁该负责有异议；问题发现太晚，以致无法阻止它扩大；考核员工时很为难，没有明确的考核指标和标准；每到晋升、奖金分配、人事调整时，气氛就很紧张等一系列问题。通过绩效计划阶段公司目标的层层分解和同员工的充分沟通，使员工明确了工作要求

---

① 张定安：《平衡计分卡与公共部门绩效管理》，《中国行政管理》2004 年第 6 期。

以及自己所从事的工作对公司的意义，从而将组织目标和员工个人目标联系起来，提高员工在工作执行中的主动性和有效性；通过管理人员和员工的持续沟通，强化员工已有的正确行为和克服员工低效率的行为，不断提高员工的工作执行能力和工作绩效，也保证了管理者本人的绩效不断提高；通过不断的沟通和交流，促进员工和管理者之间信任和合作关系的发展，从而创造良好的组织氛围；为晋升、工资、奖金分配、人事调整等人力资源管理活动提供可靠的决策依据。代表观点如：王小虎[1]认为，绩效评估可以帮助管理者识别日常管理中存在的问题和解决方案，对行政部门的内部管理具有实质性的影响。刘俊霞（2010）[2]认为，绩效管理与评估的全面实施，使公共部门更加重视提供公共产品的效率、有效性和质量；更加重视以服务对象的满意程度与顾客取向来评价公共部门的绩效。李明和肖小明（2011）[3]进一步指出，绩效管理通过大规模的群众评议，其本质是在深化精细管理的同时扩大民主。

三 绩效管理是促进员工绩效水平提升与自我发展的手段

绩效管理能够促进员工绩效的提高和个人能力的不断提高。绩效管理通过设定科学合理的组织目标、部门目标和个人目标，为员工指明了努力方向。

在绩效计划阶段，一方面明确了上级管理者对员工工作的要求和期望，管理者通过绩效辅导和沟通，及时发现下属工作中存在的问题，给下属提供必要的工作指导和资源支持。另一方面，上级还会鼓励员工制定挑战性目标，使下属通过工作态度以及工作方法的改进，保证绩效目标的实现；在绩效实施期间，管理者会给予员工必要的指导和帮助；在绩效考核阶段，对个人和部门的阶段工作进行客观公正的评价，明确个人和部门对组织的贡献，通过多种方式激励绩效部门

---

[1] Wang Xiaohu, "Perception and Reality in Developing an Outcome Performance Measurement System", *International Journal of Public Administration*, Vol. 25, No. 6, 2002, pp. 805 – 829.

[2] 刘俊霞：《政府绩效管理与评估研究》，《决策与信息旬刊》2010 年第 1 期。

[3] 李明、肖小明：《理论、价值与环境——发达国家政府绩效管理的基础分析》，《中共南京市委党校学报》2011 年第 4 期。

和员工继续努力提升绩效,督促低绩效的部门和员工找出差距并改善绩效;在绩效反馈面谈阶段,通过考核者与被考核者面对面的交流沟通,帮助被考核者分析工作中的长处和不足,鼓励下属扬长避短,促进个人得到发展,对绩效水平较差的组织和个人,考核者应帮助被考核者制定详细的绩效改善计划和实施举措;在绩效反馈阶段,考核者应和被考核者就下一阶段工作提出新的绩效目标并达成共识,被考核者承诺目标的完成。

如此反复循环,必然能够不断提高员工的工作能力和改进工作绩效。更为重要的是:在绩效管理中,管理者的角色是"教练",它的主要目的是通过管理人员和员工持续的沟通,指导、帮助或支持员工完成工作任务,当员工认识到这一点时,员工会更合作、更坦诚。因而,在不断进行的绩效管理循环中,员工个人能够得到不断的发展,而另一方面,绩效管理通过对员工进行甄选与区分,保证优秀人才脱颖而出,同时淘汰不适合的人员。通过绩效管理能使内部人才得到成长,同时能吸引外部优秀人才,使人力资源能满足组织发展的需要,促进组织绩效和个人绩效的提升。

四 绩效管理有助于完善公共部门的预算管理制度

预算管理制度能否有效实施在很大程度上依赖于绩效管理制度的协调和支持。预算能否按照既定目标严格贯彻到具体的部门和个人,在实施过程中是否形成了预算差异以及差异产生的原因,监督是否有效落实,激励是否到位,预算目标是否需要调整等等一系列问题都将在绩效管理环节体现出来。乔纳森(Jonathan)(2006)[1]等人认为,绩效预算更强调资源分配的结果和产出。格洛里亚(Gloria)(1985)[2]指出,绩效管理重在为预算准备提供信息,还可以为监控项目实施等行政活动选择绩效指标。我国各级行政事业单位多年的预算管理实践表明,如果一个单位的绩效管理缺失,那么其预算管理制

---

[1] Jonathan D. Breul, "Integrating Performance and Budgets: The Budget Office of Tomorrow", *United Kingdom*: Rowman & Littlefield Publishers, Inc., 2006.

[2] Gloria A. Grizzle, "Performance Measures for Budget Justifications: Developing a Selection Strategy", *Public Productivity Review*, Vol. 9, No. 4, 1985, pp. 328 – 341.

度便很难落到实处，往往会流于形式，或者无法得到有效贯彻实施，或者即便贯彻实施却无法实现政府部门的战略发展目标。从这个意义上讲，绩效管理是预算管理有效开展和落实的必要举措。

此外，绩效管理还有助于提升信息的透明度。完善的绩效管理体系，不仅包括各部门和个人的自我绩效管理，还包括上级对下级、外部对内部的多层次、全方位的绩效管理。通过信息的披露和沟通，不仅可以更好地发挥激励效应，提高每个人的参与感和紧迫感，更重要的是有利于加强不同部门、层级和内外部的交流，从而加强学习、促进成长。

绩效管理还有助于提高政府部门的社会形象。科学且行之有效的绩效管理，可以及时发现公共部门战略目标制定及组织实施、预算执行和监督、考评指标和标准的设计及奖惩依据制定等过程中存在的问题，并帮助这些部门迅速做出反应和修正，从而更好地塑造政府执政为民的良好社会形象。同时，也可以更好地约束各部门和个人的投机行为，从而提高其服务于民的思想境界。

久而久之，通过科学完善的绩效管理在公共部门形成一种积极向上的文化氛围，使每一分钱的来龙去脉都清清楚楚，都能够发挥其应有的作用。

第五节　公共部门绩效管理框架对福利彩票公益金绩效管理的借鉴

福利彩票公益金绩效管理属于公共部门绩效管理的范畴。公共部门绩效管理框架对研究设计福利彩票绩效管理系统具有重要的指导作用，但却不能完全适用。

福利彩票公益金绩效管理是公共部门绩效管理的一项特殊内容。不同于一般的公共部门绩效管理，福利彩票机构设置、发行及管理具有部门筹集、部门分配使用的特点。福利彩票公益金是取之于民、用之于民的一种特殊资金形态，公共部门具有管理权和分配权，人民群众具有所有权和监督权。因此必须充分考虑和高度重视社会效益，重视人民群众的满意度，关注特殊人群和事件的紧急需求。因此在进行

第二编 福利彩票公益金绩效管理的理论基础和现状分析

福利彩票公益金绩效管理时既要将其作为公共管理部门绩效管理的一部分进行管理，又要考虑其特殊意义。

福利彩票公益金属于公共财政管理的一项重要内容。按照我国颁布的《彩票公益金管理办法》，福利彩票公益金纳入政府性基金预算管理；具体使用时，由使用福利彩票公益金的部门、单位向财政部提出申请，经财政部审核报国务院批准后，组织实施和管理；具体使用福利彩票公益金的管理办法则需由财政部会同民政部来制定。因此，综合前面对绩效及绩效管理的界定和分析，借鉴周省时（2013）[1] 将战略绩效管理引入政府组织部门的建议，本书将福利彩票公益金绩效管理界定为民政部门，即福利彩票公益金管理部门，对福利彩票公益金筹集和使用的绩效进行目标设定、实施、考核和反馈的全过程。具体来说，本书研究的绩效管理体系框架包括福利彩票公益金筹集和使用的战略目标、执行过程、绩效考核和绩效反馈四个模块内容。

---

[1] 周省时：《政府战略绩效管理与战略规划关系探讨及对领导干部考核的启示》，《管理世界》2013年第1期。

第二章　福利彩票公益金发展现状

了解福利彩票公益金管理现状是研究其绩效管理问题的基础。近两年来，我国福利彩票的发行已经超过千亿元，如此的高位运行，不仅对如何实现持续增长提出了严峻的挑战，对如何妥善安排资金的使用、更好地发挥福利彩票公益金的作用等问题也提出了新要求，而这些均已成为社会关心的重点。当前，与福利彩票发行筹集、公益金的提取和使用等管理相关的一些深层次问题日益突出，如重发行轻管理、重规模轻质量、重建设轻服务等，重要的是在福利彩票公益金使用过程中，由于绩效管理体系框架的缺失，导致公益金使用监督流于形式、信息不够透明，其效率和效果受到了社会公众的质疑。

第一节　福利彩票公益金的概述

一　福利彩票公益金的含义

福利彩票公益金属于政府非税收入形式之一，是指按照国家规定发行彩票取得销售收入扣除返奖奖金、发行经费后的净收入部分。按照内容而言，福利彩票公益金是指根据国家有关规定发行中国福利彩票筹集的专项用于发展社会福利事业的预算外资金，主要包括：（1）销售中国福利彩票总额扣除兑奖和管理费用后的净收入；（2）彩票销售中不设奖池的弃奖收入；（3）社会福利基金的银行存款利息。按照财政部2012年3月21日向社会公布的最新修订的《彩票公益金管理办法》，福利彩票公益金是指按照规定比例从福利彩票发行销售收入中提取的或逾期未兑奖的奖金，纳入政府性基金预算管理，专项用于社会福利等社会公益事业的资金。

同时，这一收入在当前依然是免税形式的。其依据包括《财政部关于将按预算外资金管理的收入纳入预算管理的通知》（财预〔2010〕88号）、《财政部、国家税务总局关于福利彩票有关税收问题的通知》（财税〔2002〕59号）、《财政部、国家税务总局关于营业税若干政策问题的通知》（财税〔2003〕16号）等规定，各级福利彩票发行机构的福利彩票发行收入中用作社会福利基金（即现在的福利彩票公益金）并纳入财政预算或预算外资金专户、实行收支两条线管理的部分，暂不征收企业所得税和营业税，但对福利彩票机构以外的代销单位销售福利彩票取得的手续费收入则需征收营业税。

与彩票名称的变更相同，福利彩票公益金的分配比例也在不断变化。但无论怎么要求、如何变化，福利彩票公益金使用的宗旨"扶老、助残、救孤、济困"始终保持不变。由此可见，福利彩票公益金，是一种专门用于社会公益事业、实行收支两条线并纳入政府基金预算管理体系的公益性非税资金形式。

二 彩票公益金的分类

按照彩票类型划分，彩票公益金收入分为福利彩票公益金收入、体育彩票公益金收入和其他彩票公益金收入。而福利彩票公益金收入、体育彩票公益金收入是彩票的两大主要类型。而本书要研究的福利彩票公益金，是按照我国规定从福利彩票发行所筹集的资金中提取的专项用于发展社会福利事业并纳入政府基金预算的一种资金。

按照来源渠道的不同，福利彩票公益金可以分为：销售福利彩票总额扣除兑奖和管理费用后的净收入和逾期未兑奖的奖金。

按照福利彩票公益金使用用途，可以将其分为设施类和非设施类福利彩票公益金。

了解这些分类，有助于我们更清晰地了解公益金的性质和特征，从而有利于我们设计更有针对性的绩效管理体系。

三 彩票公益金的特征

彩票公益金是指按照国家规定比例从彩票销售中提取，专门用于支持特定社会公益事业的资金。彩票公益金具有社会性、公益性和非营利性的特征。

第一，社会性指的是彩票公益金"取之于民，用之于民"。彩票公益金来源于社会，政府通过发售彩票，筹集社会上闲置资金来填补政府财政对公共事业投入的不足，公益金的来源是社会，它最终流向的也是社会。政府发行彩票，人们自愿购买，使得社会上的资源配置得到了很好的调节。购买彩票的人是社会上的广大人民群众，而社会上的弱势群体是福利彩票公益金的受益者，因此，彩票公益金具有广泛性，即社会性。

第二，公益性是指筹集到的彩票公益金的用途是社会公益事业建设。在市场经济条件下，社会公益事业往往是没有直接的经济回报的，而公益事业是市场经济高效运行的保障，其发展水平是综合反映一个国家社会经济发展水平、国民生活质量的一个重要标志。由于我国公益事业领域的资金缺口很大，因此，通过发行彩票筹集公益金可以解决我国公益事业领域投资的资金缺口问题。彩票公益金的使用范围很广，包括社会福利、体育、文化、环保、教育、艺术等很多方面。彩票公益金的使用体现的是政府对于社会弱势群体的关注。

第三，非营利性是指彩票公益金无论筹集、管理、使用的任何一个步骤都不以营利为目的。彩票公益金属于国家财政性资金，使用范围是市场调节失灵的领域。彩票公益金投入建设社会公益事业的项目，这些项目大多是非营利的。

第二节 福利彩票公益金的筹集情况

纵观我国福利彩票发展历史可以发现，福利彩票是为了顺应我国改革开放形势并关爱困难群体而设立的一种公益活动。我国发行福利彩票的想法源于1986年，正式开始于1987年，其宗旨定位于"扶老、助残、救孤、济困、赈灾"。

一 福利彩票的发行历史

我国福利彩票发展至今已有30年的历史，根据彩票发行情况和发展特征可将其分为三个阶段：

第二编 福利彩票公益金绩效管理的理论基础和现状分析

（一）萌芽阶段

这段时间（1987—1989），处于彩票发行的试点期，由于受传统思想影响，福利彩票并未被人们所广泛接受，销售额较低，甚至一些部门和企事业单位开始自行发行彩票，彩票市场一片混乱。相关法律法规尚未形成，无论是福利彩票发行还是公益金提取均处于探索阶段。

（二）平稳成长阶段

这段时间（1990—1994），人们开始接受彩票这一事物，一些大奖组①、大场面、大声势以及高奖额、低奖面、多奖级等多样化极大促进了福利彩票销售的增长。同时在此阶段，为了防止市场的不正当竞争行为，全国人大于1993年颁布了《反不正当竞争法》。《中国福利彩票管理办法》也于这一阶段出台。全国人大还连续通电全国要求严格管理彩票市场、禁止地方擅自发行彩票，且明确规定只有中国人民银行是国务院主管彩票的机关，这在一定程度上发挥了规范彩票市场行为的积极作用。

（三）巩固提升阶段

在这一阶段（1995—），我国福利彩票发展较为快速，发生了较大变化，例如体育彩票登上历史舞台、电脑彩票博彩网进入市场，彩票销量大幅度增长。尤其是自2001年后，电脑福利彩票进行的网点销售、分级管理以及发行运作方式完全市场化的做法，使福利彩票管理也发生了从传统的即开型人工管理过渡到电脑型管理发行方式的战略转变，标志着我国福利彩票事业进入了一个规范化、信息化管理的高度。

随着各项法规条例及相关细则的陆续出台，福利彩票发行中的不规范行为已经初步得到了控制。福利彩票发行以来，尽管也发生过发行市场混乱、管理无章可循等现象，但总体来看，其公益性宗旨始终未发生过改变，而随着管理制度的完善和信息化手段的引入，福利彩票事业在为我国提供社会福利保障和推动社会公益事业过程中发挥了

---

① 一种在短时间内集中销售大量彩票的方式，在90年代产生的中国市场特有的即开型彩票销售方式，为福利彩票销量的大幅增长做出了重大贡献，于2004年5月正式退出历史舞台。

不可磨灭的作用。

二 福利彩票的发行管理体制

福利彩票的发行是由国务院特许发行。发行体制是由中国福利彩票发行管理中心统一组织，省级福利彩票发行中心、地市级福利彩票销售机构具体销售。《彩票管理条例》（中华人民共和国国务院令第554号，后面简称《条例》）规定：只有国务院才能特许发行福利彩票；未经国务院许可，不能发行其他彩票；严令禁止在中华人民共和国境内发行、销售境外彩票。具体来讲，理解我国彩票发行体制需要明确以下几点：

首先，彩票的发行机构主要集中在中央政府。《条例》明确规定，国务院民政部门、体育行政部门依法设立的福利彩票发行机构、体育彩票发行机构（以下简称彩票发行机构），分别负责全国的福利彩票、体育彩票发行和组织销售工作；省、自治区、直辖市人民政府民政部门、体育行政部门依法设立的福利彩票销售机构、体育彩票销售机构（以下简称彩票销售机构），分别负责本行政区域的福利彩票、体育彩票销售工作。这意味着，彩票的发行机构从法律上来讲只有两个部门，一个是中国彩票管理中心，另一个是国家体育总局体育彩票管理中心，这两家同属中央编制部门经中央批准设立的单位。只有中央部门才有权设立彩票的发行机构，地方不能设立，这反映了中央政府垄断彩票发行。自该条例生效起，地方彩票管理部门仅承担彩票销售职责，不具备发行彩票职能和权力。

其次，彩票发行机构和彩票销售机构的法律关系。根据《条例》规定，彩票销售机构包括福利彩票销售机构和体育彩票销售机构，分别由各省、自治区、直辖市直属中央政府部门民政部门、体育行政部门根据其业务单位设立，负责行政区域的福利彩票和体育彩票销售工作。彩票销售机构没有发行彩票的功能，也不得跨区域和跨学科地销售彩票，彩票发售机构的关系是委托代理关系，也就是说根据《条例》的规定彩票销售机构应接受委托，即彩票发行机构的委托，并且负责该行政区域内的福利彩票销售。所以，从严格意义来讲，彩票的发行机构和彩票销售机构的法律关系是委托代销关系，而且这种关系具有独立性和不可逆性，即发行和销售必须独立运作，并且只能是由发行机构交由销售机构销售。

此外，根据《条例》规定，财政部门负责彩票的监督管理工作。各级民政部门、体育行政部门按照各自的职责分别负责全国的福利彩票、体育彩票管理工作。

三 福利彩票公益金的筹集规模

自福利彩票诞生以来，其公益金的提取和上缴为我国福利事业做出了不可磨灭的贡献。根据统计，1987—2010年我国各级民政部门使用的福利彩票公益金为846.42亿元，共资助社会福利类项目24.46万个。其中，老年人、残疾人、儿童福利类项目占公益金总量的73.18%，社会公益类项目占26.82%。具体地说，截至2010年底，全国共有城乡各类社会福利机构40490个，比1987年增加了31202个，增长了近3.4倍。24年共资助近6000万人，间接受益1.6多亿人。其中，福利彩票公益金配套各级政府投入，资助新建、改建和扩建设施类项目16.72万个，新增建筑面积2.06亿平方米，新增床位289.87万张；资助非设施类项目共7.74万个，主要用于残疾孤儿手术康复、残疾儿童特殊教育、贫困学生助学、贫困家庭助医、伤残军人更换假肢等。而到近期福利彩票公益金的作用更加突出。

统计数据表明，"十二五"时期，福利彩票年销量先后突破1000亿元、2000亿元大关，5年累计销售8628多亿元，超过"十二五"规划预定的最高7000亿元的目标，是"十一五"时期销量的2.5倍，增长149.7%；5年累计筹集公益金约2488亿元，是"十一五"时期的2.2倍，增长119.6%，按照国家规定，其中50%公益金上缴国家财政，主要用于补充社会保障基金、开展专项救助等，其余50%留给地方，全部用于"扶老、助残、救孤、济困"等公益事业。2015年中国福利彩票年销售2015.1亿元，比上年减少44.6亿元，比上年下降2.2%；全年筹集福利彩票公益金563.8亿元，下降3.7%；全年民政系统共支出彩票公益金288.9亿元，比上年增加57.6亿元，增长24.9%，其中用于抚恤6.9亿元，退役安置0.2亿元，社会福利182.1亿元，社会救助30.0亿元，自然灾害救助1.9亿元，其他

43.6亿元。由此可见，福利彩票公益金在支持社会福利事业方面确实发挥了重要作用。如此巨资的筹集和使用是否科学合理，是否有效发挥了其经济效益和社会效益，显然是值得关注和研究的重要问题。

本书根据公开数据整理发现，自1987—2015年我国各级政府部门共提取公益金4157亿元。具体参见表2-2。如此巨额的资金规模，既标志着我国福利彩票的发展已经进入一个新的历史阶段，同时也对福利彩票公益金的管理提出了严峻的挑战。这是因为，如果这项取之于民的公益资金管理不当，那么不仅无法有效发挥其作用，还可能会损害政府部门的社会形象。

表2-2　　　　　福利彩票历年销量及筹集公益金量

年份	销量（万元）	公益金（万元）
1987	1740	855
1988	37628	12426
1989	38316	12625
1990	64731	20028
1991	77388	24972
1992	137550	40599
1993	184289	54543
1994	179824	53442
1995	573023	169349
1996	647522	191068
1997	363751	101127
1998	631990	195896
1999	1044448	304497
2000	898847	242273
2001	1395735	419205
2002	1679925	587974
2003	2000570	700199
2004	2263753	792314
2005	4112078	1436804
2006	4956759	1721952
2007	6315956	2175499
2008	6039796	1996280

续表

年份	销量（万元）	公益金（万元）
2009	7560580	2462882
2010	9680239	2977050
2011	12779720	3820400
2012	15103223	4460536
2013	17653000	5107000
2014	20597000	5857000
2015	20151000	5638000
合计	137170381	41576795

注：数据取自民政部年鉴和网站公开数据。

四 福利彩票公益金筹集管理的政策演变

我国最初推行发行奖券的动机主要是筹集社会闲散资金，补充当时面临较大资金缺口的社会福利事业建设。而当时由于改革开放不久，福利彩票公益金筹集管理仅限于按多大比例提取公益金及提取的公益金归集于哪个部门管理的问题。在发行、提取和管理方面都存在较大问题。

1987年，国家批准民政部在河北等十个省市试点阶段，福利彩票的发行部门、公益金提取比例、归集部门规定很宽松，可以由各地人民政府自行确定，由于资金较为短缺，所以这阶段提取比例相对较高。例如，《发行社会福利有奖募捐券试行办法》规定，将福利金占彩票销售收入的比例确定为50%，1988年即开型的福利彩票提取比例定为45%。

1998年，我国财政部正式承接福利彩票公益金管理，公益金提取比例有所下调，例如1990年中募委发布的《关于调整即开型社会福利奖券资金分配比例，统一全国结算办法的通知》，将面值为1元和2元奖券的福利金提取比例统一下调为30%。

2001年，财政部根据国务院发布的《关于进一步规范彩票管理的通知》，将福利彩票公益金提取比例从30%调整为35%，这一政策也沿用至2015年。这与国际上其他国家提取福利彩票公益金的做法基本一致。一方面，随着福利彩票形式多样化和人们生活水平的提高，彩民群体逐步壮大；另一方面，随着我国改革开放的深化，经济发展水平逐步提升，财政资金也更加宽裕。

2015年11月，民政部发布《关于进一步规范和加强彩票资金构成比例政策管理的通知》（财综〔2015〕94号），明确提出：彩票发行机构应当根据彩票需求状况及彩票品种的特性，在彩票游戏规则中合理拟定彩票公益金比例，且彩票公益金比例最低不得低于20%。同时，该通知在政策衔接部分，还要求彩票发行机构、彩票销售机构要切实做好彩票发行销售系统、财务、统计等各项调整工作，严格按照调整后的计提比例，及时、足额缴交彩票公益金；而且，财政部驻各省、自治区、直辖市财政监察专员办事处应当按照调整后的彩票公益金比例和彩票公益金分配政策，及时、足额执收上缴中央财政的彩票公益金。

第三节　福利彩票公益金的分配和使用

福利彩票公益金分配使用管理主要由福利彩票公益金使用分配比例、使用领域和公益金使用项目管理三部分构成。下面按阶段分析福利彩票公益金的分配政策变更。

一　福利彩票公益金的使用管理阶段特征

1987—1993年，福利彩票公益金在中央与地方按3∶7的比例分配，而省级和地市级、地市级与县区则均按2∶8的比例分配。这一阶段福利彩票公益金的用途非常单一，主要用于"兴办和资助社会福利事业"。1989年，中国社会福利有奖募捐委员会发布《有奖募捐社会福利资金使用试行办法》（1991年正式发布）规定福利彩票公益金的用途为：兴办为残疾人、老年人、孤儿服务的社会福利事业，帮助有困难的人；资助社会福利企业；发展社区服务；按规定的条件和比例，解决本级发行流动资金的困难。

1994—1999年，福利彩票公益金分配比例有所调整，民政部、省地市民政部门和县级民政部门各占5%。这一阶段的福利彩票公益金管理开始步入规范化探索阶段，例如1993年福利金资助项目评审制度建立起来，使福利基金的投放科学化和程序化；1998年对福利彩票公益金实行财政专户管理，但此时福利彩票公益金使用范围仍然较小，且出现了一些违规行为。

2000—2004年，福利彩票公益金使用范围逐步扩大。例如2001年《国务院关于进一步规范彩票管理的通知》规定，从2001年起，财政部会同民政部、国家体育总局分别确定民政部门和体育部门的彩票公益金基数，基数以内的彩票公益金，由民政和体育部门继续按规定的范围使用；超过基数的彩票公益金，20%由民政和体育部门分别分配使用，80%上交财政部，纳入全国社会保障基金，统一管理和使用。此后，国家把公益金的使用范围扩大到社会保障和教育领域。

2005—2008年，是福利彩票公益金分配和使用的规范发展阶段。例如2006年《财政部调整彩票公益金分配政策》明确规定，从2005年起，彩票公益金的分配政策调整为：彩票公益金在中央与地方之间，按50∶50的比例分配；中央集中的彩票公益金，在社会保障基金、专项公益金、民政部和国家体育总局之间，按60%、30%、5%和5%的比例分配；地方留成的彩票公益金，将福利彩票和体育彩票分开核算，坚持按彩票发行宗旨使用，由省级人民政府财政部门与民政、体育部门研究确定分配原则。此后，福利彩票公益金的部门色彩褪化，公益金适用范围也进一步扩大。例如福利彩票基金广泛用于城乡医疗救助、红十字事业等活动中，发挥了极大的作用。

2009—2015年，福利彩票公益金分配和使用的法制化阶段。随着《彩票管理条例》（简称《条例》，2009）、《彩票管理条例实施细则》（2012）、《彩票公益金管理办法》（2012）的相继出台，福利彩票公益金的分配和使用管理逐步纳入法律体系。虽然这一阶段沿用了规范发展阶段的分配比例，但对福利彩票公益金的使用和分配有了更加详细和明确的要求，包括用途、范围和申请、审批程序、报告等。显然，这种法律化的管理更有利于提高管理水平和信息透明度，更有助于提高福利彩票公益金使用效率和效益。

2016年4月，民政部办公厅印发《民政部本级彩票公益金使用管理办法》的通知（民办发〔2016〕7号）。该通知中规定，公益金使用应当遵循福利彩票"扶老、助残、救孤、济困"的发行宗旨，公益金的使用管理应体现"公平、公正、公开"原则，按照"谁使用、谁管理、谁负责"的要求实行归口管理，并纳入民政部权力清单，按照权力清单规定进行规范操作。该办法的重要变化体现在：部本级彩票公益金的资助范围与其使用宗旨直接挂钩，范围更加明确；信息公开制度更加完善，对向社会公开部本级公益金信息的时间和频率，以及公益金使用规模、资助项目、执行情况和实际效果等都明确提出了报告要求；所有资助项目均需突出并标示彩票公益金资助，使其更便于管理和监督。可以说，这一办法的发行使得我国福利彩票公益金使用管理法规体系更加规范完善。而且，随着部本级公益金使用管理办法的出台，各省市等下级民政部门的公益金管理办法制定和细化有了可供参考的大纲。依据这一大纲，下级民政部门依据各省省情和特色可以尽快制定更具可操作性和更加细化的管理办法。

二　福利彩票公益金的用途

根据现有公开数据可知，2008—2010年，中央集中的彩票公益金累计投入社会公益事业1360.26亿元，其中福利彩票筹集中央集中的公益金达800多亿元，约占到公益金总数的三分之二。截至2015年11月底，2015年福利彩票共销售1823亿元，筹集公益金510亿元。大量公益金被投入养老设施建设和社会服务中。目前，全国养老床位已超过669万张，每千名老人拥有床位30张。民政部部长李立国介绍，中央财政集中的专项彩票公益金投入30亿元资助农村互助幸福院建设，投入20.4亿元支持精神卫生福利机构建设，投入6亿元支持县级儿童福利设施建设。

根据财政部最新公布的2014年中央财政预算，中央彩票公益金可安排支出预算数为529.78亿元，除了用于农村医疗救助、法律援助的预算数保持不变外，用于残疾人事业、文化事业、红十字事业和社会福利事业的彩票公益金支出的预算数均显著增加。其中，2014年用于残疾人事业的彩票公益金支出预算数比2013年执行数增加超过100%。这说明，福利彩票公益金在支持福利事业和社会保障事业方面正在发挥更大的作用。

根据财政部公布的2015年中央财政预算，中央彩票公益金可安排支出预算数为452.74亿元，除了用于城乡医疗救助、法律援助的预算数保持不变外，用于文化事业和体育事业的彩票公益金支出的预算数均有增加。其中，2015年用于文化事业的彩票公益金支出预算数比2014年执行数增加60%。这说明，福利彩票公益金仍然发挥着重要的作用，但随着福利事业的优化，增幅已适度降低。

第四节 福利彩票公益金的管理现状

自发行福利彩票以来，福利彩票公益金管理法规均由民政部负责组织研究制定和颁发。内容主要涉及彩票公益金的分配管理。

一 福利彩票公益金管理的相关法规

随着我国经济和彩票事业的发展，彩票公益金的分配政策也进行了几次调整，其分配比例也随之调整。根据2006年财政部发布的《关于调整彩票公益金分配政策的通知》（财综〔2006〕7号），目前我国现行彩票公益金的分配政策为：彩票公益金在中央与地方之间，按50∶50的比例分配；中央集中的彩票公益金，在社会保障基金、专项公益金、民政部和国家体育总局之间，按60%、30%、5%和5%的比例分配；地方留成的彩票公益金，将福利彩票和体育彩票分开核算，坚持按彩票发行宗旨使用，由省级人民政府财政部门商民政、体育部门研究确定分配比例。

中央集中的彩票公益金，经过几次重大调整后（见表2-3），分配格局基本形成，主要用于补充社会保障基金、社会福利事业、体育事业以及国务院确定的其他社会公益事业。

表2-3　　　　　　　公益金管理相关法规汇总

日期	政策法规	重点内容
1987年6月15日	民政部《关于转发中国社会福利有奖募捐委员会议文件的通知》（民〔1987〕捐字22号）、《发行社会福利有奖募捐券试行办法》	总额的35%为奖金返还给中奖者，总额的15%为发行成本费用，除去奖金和实际发行费用的净收入作为社会福利资金

续表

日期	政策法规	重点内容
1990年	中国社会福利有奖募捐委员会下发了《关于调整即开型社会福利奖券资金分配比例、统一全国结算办法的通知》	面值1元的奖券，奖金返还率为50%，发行成本为20%，福利金为30%；面值2元的奖券，奖金返还率为55%，发行成本为15%，福利金为30%
1994年12月2日	民政部颁发的《中国福利彩票管理办法》	奖金不得低于彩票资金的50%，成本不得高于彩票资金的20%，社会福利资金不低于彩票资金的30%
2001年	《国务院关于进一步规范彩票管理的通知》（国发〔2001〕35号）、《财政部关于调整足球和网点即开型彩票资金构成比例的通知》（财综〔2005〕27号）、《关于调整四花选五幸运五彩和开心一刻游戏规则的通知》（财综〔2008〕18号）	从2002年1月1日起，彩票发行资金构成比例调整为：返奖比例不得低于50%，发行费用比例不得高于15%，彩票公益金比例不得低于35%；网点即开型彩票从2005年9月1日起，其资金构成比例调整为：返奖奖金65%，发行经费15%，公益金20%；中福在线即开型福利彩票根据财政部规定，四花选五等游戏的返奖奖金、发行经费、公益金分别按实际销售额的65%、15%和20%计提
2007年11月25日	《彩票公益金管理办法》	彩票公益金按50∶50的比例在中央与地方之间分配，由各省、自治区、直辖市彩票机构（以下简称省级彩票机构）分别上缴中央财政和省级财政
2009年7月1日	《彩票管理条例》	彩票公益金是从彩票发行收入中按规定比例提取的，专项用于社会福利、体育等社会公益事业的资金，按政府性基金管理办法纳入预算，实行"收支两条线"管理，专款专用，结余结转下年继续使用，不得用于平衡一般预算；彩票公益金按50∶50的比例在中央与地方之间分配
2010年	民政部关于2010年福利彩票公益金使用的指导意见	加大对老年社会福利设施建设的投入；加大对儿童福利事业投入
2012年	《彩票管理条例实施细则》《彩票公益金管理办法》和《彩票发行销售管理办法》	销售机构根据国务院批准的彩票公益金分配政策和财政部批准的提取比例，按照每月彩票销售额据实结算后分别上缴中央财政和省级财政；彩票发行机构按照统一发行、统一管理、统一标准的原则，负责全国的彩票发行和组织销售工作

第二编 福利彩票公益金绩效管理的理论基础和现状分析

续表

日期	政策法规	重点内容
2014 年	民政部办公厅关于贯彻落实《中国福利彩票预制票据》行业标准有关事项的通知	是我国首个电脑福利彩票预制票据的行业标准，有利于提高电脑福利彩票预制票据的产品质量，维护中国福利彩票的良好品牌形象；有利于预制票据产品的标准化生产和科学管理，意义重大
2015 年	民政部办公厅关于进一步做好福利彩票公益金资助项目标识设立管理工作的通知	为便于社会各界了解和监督民政部门福利彩票公益金的用途去向，进一步彰显福利彩票"扶老、助残、救孤、济困"的发行宗旨，促进福利彩票事业健康持续发展，各级民政部门要进一步加强对福利彩票公益金资助项目设立标识的管理
	民政部关于进一步做好福利彩票专项整改工作的通知	部分省市工作中存在违规违纪、滥用资金、制度缺失、管理不严、监管不力等问题，并提出了审计意见和建议。对这些问题，各级民政部门高度重视，已按照边审计、边整改的原则，积极整改
2016 年	《民政部本级彩票公益金使用管理办法》民办发〔2016〕7 号	(1) 设立了归口管理制度，明确划分了综合管理部门和归口管理部门的职责，民政部和省级民政部门的职责，并强调"决策、执行、监督相分离"原则 (2) 对资金分配、项目论证、项目评审、预算申报与审批、预算执行、信息公开、绩效评价与督查等关键领域和重要环节都提出要求，体现"全流程管理"理念，突出管理的统一和完整 (3) 提出"公开透明"原则，突出社会监督
	《民政部彩票公益金预算操作规程（试行）》民办发〔2016〕17 号	(1) 实行切块分类，即根据彩票公益金使用范围，民政部彩票公益金项目分为老年人福利类项目、残疾人福利类项目、儿童福利类项目和社会公益类项目；根据彩票公益金使用主体，民政部彩票公益金项目分为本级项目和补助地方项目 (2) 规范预算流程，明确需对应财政部关于部门预算"一上一下""二上二下"的流程，明确提出各阶段民政部各有关司局、归口管理单位以及项目单位的相应任务及完成时限 (3) 明确资金分配额度管理规定。要求先确定部本级项目再确定补助地方项目。对本级项目，要求根据申报和评审结果确定；对补助地方项目，按照有关规定切分好补助地方老年人福利类项目总额（不低于资金额度的50%）、社会公益类项目总额（不超过资金额度的10%）。剩余额度切分给补助地方残疾人福利类和补助地方儿童福利类项目，原则上按1:1 分配

续表

日期	政策法规	重点内容
2016 年	《民政部彩票公益金本级项目立项和评审办法》民办发〔2016〕18 号	（1）明确申报范围。福利彩票公益金要符合福利彩票"扶老、助残、救孤、济困"的发行宗旨。办法将"济困"对象界定为除老、残、孤外的其他基本生活特别困难人员，并按惯例和原有办法将其对应于社会公益类项目，其总额（含本级项目和补助地方项目）控制在不超过部彩票公益金总额的10% （2）对专家评审程序、方法和要求进行了规范，详细规定了评审专家库及专家的管理、评审专家的条件及抽取程序、专家的职责义务等内容 （3）规范评审指标体系，分别从项目的必要性、可行性和合理性等方面对评审指标体系进行细化，并明确具体的评分标准
2017 年	《民政部彩票公益金使用管理信息公开办法（试行）》民办函〔2017〕172 号	主要是解决资金使用管理"最后一公里"的问题。重点包括： 1. 明确公开主体，按照公益金本级项目和补助地方项目分类，将信息公开主体相应明确为民政部、地方各级民政部门和各项目单位 2. 规范公开内容。一是作为常规性公开程序，按照"谁使用、谁分配、谁管理，谁公开"原则，各级民政部门和各项目单位每年6月底前公开相关信息。二是作为公益金信息公开的特殊方式，要求各级民政部门按照财政部门有关规定，将公益金使用有关信息纳入部门预（决）算信息公开范围。三是作为信息公开的法定义务，要求民政部和省级民政部门每年6月底前将上年度使用部彩票公益金情况（含使用规模、资助项目、执行情况和实际效果等）向社会公告 3. 明确公开方式，规定各级民政部门和各项目单位在本部门、本单位门户网站上发布公益金使用管理信息，项目单位无门户网站的，可由相关民政部门网站代为发布，下级民政部门无门户网站的，可由上级民政部门或人民政府门户网站代为发布。民政部门户网站和中国福利彩票发行管理中心官网同步公开部本级彩票公益金使用管理信息，并对各省级民政部门发布信息进行汇总链接。同时要求各省也要将省以下民政部门公益金分配使用信息进行相应链接，确保能够查询每笔公益金的使用方向 （4）加强监督，要求将各级民政部门公益金使用管理信息列为本部门政府信息公开工作的重要内容，加强组织管理。对信息公开职责履行不到位的，明确了相应惩处措施

续表

日期	政策法规	重点内容
2017年	《民政部彩票公益金项目督查办法（试行）》民办函〔2017〕173号	主要是解决资金使用管理"中间一公里"的问题，目的是强化过程管理。重点突出： (1) 明确督查形式和内容。督查形式包括审计、约谈、函询、查阅资料、现场检查等。督查主要内容包括：项目单位管理制度的健全性；预算执行情况、资金使用合法合规性；项目完成情况、项目目标是否发生偏离；信息公开和宣传情况，等等 (2) 明确划分督查职责，实行分级负责制，谁分配、谁管理、谁督查。民政部负责对全国范围内民政部彩票公益金项目组织开展督查，地方民政部门负责对本地区部补助地方公益金项目开展督查，申报公益金项目预算的民政部门内设机构和直属单位负责配合民政部门开展督查工作，落实督查整改意见，等等 (3) 规范第三方审计范围和方式，对民政部、各级民政部门委托第三方审计机构对公益金项目开展审计进行了规范，明确了范围和方式，规范了责任和义务，明确了第三方审计机构应具备的条件 (4) 明确提出对督查结果运用的规定。对督查过程中发现项目单位存在提供虚假材料；虚报、套取、挤占、挪用彩票公益金及其他违法违纪行为的要请有关部门依照《彩票管理条例》《财政违法行为处罚处分条例》等有关规定处理。对督查中发现的问题，项目单位必须按期整改并提交整改报告，使督查形成完整的闭环，保证督查的完整性和严肃性

从表2-3可知，2009年至今我国福利彩票公益金的管理已经开始走上规范的法制化道路。这以《彩票管理条例》（简称《条例》，2009）、《彩票管理条例实施细则》（2012）、《彩票公益金管理办法》（2012）、《彩票发行销售管理办法》（2013）为标志。综合来看，关于彩票公益金的使用范畴，明确规定"彩票公益金按照政府性基金管理办法纳入预算，实行收支两条线管理，专项用于社会福利、体育等社会公益事业，结余结转下年继续使用，不得用于平衡财政一般预算"；关于彩票公益金的管理，规定"中央和省级彩票公益金的管理、使用单位，应当会同同级财政部门制定彩票公益金资助项目实施

管理办法"；关于彩票公益金的分配和使用，则根据不同来源和用途规定了不同的审批程序、申报和报告要求；关于彩票公益金的监督，规定"彩票公益金的管理、使用单位，应当依法接受财政部门、审计机关和社会公众的监督"，并要求"省级以上财政部门应当加强对彩票公益金筹集、分配、使用的监督检查，保证彩票公益金及时、足额上缴财政和专款专用"。其后出台的《彩票发行销售管理办法》则进一步规范了对福利彩票公益金筹集的管理。由此显然可见，福利彩票公益金的管理法规体系已经初具雏形。

二 福利彩票公益金管理机构情况

我国福利彩票由财政部门进行宏观管理，民政部门负责具体管理工作，并由民政部下设的直属事业单位中国福利彩票发行管理中心负责销售。

根据现有规定，本书绘制了福利彩票公益金管理的组织结构关系，如图2-6所示。

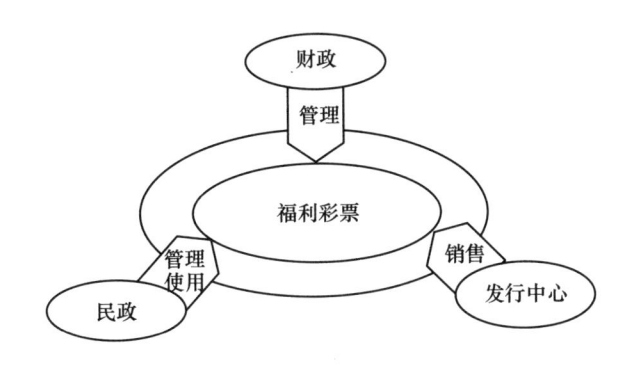

图2-6 福利彩票公益金管理的组织结构关系

（一）管理部门

我国福利彩票管理采用的是由财政部和民政部共同负责的双轨管理体制。概况而言，财政部负责对福利彩票进行宏观市场管理，其职责是制定方针政策、管理市场和监督发行。具体地说，财政部负责起草、制定国家有关彩票管理的法规、政策；管理彩票市场，监督彩票的发行和销售活动；会同民政部和国家体育总局研究制定彩票资金使用的政策，监督彩票资金的解缴、分配和使用。

民政部是对福利彩票的业务实施主管的部门，其职责是研究制定福利彩票的发行办法，并对发行和销售机构实施管理和监督。具体地说，民政部根据有关法规、政策和制度，分别研究制定福利彩票的发行、销售和资金管理的具体办法并组织实施；负责研究制定本系统彩票发展规划；研究提出发行额度并经审核批准后组织实施；确保及时足额向财政专户解缴彩票公益金；加强对彩票发行机构的管理，努力降低成本，扩大发行规模。

中国福利彩票发行管理中心现设以下部门：办公室、党委办公室、市场一部、市场二部、市场三部、市场四部、印制部、技术部、人事部、宣传部、培训部、财务部、监察审计室、总务部、培训中心。

（二）销售部门

《彩票发行销售管理办法》（2013）是目前规范福利彩票发行和销售的最新和最权威的规范。按照规定，彩票发行机构按照统一发行、统一管理、统一标准的原则，负责全国的彩票发行和组织销售工作。中国福利彩票发行管理中心是民政部直属事业单位，负责全国福利彩票发行和销售业务，对各地福利彩票发行销售机构实施业务领导和全面监控。而且按照要求，彩票发行应根据发行范围级别上报相应的财政部门核准。

同时按要求，销售部门还附有设置彩票销售标识，张贴警示标语，突出彩票公益性的义务。这是因为，筹集福利彩票公益金是发行福利彩票的初始目的。福利彩票公益金的特征在它是一种于取之于民、用之于民的集社会性、福利性、公益性、非营利性特征为一体的特殊政府预算资金。为了保证其作用的有效发挥，我国对其实行收支两条线的预算管理。因此，销售部门与管理使用部门是严格分开的。

三 福利彩票公益金预算管理情况

福利彩票公益金的预算管理也是经历了一系列变革。现阶段，我国还并没有发布专门针对福利彩票公益金预算管理的制度性文件。通常，都是涵盖在彩票公益金文件中统一发布。

2004年7月，财政部发布《财政部关于加强政府非税收入管理的通知》（财综〔2004〕53号）中明确指出，彩票公益金属于政府非税收入管理范围，对彩票公益金实行专项预算管理，提高彩票公益金使用效益。

2006年，财政部下发了《政府收支分类改革方案》，并制定了《2007年政府收支分类科目》。其中，对彩票资金收入的预算科目做出了更加准确的安排，彩票公益金计入预算外财政专户收入。这使彩票公益金的财政管理进一步规范。

2007年11月，财政部下发关于《彩票公益金管理办法》的通知（财综〔2007〕83号），指出将彩票公益金按政府性基金管理办法纳入预算，实行"收支两条线"管理，专款专用，结余结转下年继续使用，不得用于平衡一般预算。自此，福利彩票公益金开始正式实行一般预算管理模式。

由对彩票公益金的政府非税收入定性、到预算外财政专户资金管理、再到政府性基金管理，不难看到，彩票公益金的财政预算管理已经尝试变革。

2009年颁布的《彩票管理条例》中提到，"彩票公益金专项用于社会福利、体育等社会公益事业，不用于平衡财政一般预算。彩票公益金按照政府性基金管理办法纳入预算，实行收支两条线管理"。

2012年3月实施的《彩票管理条例实施细则》再度明确"彩票公益金按照政府性基金管理办法纳入预算，实行收支两条线管理，专项用于社会福利、体育等社会公益事业，结余结转下年继续使用，不得用于平衡财政一般预算"。

2016年3月18日，财政部颁发了《政府非税收入管理办法》明确彩票公益金收入属于非税收入，非税收入应当依照法律、法规规定或者按照管理权限确定的收入归属和缴库要求，缴入相应级次国库。

至此，我国已经建立起相对较为完善的预算管理法律法规体系。但显然这些规定还不够细致，缺乏必要的解释和说明。因此，与其他资金一样，福利彩票公益金的预算管理还需要进一步细化和明确。

第三章　福利彩票公益金绩效管理理论与实践中的问题

从1987年我国首次发行福利彩票至今已有近30年的历史，但搜索中国知网、维普资讯等期刊资料却发现，专门研究福利彩票公益金管理问题的仍不常见，而关于福利彩票公益金绩效管理的专门文献更是有限。细观我国民政部出台的一系列与福利彩票相关的管理制度，多是针对规范彩票发行和公益金的提取和使用等行为的。

第一节　福利彩票公益金绩效管理理论研究现状及问题

近几年随着公共管理绩效管理，尤其是新公共财政绩效管理的理论研究和实践的积极推动，福利彩票公益金的绩效管理问题才提上研究日程。然而，纵观现有文献资料，系统研究福利彩票公益金绩效管理的文章实在是寥寥可数。前面分析表明，福利彩票公益金的管理问题已经非常突出，而且已经影响到人民群众对民政部门管理福利彩票公益金绩效的关注和担忧。无论是从实践角度还是从理论研究方面，都反映出我国福利彩票公益金绩效管理相关理论研究的滞后性和紧迫性。

一　福利彩票公益金绩效管理的五要素

现有研究中，比较权威地界定和较为系统地讨论福利彩票公益金绩效管理问题的是《民政部福利彩票公益金中央级项目研究成果汇编》（2013，简称《汇编》）提出的，福利彩票公益金支出行为的过程、所产生的结果及其经济社会效益。其中，福利彩票公益金的绩效管理内容界定为五个要素，具体见图2-7。

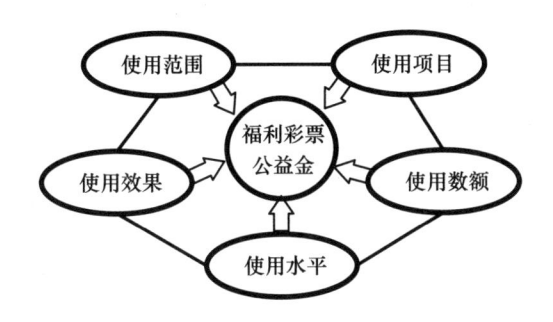

图2-7 福利彩票公益金绩效管理要素

二 福利彩票公益金绩效管理的五个必要环节

结合这五个要素，福利彩票公益金绩效管理被定义为对福利彩票公益金使用的全过程的计划、管理、考核、监督和应用改进等一系列活动的总和。据此可推知，福利彩票公益金绩效管理的内容包含了绩效计划、绩效预算、绩效实施、绩效评估和绩效反馈五个环节，具体参见图2-8。《汇编》系统明确地界定了福利彩票公益金绩效管理的要素和关键环节。该定义与本书的界定观点是基本一致的，可以说《汇编》为本项目的研究开展提供了较好的思路借鉴。

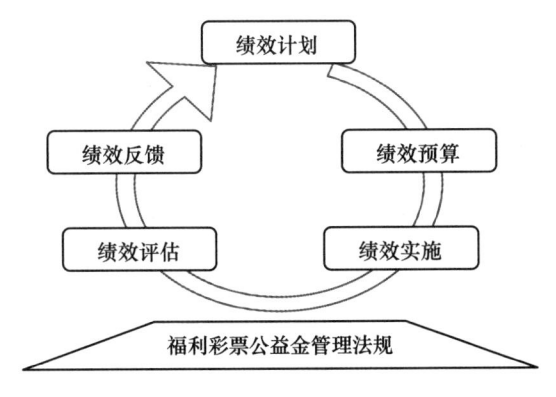

图2-8 福利彩票公益金绩效管理环节

不过，遗憾的是，由于《汇编》中涉及的内容较多，并未对福利彩票公益金绩效管理体系框架构建进行深入细致的研究，对如何实施福利彩票公益金绩效管理也未给出具体建议，而这也正好为本研究留下了足够的研究空间。

第二节 福利彩票公益金绩效管理实践中的问题

近年来，福利彩票发行规模迅速扩大，种类也不断创新，福利彩票发行的宗旨是否得到有效贯彻，以及如何有效发挥其作用成为广大民众关心的热点问题，同时也是民政部门亟待解决的突出问题。我国福利彩票的发行宗旨是"扶老、助残、救孤、济困"，落实体现在福利彩票公益金的使用上。

一 福利彩票公益金绩效管理问题的提出背景

（一）福利彩票公益金的使用问题

根据2015年审计署第4号公告，2014年11月至12月，审计署对财政部、民政部及所属中国福利彩票发行管理中心、体育总局及所属体育彩票管理中心，北京、山西、辽宁、吉林、黑龙江、上海、江苏、浙江、山东、河南、湖北、湖南、广东、重庆、四川、云南、陕西、甘肃等18个省（市，以下统称省）的省级财政、民政、体育行政等部门及228个省市级彩票销售机构、4965个彩票公益金资助项目2012年至2014年的彩票发行费和彩票公益金（以下统称彩票资金）进行了审计。这是我国首次大规模针对彩票资金的审计结果公布，因此也被称为我国彩票管理的一次审计风暴。据该公告，此次共查出虚报套取、挤占挪用、违规采购、违规构建楼堂馆所和发放津贴补贴等违法违规"问题资金"169.32亿元，占抽查资金总额的25.73%，意味着超过四分之一被审计资金都存在问题（涉及彩票公益金资助项目854个，占抽查项目数的17.2%）。具体地说，虚报套取、挤占挪用彩票资金等42.87亿元，其中23个彩票公益金资助项目被违规改变公益性用途，涉及金额3.61亿元；违反规定采购、账外核算彩票资金等90.43亿元；违规购建楼堂馆所、发放津贴补贴等36.02亿元（其中，中央八项规定出台之后的问题金额4.01亿元）；部分单位和个人违规牟取不正当利益。另外审计还发现，一些地方还存在违规利用互联网销售彩票、彩票资金闲置等问题，包括17个省未经财政部批准，违规利用互联网销售彩票630.4亿元，其中福利彩票133亿元、体育彩票497.4亿元；向互联网彩票销售商支付佣金66.7亿元，其中挪用彩票公益金等财政资金支付3.06亿元，并且还有204.72亿元彩票资金结存在财政部门、彩票公益金使用单位等超过一年以上未使用；有34个彩票公益金资助项目因决策失误等原因建成后长期闲置或未能正常使用，涉及金额2.68亿元。如此严重的问题不仅与福利彩票筹集公益金的宗旨背道而驰，还暴露出我国福利彩票公益金管理中存在较大漏洞。

（二）福利彩票公益金的绩效管理情况

当前，我国福利彩票公益金的管理制度逐步规范，从发行收入、到分配使用以及信息披露等均已经通过法律法规和制度的形式明确下来。从具体使用情况看，我国的福利彩票公益金主要用于老年人福利项目、残疾人福利项目、儿童福利项目、社会公益四大类项目。不过，随着福利彩票公益金数额越来越巨大，如何有效使公益金发挥更大的效用、如何通过公开透明制度体系使社会公众清晰了解福利彩票公益金的来龙去脉已经成为亟待解决的突出问题。当前一些省份已经开始强调福利彩票公益金使用管理和绩效评估的问题，如广西省就此还专门召开了民政会议进行讨论。2014年4月4日，中国福利彩票中心还专门建立了绩效考核办法，并强调了德、能、勤、绩、廉的综合考核方法。虽然这已充分显示我国相关部门已经意识到绩效管理的重要性，但显然这种传统的绩效考核作为绩效管理主要内容的做法已经无法满足提高巨额福利彩票公益金使用效益，以及公众对福利彩票公益金分配和使用的信息需求。

综上可见，当前我国福利彩票公益金管理还存在缺乏有效的绩效管理制度和监管依据，导致彩票发行和公益金使用暴露出一系列突出问题。

第二编　福利彩票公益金绩效管理的理论基础和现状分析

二　福利彩票公益金绩效管理实践中面临的突出问题

（一）福利彩票公益金管理法规制度不健全

结合现有资料可知，当前我国福利彩票公益金管理在预算管理、绩效评估、监管问责、跟踪反馈等方面还并未形成有效运行的机制。虽然近几年我国相继出台了一系列法规文件，如2009年的《彩票管理条例》、2010年的《民政部关于2010年福利彩票公益金使用的指导意见》、2012年的《彩票管理条例实施细则》和《彩票公益金管理办法》等，基本体系已经成型，形成了相对多层次、多角度的较为系统的管理制度体系。

但是，总的来看，福利彩票公益金的相关管理仍然缺乏完善的法律体系约束，例如对违规事项的惩罚措施和对违规责任的追踪、公益金财务管理制度及公益金分配和使用的信息披露制度等，都还有待进一步规范。再如，有些地方在国家法规和制度规范的基础上制定了详细而有针对性的实施细则，而有些地方却只是照搬照抄，按规定操作，甚至有些地方管理人员在对福利彩票公益金使用的范围和项目上解读有误或是随意性大、主观性强，也导致一些急需资助的人员无法得到及时补贴，从而影响福利彩票公益金的使用效果。在《彩票管理条例》中，对公益金的使用管理方面，也只是作出了原则性的规定，并没有对相应的预算、审批、监控、公示等使用程序作出具体的说明，更没有对相应违规责任进行明文约束，对福利彩票公益金的管理以国务院、民政部门、财政部门制定的行政法规、部门规章，如文件、通知、办法、意见和条例为主。因此，福利彩票公益金绩效管理的相关法规制度体系的完善还有很长的路要走，而这将有待于社会各界的共同探讨。

（二）福利彩票公益金使用中的执行不规范

由于缺乏有效的绩效管理机制，导致福利彩票公益金的筹集和使用过程中的不规范行为时有发生。部分财政部门对福利彩票公益金的监督管理流于形式，管理工作主要侧重于审核、审批，具体工作由民政部门负责，存在上级单位巧立名目占用公益金发行费和宣传费等现象。彩票发行成本过高，占到发行收入的20%左右，这与发达国家

第三章 福利彩票公益金绩效管理理论与实践中的问题

的5%相比明显是不合理的;由于起步较晚,仍未有效发挥作用;福利彩票公益金的提取也存在比例不符合要求、资金上交不及时且拨付使用资金无法及时到位,甚至出现挤占或挪用等违规事件。这既反映了预算的松弛现象,也在一定程度上反映了绩效管理的低效性。但从福利彩票公益金的绩效管理来看,不仅存在资金拨付不及时导致项目迟迟不能动工,而且还存在有些项目资金到位建成后却大部分空置,且未考虑维护和维修费用等问题,例如2011年云南省省级福利彩票公益金审计发现,其资助的部分敬老院(敬老公寓)项目建成后长期利用率低;也有些非设施类项目采购的物资无法获得有效使用,例如2010年度深圳特区审计发现,听障儿童助听器采购数量远远大于实际资助数量;"残疾人社区康复服务机构补贴"项目派送的康复器材大部分闲置;等等。再如,按规定我国福利彩票公益金的使用应该悬挂标识,但绩效审计发现仍然有些部门使用并未按规定执行。这直接导致人们对巨额资金使用的担忧和质疑,影响福利彩票公益金使用的公平透明度及所代表的政府形象。

(三)公益金支出结构不合理,使用效率偏低

我国地方留成的彩票公益金,由省级财政部门按"扶老、助残、救孤、济困"的宗旨使用。但是在我国推行绩效预算管理前,各省级财政部门贯彻宗旨分配公益金的过程中,往往重投入、轻分析,而使用管理部门也存在公益金支出预算重编制、轻考核的问题,导致我国公益金支出结构不合理、使用效率偏低等现象普遍存在。河北省福利彩票发行20多年来,其筹集到的福利彩票公益金,对推动省内各项社会福利事业和社会公益事业的发展作出了巨大的贡献。虽然一直强调合理使用彩票公益金,但其支出结构仍然不尽如人意。比如,有关数据显示,福利彩票公益金每年在养老服务的福利项目建设方面的投入较多,资金所占比例过大,这样势必会导致其他公益事业发展的资金相对匮乏。我们必须调整其公益金支出结构,努力将福利彩票公益金投入各个公益项目和设施建设中去,这样才能有利于基层做更多民众看得见、摸得着的实事,更好地树立福利彩票的社会公益形象,促进各省福利彩票公益事业的健康发展。

在资金使用效率方面,福利彩票公益金当年筹集的资金能够当年

使用，可以提高资金使用效益。但实际情况都是当年筹集次年使用。公益金资助项目需要经过一系列程序：从审计申报、项目评审、项目上报审批、项目下达，等到福利彩票公益金真正拨付到项目执行单位，已经是次年的年末。而到项目执行单位后，有可能面临着已到财政结算时间而被财政回收结算的问题，这样，一直到第二年的年初，这笔资金才能真正投入使用。这表明，福利彩票公益金在财政账户可能会闲置两年时间，由市级、县（区）级留成使用的福利彩票公益金时间跨度可能会更长。当然，为了解决这一问题，已经开始采用执行预算的方式，省级资金当年筹集当年使用，但是由于财政结算等原因，仍然存在资金闲置时间长的问题，造成福利彩票公益金使用效率低下。

另外，由于配套土地未落实，有些项目虽然争取到彩票公益金资助，但却长期无法按期施工，同样造成资金闲置。个别地方资助项目的资金浪费损失严重，或者被擅自更改资金用途，超出福利彩票公益金"扶老、助残、救孤、济困"的使用范围，造成福利彩票公益金不能落到实处，影响了公益金资金使用效率。

（四）福利公益金绩效考核指标有待完善

按照福利彩票公益金使用项目的资产形态，通常可分为设施类和非设施类。现有考核指标分为基础设施资助项目、非设施类项目（包括医疗救助项目）和公益服务项目三类。

从这些考核指标构成、占比或得分可以看出，尽管已经形成一个体系，但该考核指标体系中的量化指标较少，主观性较强，在评价时较难操作。更重要的是，考核指标不够清晰不够具体，操作起来也会产生人为的理解误差。而且由于资助项目的地域、规模和受众等因素的区别，以及部分指标问卷对象需求和选择等原因，使这些指标的横向对比和纵向对比的意义较为有限。

此外，虽然这一绩效考核指标体系已经根据福利彩票公益金使用的经济性和社会性选择了两方面的指标，但是对福利彩票公益金使用过程的关注较少，且未能强调福利彩票公益金管理的创新性以及如何激励福利彩票公益金提取的基础部分及福利彩票发行的内容，即不够全面。现有福利彩票公益金考核指标体系的内容和特点见表2-4。

表 2-4　　　　　　　现有考核指标体系的概要

分类	指标类型和占比	主要问题
设施类	财务指标，包括资金落实、实际支出和财务管理状况，所占比重依次为 3:4:3，共占 40%	虽有细化指标，但仍然过于笼统，尤其是财务管理状况
	业务指标，包括目标设定、完成、组织管理水平、项目实施效益，所占比重依次为 1:4:2:3，共占 60%	这些指标主观性较强，均为打分形式，缺少量化指标
医疗类	医疗指标，包括组织管理、手术质量，所占比重依次为 2:8，共占 50%	相对客观，但组织管理占比略高
	社会效益，指群体满意度，占 30%	无统一标准和依据
	财务指标，指消耗指标，占 20%	单纯以费用变化为依据
公益服务类	项目完成情况，包括进展及与计划符合、服务人数、服务频次、安全服务、服务成效，所占分值为 4:5:5:2:9，共占 20 分	缺少量化指标，主观性和随意性较大
	服务满意率，包括服务对象满意率 15 分和相关方满意率 5 分，共占 20 分	
	财务状况，支出合规性、合理性、资产管理、预算管理和财务管理，依次占分 2.5:2.5:2:2:10，共占 19 分	
	组织能力，组织管理架构、组织制度建设、项目管理能力、社会动员能力、可持续发展能力，依次占分 2:2:6:3:3，共占 16 分	
	综合效能，对同类服务影响、对执行组织影响和对行业影响，依次占分 8:8:4，共占 20 分	

（五）公益金资助项目管理工作有待规范

福利彩票公益金管理工作是一项政策性强、专业程度高、安全责任大、社会广泛关注的工作。由于专业管理人才缺乏，再加上没有专项工作经费，我国当前福利彩票公益金管理落后，使用透明度不高，管理手段和方式落后，信息化进程缓慢，缺乏社会公众的监督，存在"执行缺乏权威性、人员缺乏专业性、工作缺乏持续性、资金管理缺乏绩效评价"等一系列问题。

　　首先，福利彩票公益金的使用上存在"跑项目"的局面，在进行公益金资助项目评审时，随意性较强，缺乏规划与评价标准，部分项目并未做好项目前期准备事项就得到资助，造成资助资金闲置，影响了福利彩票公益金使用效益，甚至影响了社会福利事业的发展。其次，由于项目多，管理人员缺乏，造成对下拨资助项目资金使用监督检查不够，多以电话催促和询问为主，专项跟踪检查较少，资金项目的跟踪问效检查和绩效评价制度的缺失，必然影响福利彩票公益金使用管理。福利彩票公益金使用不够透明，部分地区热衷于搞形象工程和政绩工程，随意使用公益金，公益金资助项目评估机制仍未建立起来，个别地区还将公益金用于非公益金行业和项目，滋生了不少腐败问题。全国性的福利彩票公益金绩效管理办法还未出台，只有部分省份率先制定了省本级的相关管理制度。例如甘肃省、云南省建立了专门的福利彩票公益金资助项目绩效评估管理办法，很多省份的绩效管理还停留在初级阶段。最后，经过延伸调查发现，某些地方尚未建立福利彩票公益金资助项目档案，或者将几类资金结构整合建设，对多方面申请到的项目资金一起核算，使得难以单独了解福利材料公益金资助资金的使用情况，用途混淆不清。

　　另外，在彩票公益金管理过程中，会存在未按规定比例提取，资金没有及时并足额上缴财政专户，资金存在挤占和挪用问题。河北省福利彩票有66%以上是通过网络发行，并按发行收入的2.5%支付网络中介公司发行费用，每年多达几千万元，存在利益输送嫌疑。同时，公益金虽被纳入财政预算管理，但由于约束性弱，各地仍不同程度地存在推迟上缴，甚至挤占挪用、截留公益金现象，个别地方还将公益金用于平衡财政预算，影响了财政部门统一调配。

　　彩票资金应该上缴财政预算中进行管理，可是在彩票市场中彩票资金的收入和支出具有不稳定性。而且预算过程中牵连的部门很多，如果收支预算要反映彩票活动的全过程的话，就会出现虚报预算、超支预算等不科学行为。另外，财务管理随意性较大，上级主管部门或行政部门对预算资金总额的控制干扰较多，使本该按期对财务指标进行分析的财务人员，没有很好地完成分析。

（六）缺乏有效的福利彩票公益金审计监管体系

福利彩票公益金资助的社会福利项目越来越多，涉及的范围也越来越广，但是，对于各级相关部门的公益金的使用情况，却缺乏全面足够的财政监督、审计监督和社会监督。随着福利彩票公益金的快速增长，其资助范围不断扩大，滋生腐败的风险也就随之增大。相应地，在公示、监管制度不健全的情况下，福利彩票公益金使用过程发生腐败的风险会更大。倘若约束机制继续缺位，势必会导致福利彩票事业变成为"权力腐败"的沃土。

福利彩票公益金审计监管中存在的问题，表现在以下两个方面：一是福利彩票公益金审计跟踪管理不到位，例如对一些已经完成了的项目，并未按规定去开展验收工作。二是在福利彩票公益金的使用和社会福利项目建设上，审计部门并没有进行相应的绩效审计，未能及时地去考查福利彩票公益金的使用、管理等相关的执行情况。许多省内地区使用的福利彩票公益金数额较小，资助的项目并不大，审计部门和当地的政府重视程度有限，这些都说明了目前河北省福利彩票公益金的审计监督力度不够。

（七）福利彩票公益金使用透明度不高

福利彩票公益金来自于社会、服务于社会，取之于民、用之于民。公益金的使用管理质量，是社会关心的热点，直接关系到公益金的社会效果及福利彩票事业的发展方向与前途。

国外部分地区在发行某一种彩票的时候往往会事先明确这个彩票的用途和去向，所以从销售一直到最后资金（公益金）归集和使用都是很清晰的一条线管理。而在中国，彩票公益金是一个大池子，当所有资金汇总后由财政统一进行分配和处置，由此导致部分资金使用情况不清，来龙去脉不清。很长一段时间内，我国巨额福利彩票公益金的去向一直扑朔迷离。福利彩票公益金使用不够透明，部分地区热衷于搞形象工程和政绩工程，随意使用公益金，并且个别地区还将公益金用于非公益金行业和项目，滋生了不少腐败问题。福利彩票公益金使用不够透明的具体表现为福利彩票公益金使用公告主体、路径、范围均未有明确法律规定，公示方式较单一，公告内容过于简单、笼统等。

新《预算法》（2014年修正）已明确提出预算公示的要求，但具体到福利彩票公益金使用的公示机制仍然有待专门探讨和明确。

缺乏必要的明确公示机制导致一些地方彩票公益金的使用公示过于粗放。如天津市财政局公布的《2013年度彩票公益金筹集分配使用情况公告》中，2013年度总额达89409万元的"彩票公益金使用情况"，只有简单几句话，比如"全民健身工程建设6466万元""备战第十二届全国运动会经费补助5000万元""承办全国及国际体育比赛1107万元""体育场馆建设19125万元"等。如此"敷衍"的公示在一般民众看来，几乎形同虚设。其中的资金使用前是否严格论证并充分征求意见、资金使用结果是否与预算相符及是否合法合规、是否存在超支浪费、验收是否及时、群众是否满意等信息均无法获取，甚至项目何时预算、何时批复、何处监管等信息均无明确途径可查。取之于民的福利彩票公益金能否用之于民、能否让民众满意成为一纸空谈。总体上看，我国福利彩票公益金使用的不公开不透明，造成多数民众对福利彩票公益金的去向是"一头雾水"。

只有公开透明，规范有效，才能取信于社会和公众。要进一步增强公益金的分配使用社会透明度，把使用情况向社会公开，接受社会和新闻媒体的监督检查。要定期将福利彩票公益金资助项目的数额及效益等情况向社会公布，可采取在当地新闻媒体上和民政网上进行公告的方式，自觉接受社会公众的监督检查。同时自觉接受财政、审计、监察等部门的监督检查，定期不定期组织自查，提高公益金使用管理的质量，维护福利彩票的信誉，推进全市社会福利和保障事业的快速发展。

第三编　福利彩票公益金绩效管理问题的实证分析

　　本编主要是根据对河北省福利彩票公益金管理部门调研数据对福利彩票公益金绩效管理存在的问题、影响福利彩票公益金使用满意度的关键因素进行分析。通过问卷调查和实地访谈相结合的方法，本书收集了河北省福利彩票公益金管理及使用方面的一手数据，采用描述性分析方法，对公益金管理制度完善情况、使用情况、制度执行、满意度调查等进行了详细分析，并使用SPSS20.0作为主要分析工具，运用逐步回归分析方法，以满意度作为因变量，以制度完善情况、公益金使用情况和制度执行情况等作为自变量，构建多元回归方程，进行了逐步回归分析。结果表明，绩效管理满意度的关键影响因素是考核结果是否公示，是否有完备的绩效评价指标和标准。因此，绩效管理制度的一个核心问题就是将考核结果及时地公示出来，同时需要设置科学的绩效考核指标体系和标准，尽量做到指标的全面、细化和可操作。

第一章 数据取得和分布

本章主要交代问卷数据的取得过程、来源及数据的分布特征。为了保证研究的可靠性,问卷设计和调研都是建立在广泛阅读相关文献及与福利彩票公益金使用管理部门充分沟通的基础上进行的。

第一节 数据来源

一 问卷设计及发放

为了保证调研结果的有效性,我们首先设计了较为详细的涵盖四个方面 100 个问题的初步问卷进行模拟调研。反馈意见认为,问卷涉及内容较多,填写较为耗费时力,而且问卷文字表述适用对象很多为基层财务人员,学历和知识水平参差不齐,可能导致理解有误。为此我们对这些问题做了进一步的讨论、提炼和修改,最后选定四大部分、30 个问题。

问卷由河北省民政厅规划财务处协助向河北省设区市及所属县(市、区)各级民政部门福利彩票管理使用部门、单位发放。在问卷发放时,我们参考河北省民政厅规划财务处的意见,重点选择了那些管理使用福利彩票公益金数量较大、频率较高的部门和单位。

二 问卷的回收

问卷发放时间为 2013 年 12 月 30 日,初次收回日为 2014 年 1 月 20 日。由于在初步整理过程中发现,廊坊市问卷填写均不完整,存在大量空白选项,故重新联系填写,并于 1 月 31 日全部收齐。本次问卷调查共发放问卷 100 份,回收 95 份,回收率 95%。其中有效问卷87份，有效率87%。

第二节 数据的分布

一 总体分布概况

从问卷的地理分布看，该问卷囊括了河北省10个设区市及所属县（市、区）福利彩票公益金管理使用部门、单位，占所辖设区市的90.09%，具有较强的代表性。

从数据分布的具体情况（见表3-1）来看，除衡水地区占比较低、邢台地区占比偏高外，其他地区比较均衡。这是因为我们在组织调查问卷前，借河北省财政厅计财处召开财务会议之机（参加会议人员中衡水地区偏少，而邢台地区较多），对参加会议人员进行了初步访谈，并阐明了本次问卷调查的目的与对福利彩票公益金管理部门和使用单位的重要意义。

表3-1　　　　　　　　　　地区分布

地区	单位数（个）	占比（%）
保定	13	14.94
沧州	5	5.75
承德	7	8.04
邯郸	5	5.75
衡水	1	1.15
廊坊	11	12.64
石家庄	13	14.94
唐山	4	4.60
邢台	22	25.29
张家口	6	6.90
合计	87	100

二 问卷的补充措施

为了保证问卷信息的有效性,后期我们还对衡水地区的福利彩票公益金绩效管理情况进行了电话访谈,结果与大多数问卷选项一致,故此并不对分析结果产生实质影响。因此,经过信度和效度分析后,我们认为本次调查问卷是有效的,对分析河北省福利彩票公益金绩效管理情况具有较强的代表性。

第二章 描述性分析

结合理论分析和实地访谈,我们设计的福利彩票公益金绩效管理情况调查问卷共分为四个部分,包括绩效管理制度完善情况、福利彩票公益金使用情况、绩效管理制度执行情况和绩效管理的满意度这四部分。

第一节 福利彩票公益金绩效管理制度的完善情况

本次问卷关于福利彩票公益金绩效管理制度的完善情况共设计了8个问题。

一 福利彩票公益金绩效管理制度的建设情况

问题:请问贵单位福利彩票公益金绩效管理是否有制度或规定的书面文件?

结果见表3-2,图3-1。

表3-2　　　　　　　　　制度建设情况统计

选项	单位数(个)	比重(%)
A、是	68	78.16
B、否	19	21.84
合计	87	100

表 3-2 所设计的问题旨在考查福利彩票公益金绩效管理制度的完整性和规范性。从问卷结果看,福利彩票公益金绩效管理的制度建设仍然存在不完善之处。在问卷中,78.16% 的单位福利彩票公益金绩效管理有统一的制度或书面文件,但依然有 21.84% 的单位没有明确的制度或规定的书面文件(具体对比参见图 3-1[①])。

这说明,河北省内民政部门对于福利彩票公益金绩效管理制度建设的完整性和规范性还有待完善,而且制度的传达还不能涵盖全部福利彩票公益金管理单位。这些对于强调福利彩票公益金绩效管理的目的和意义,乃至有效实施福利彩票公益金绩效管理制度显然都不利。

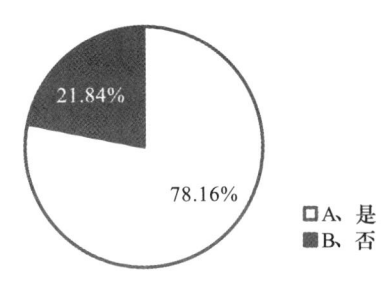

图 3-1 制度建设情况统计

二 福利彩票公益金绩效管理制度的细化措施

问题:除了上级下发文件之外,贵单位福利彩票公益金绩效管理制度是否有针对本单位设计的细则?

结果见表 3-3,图 3-2。

表 3-3　　　　　　　　　制度细节设计情况统计

选项	单位数(个)	比重(%)
A、是	35	40.23
B、否	52	59.77
合计	87	100

[①] 本章图中选项含义均与相应表内的内容完全一致。

该问题主要考查福利彩票公益金绩效管理制度的可操作性问题。细化的实施措施可以有效保障福利彩票公益金管理和使用单位准确及时地按照福利彩票公益金绩效管理制度的要求贯彻落实。但结果表明，福利彩票公益金管理制度还缺少相应的实施细则。

统计表明，仅部分单位（约占4成）福利彩票公益金绩效管理制度有针对本单位设计的细则，而多数单位（约占6成）并没有依据福利彩票公益金绩效管理制度制定适合本单位的细则（见图3-2）。这说明总体上福利彩票公益金管理制度还缺少相应的实施细则作为运行保证。

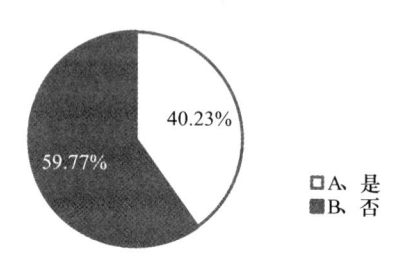

图3-2 制度细节设计情况统计

这也说明从河北省福利彩票公益金绩效管理制度的落实上还有所欠缺。特别是，省本级相关部门在宣传强化福利彩票公益金绩效管理制度的作用、敦促各下级单位通过制定相应的细则落实福利彩票公益金绩效管理制度等方面还没有做到位。没有实施细则作为福利彩票公益金绩效管理制度的保障，很可能导致制度流于形式，无法真正落到实处。

三　绩效管理制度是否区分不同项目类型

问卷：贵单位福利彩票公益金绩效管理制度是否清楚地对设施类和非设施类公益金使用项目进行分类考核？

结果见表3-4，图3-3。

表 3 – 4　　　　　制度对不同项目的分类考核情况统计

选项	单位数（个）	比重（％）
A. 是	66	75.86
B. 否	21	24.14
合计	87	100

表 3 – 4 所设计的问题主要考查福利彩票公益金绩效管理制度的针对性。理论上，福利彩票公益金使用在设施类和非设施类项目上区别非常大，应该分别设计考核指标和标准。而调查发现，有些单位并没有对设施类和非设施类公益金使用项目进行分类考核。

图 3 – 3 统计结果表明，大部分单位的福利彩票公益金绩效管理制度清楚地对设施类和非设施类公益金使用项目进行了分类考核，但是仍有 24.14％ 的单位没有进行分类考核。

福利彩票公益金管理和使用单位未能对福利彩票公益金绩效进行分类考核，导致考核结果不准确、不科学，进而导致相应的奖惩措施有失公允公正。

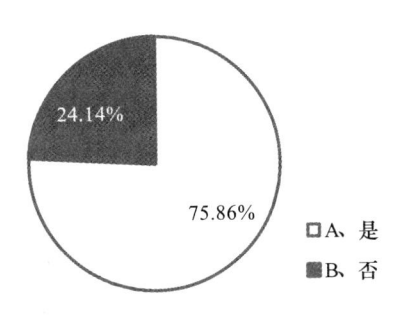

图 3 – 3　制度对不同项目的分类
考核情况统计

四　福利彩票公益金绩效管理制度的执行问题

问卷：贵单位福利彩票公益金绩效管理制度下列哪些内容最符合单位实际情况？（可多选）

结果见表 3 – 5，图 3 – 4。

第三编 福利彩票公益金绩效管理问题的实证分析

表3-5 制度的实际情况统计

选项	单位数（个）	比重（%）
A、预算目标明确合理	60	68.97
B、资金使用效果评价标准科学	41	47.13
C、计划制订时广泛征求意见	35	40.23
D、使用与预算出现差异时会严格地执行奖惩	10	11.49
E、均不符合	1	1.15

表3-5所设计的问题旨在考查福利彩票公益金绩效管理制度的实施效果。即便是存在缺陷的制度如果能够在实施过程中得到修正，也能发挥一定的积极作用，而再好的制度如无法有效实施也无法真正发挥作用。为了充分了解福利彩票公益金绩效管理制度在实施过程中哪些方面做得比较好，我们将其分为目标、使用效果评价标准、信息沟通、差异分析后的奖惩作为重点考核范围。为了确保调查结果可信度，我们采取了分项列示并让被试者挑选所在单位做的最好之处的方法。

从表3-5可以看出，有68.97%认为预算目标明确合理，47.13%认为资金使用效果评价标准科学，40.23%认为计划制订时广泛征求意见。由统计数据得出，大多数单位认为福利彩票公益金绩效管理制度预算目标明确合理，但也有31.03%的单位认为制度预算目标制定得不够明确合理，需要改进。仅有不到一半的单位认为资金使用效果评价标准是科学的，说明福利彩票公益金使用效果评价体系需要进一步完善。图3-4是制度的实际情况统计，可以看出，多数单位在制订计划时没有广泛征求意见，这很可能导致制度制定不合理与满意度低等问题。数据还表明，仅有11.49%的单位在使用与预算出现差异时会严格地执行奖惩。此外，有1.15%的单位认为以上均不符合。综合来看，福利彩票公益金绩效管理制度执行的主要问题是信息沟通和奖惩制度未能有效落实。

首先，信息沟通应该是贯穿于绩效管理的整个过程。本质上，良好的绩效管理就是一个持续沟通的过程，包括内部和外部的，也包括上下级之间的。沟通可以使目标更加明确具体，也可以使得工作与目标之间出现的偏差及时被发现并得到及时纠正，进而保证绩效管理有效推行。沟通还是绩效管理过程中处理并化解管理冲突的关键。所以作为绩效管理的核心环节和重要组成部分，信息沟通不畅会影响绩效管理的效果。显然，调查结果意味着，在福利彩票公益金绩效管理实施过程中信息沟通环节出了问题。

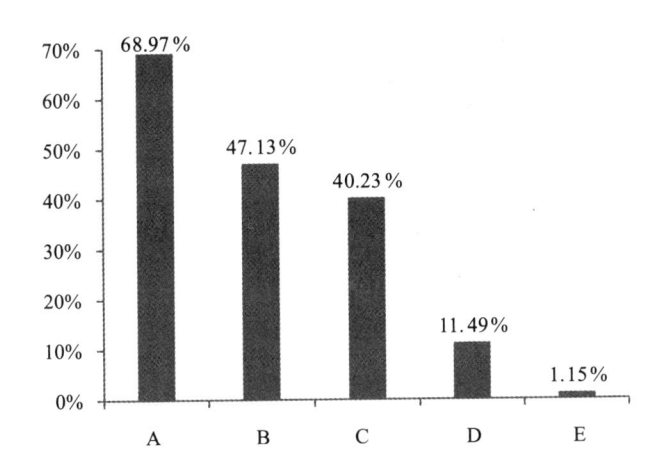

A. 预算目标明确合理　B. 资金使用效果评价标准科学
C. 计划制订时广泛征求意见　D. 使用与预算出现差异时会严格地执行奖惩　E. 均不符合

图 3-4　制度的实际情况统计

其次，奖惩未能与绩效管理制度紧密结合。奖惩流于形式，就如同一招错棋会导致绩效管理满盘皆输。从心理学角度而言，奖惩制度是通过一系列正负激励的作用，引导和规范组织活动和员工的行为朝着符合需求方向发展的。奖罚制度的目的是通过奖励积极的行为表现，纠正不良行为，而使组织成员对组织鼓励什么样的行为、禁止什么样的行为形成统一的观念，从而起到规范组织活动和员工行为的作用。因此，奖惩制度是绩效管理制度的必要组成部分。绩效管理制度只有做到有奖、有惩，奖惩严明才能有效发挥作用，才能顺利实现绩效管理的目标。根据调查问卷可

第三编　福利彩票公益金绩效管理问题的实证分析

知，福利彩票公益金的绩效管理对于奖惩设计和执行的重要性还没有提到应有的高度，影响了当前福利彩票公益金绩效管理的作用发挥。

五　福利彩票公益金绩效管理绩效评估指标的设计

问卷：贵单位福利彩票公益金绩效评估指标特征？

结果见表3-6，图3-5。

表3-6　　　　　　　　　　绩效评估情况统计

选项	单位数（个）	比重（%）
A、与上级要求相同，且以定量为主	19	21.84
B、与上级要求相同，且以定性为主	24	27.59
C、上级要求基础上有细化指标，且以定量为主	29	33.33
D、上级要求基础上有细化指标，且以定性为主	15	17.24
合计	87	100

表3-6所设计的问题主要考核绩效管理的评估指标体系的设计是否方法得当，指标是否细化。定性和定量指标的有效结合可以更加全面地考查绩效管理考核指标体系的完整性和有效性，细化的指标则更加具有针对性和可操作性，更有利于明确责任，落实奖惩。

表3-6报告了绩效评估情况统计数据。可以看出，约有49%的单位采用的绩效评估指标与上级要求相同，约有51%在上级要求基础上设立了细化指标。其中，不同层级单位绩效考核指标以定性为主和定量为主的占比相差较大，这说明不同层级对于绩效评估指标的理解存在较大差异，绩效考核指标并未被广泛理解和接受，还需加强教育培训。结合访谈还发现，当前河北省对于福利彩票公益金绩效评估指标选择并没有统一的标准，有些部门以定量指标为主，而有些部门则以定性为主，且多为按上级要求报送指标结果和数值，较少有单位结合自身情况设计选择和细化绩效评估指标。

图3-5可以更清楚地了解有细化指标的单位中以定量为主的占

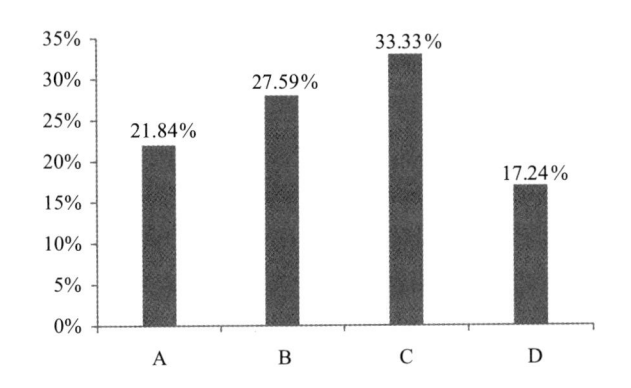

```
35%                    33.33%
30%         27.59%
25%  21.84%
20%
15%                            17.24%
10%
 5%
 0%
      A      B        C       D
```

A. 与上级要求相同，定量为主   B. 与上级要求相同，定性为主   C. 上级要求基础上有细化指标，定量为主   D. 上级要求基础上有细化指标，定性为主

图 3-5　绩效评估情况统计

多数，以定性为主的占少数。这说明，有些部门在绩效管理实践中已经开始主动寻求突破，并更多地采用了量化指标。定性和定量指标结合更加全面系统，但量化指标的考核更能够便于操作和接受，也更加公平，因此将定性指标适度地定量化有利于更好地推行绩效管理制度。

绩效指标设定是绩效管理的关键一环。绩效考核指标的设定是整个绩效管理的目标和目的，具有战略导向性。只有通过绩效考核指标，评价工作才具有可操作性和条理性。因此，如何把握考核指标的量与度的问题，也就是如何平衡定量指标和定性指标之间关系的问题，对于完善绩效管理考核制度非常关键。从问卷结果来看，福利彩票公益金绩效管理的考核指标体系还不够细化，也缺少统一的规范，同时采用了主要量化指标为主、定性指标为辅的做法。

六　福利彩票公益金绩效管理的岗位设置

问卷：贵单位福利彩票公益金绩效管理是专人负责，还是兼职？

结果见表 3-7，图 3-6。

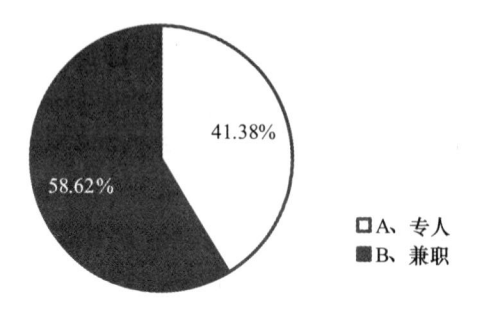

图 3-6 负责人情况统计

表 3-7 负责人情况统计

选项	单位数（个）	比重（%）
A. 专人	36	41.38
B. 兼职	51	58.62
合计	87	100

表 3-7 所设计的问题主要考查福利彩票公益金绩效管理的岗位设置是否科学合理及重视程度。当前行政事业单位的绩效管理制度越来越受到重视，是否由专人负责绩效管理工作能够体现单位的重视程度。通常情况下，专人管理的效果要好于兼职管理，一方面也可以体现单位对于绩效管理的重视，另一方面也可以更有效地推行和总结提升绩效管理制度。但限于单位编制和成本效益原则，可以不设置专门的岗位负责绩效管理，而由兼职负责。随着绩效管理重要性的提升，专人负责绩效管理很可能会成为一种趋势。

表 3-7 中报告了绩效评估情况统计数据。从中可知，福利彩票公益金绩效管理由兼职人员负责的单位多一些，由专人负责的单位略少一些，约占 41.38%。图 3-6 可以更清晰地看出，福利彩票公益金的绩效管理已经得到高度重视，但限于条件多数还未能设置专门的岗位。由于当前福利彩票发行额与日俱增，公益金数量也更加可观，管理的难度也逐年增加，使用的公平公开性也更加受到关注，因此兼职的做法很可能难以保证满足需要。兼职或者临时抽调员工对福利彩票

公益金的使用进行考核，更适合定期或者突击考核形式，而要将福利彩票公益金绩效管理制度常态化，明确专人或专门机构负责制还是很有必要的。显然，这一方面还有待进一步整改。

七 福利彩票公益金绩效管理目标的制定流程

问卷：贵单位福利彩票公益金绩效管理目标制定过程是什么样的？

结果见表3-8，图3-7。

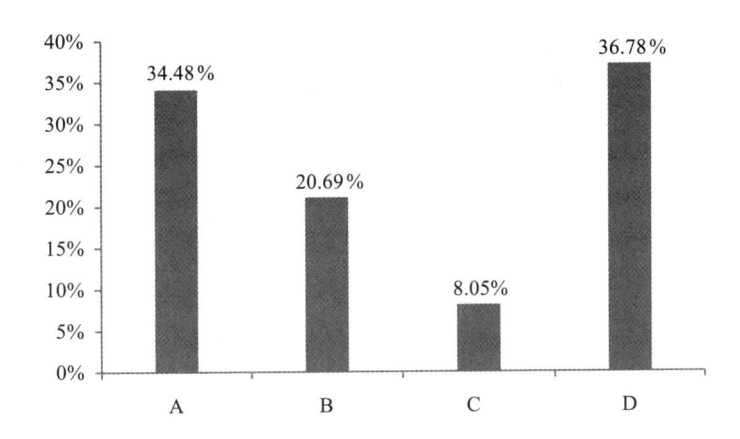

A. 根据上级下达任务制定　B. 由本单位上报，上级审批　C. 本级和上级沟通确定　D. 本单位据实际需要确定

图3-7　目标制定过程中上下级沟通情况统计

表3-8　　　　目标制定过程中上下级沟通情况统计

选项	单位数（个）	比重（%）
A、根据上级下达任务制定	30	34.48
B、由本单位上报，上级审批	18	20.69
C、本级和上级沟通确定	7	8.05
D、本单位据实际需要确定	32	36.78
合计	87	100

表 3-8 所设计的问题主要考核福利彩票公益金绩效管理目标制定过程是否科学合理。目标制定过程的科学合理性直接影响到目标是否具有激励作用及可实现程度，因此科学的绩效管理目标制定流程对于福利彩票公益金绩效管理水平提升具有重要意义。目标的制定应该建立在上下级充分沟通的基础上，既不能是上级命令式，也不能是放任不管型。否则很难真正落到实处，或者即便落实了也会引起下级不满或者监管困难等问题。

表 3-8 报告了目标制定过程中上下级沟通情况统计。我们发现，有 34.48% 的单位的绩效目标是根据上级下达任务制定的，有 36.78% 的单位表示绩效目标是根据单位实际需要确定的，有 20.69% 的单位采用"由本单位上报，上级审批"的方式，这几种方式占了绝大部分，而事实上这也说明在绩效目标的制定过程中并没有实现上下级良好的沟通；此外，只有少数单位是由本级和上级沟通确定，约占 8.05%（见图 3-7）。这说明，当前河北省在福利彩票公益金绩效管理目标制定的过程中，上下级之间是缺乏沟通的。沟通不畅，目标就可能无法实现激励效果，过高就会导致下级单位很难实现从而丧失动力，或者采用欺骗、造假或者应付手段；目标过低，不仅导致绩效管理失去意义，也会导致下级单位管理松散，对目标管理失去信心，或者根本不予重视。

八 福利彩票公益金绩效管理制度的完整性

问卷：贵单位福利彩票公益金绩效管理制度中是否存在下列内容？（ ）

结果见表 3-9，图 3-8。

表 3-9　　　　　　　　制度内容完整情况统计

选项	单位数（个）	比重（%）
A、绩效管理目标	71	81.61
B、评价标准和考核指标	48	55.17
C、公示和举报的渠道和时间要求	38	43.68
D、具体奖惩措施	36	41.38

第二章 描述性分析

表 3-9 中设计的问题主要考核福利彩票公益金绩效管理制度是否完整。全面高效的绩效管理制度应该有明确的目标，科学的评价标准和考核指标体系，并且能够将考核结果及时公开，有健全的反馈机制和行之有效的奖惩措施。完整性是评价绩效管理制度健全的主要标志之一。

从表 3-9 报告的福利彩票绩效管理制度内容完整情况统计数据可以看出，绝大多数单位福利彩票公益金绩效管理制度中有绩效管理目标，占比为 81.61%，不过只有 55.17% 的单位在制度中设立了评价标准和考核指标，另外 44.83% 则根本没有。

进一步，从图 3-8 可以更清晰地看出，在制度中说明公示和举报渠道和时间要求的以及设定具体奖惩措施的均达不到半数。没有具体的公示和举报渠道及时间要求，绩效管理的透明度较低，而且缺少了必要的反馈，就会丧失绩效考核的公开公平公正性，从而很难令人信服。即便有具体奖惩措施也还要看执行的力度，何况无具体奖惩措施，更可能会导致再好的绩效管理制度也无法有效发挥作用。

这也在一定程度上反映了许多单位福利彩票公益金绩效管理制度内容还不够完整，仍需要进一步补充完善。

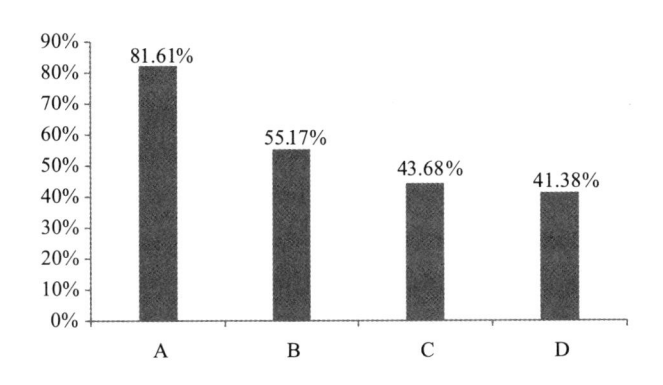

A. 绩效管理目标　B. 评价标准和考核指标　C. 公示和举报的渠道和时间要求　D. 具体奖惩措施

图 3-8　制度内容完整情况统计

综合分析表明，河北省福利彩票公益金绩效管理制度还不完善。

从对制度完善情况的 8 个问卷情况的统计结果来看，各单位福利彩票公益金绩效管理制度不完善的现象普遍存在。在被调查的单位中，有 21.48% 的单位没有明确的制度或规定的书面文件，而且约有 4 成的单位没有针对本单位的实施细则，制度中没有清楚地对设施类和非设施类公益金使用项目进行分类考核的单位也占到了约 1/4。此外，资金使用效果评价体系也有待完善，很多单位在制度制定时没有广泛征求意见，只有少数单位在使用与预算出现差异时会严格地执行奖惩。约有一半的单位福利彩票公益金绩效评估指标与上级要求相同，另一半在上级要求基础上设立了细化指标。福利彩票公益金绩效管理由兼职人员负责的单位略多于由专人负责的单位。目标制定过程中上下级没有充分沟通的现象非常普遍。制度内容不完整的单位占了很大比重。这也说明福利彩票公益金绩效管理制度尚需要从目标、流程、内容及指标设计等多方面进行完善。

第二节 福利彩票公益金的使用情况

对于福利彩票公益金的使用情况的调研我们共设计了 9 个方面的内容来进行综合考查。

一 福利彩票公益金使用范围明确性

问卷：贵单位对福利彩票公益金使用范围是否具有严格限定？
结果见表 3-10，图 3-9。

表 3-10　　福利彩票公益金使用范围限定情况统计

选项	单位数（个）	比重（%）
A、是	86	98.85
B、否	0	0
C、不清楚	1	1.15
D、仅重点项目和大额项目有	0	0
合计	87	100

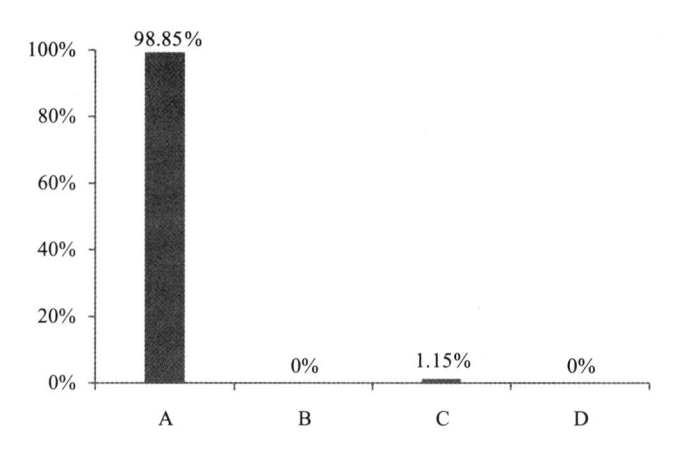

第二章 描述性分析

```
100%    98.85%
 80%
 60%
 40%
 20%
             0%      1.15%    0%
  0%  ───────────────────────────
       A       B       C       D
```

A. 是 B. 否 C. 不清楚 D. 仅重点项目和大额项目有

图 3-9　福利彩票公益金使用范围限定情况统计

表 3-10 所设计的问题主要考核福利彩票公益金使用范围是否具有严格限定。资金的使用范围是否明确事关资金能否被合理使用。严格的限定资金用途可以为绩效管理提供直接的依据。为了加强福利彩票公益金管理，我国民政部曾多次对其进行规范。如《民政部关于 2010 年福利彩票公益金使用的指导意见》对 2010 年民政部本级彩票公益金使用方向及范围予以通报，并就各地公益金使用工作提出指导意见；2012 年 3 月 2 日，为了规范和加强彩票公益金筹集、分配和使用管理，健全彩票公益金监督机制，提高资金使用效益，财政部印发《彩票公益金管理办法》（财综〔2012〕15 号）；2016 年 3 月 7 日，民政部办公厅关于印发《民政部本级彩票公益金使用管理办法》的通知（民办发〔2016〕7 号）等。但是这些政策的出台并没有实施细则，各省级及以下单位也并未全部出台具体的管理办法。

表 3-10 报告了福利彩票公益金使用范围限定情况统计。我们能够清晰地看出，在河北省内几乎所有的单位对福利彩票公益金使用范围具有严格的限定，另外有 1.15% 的被调查者表示不清楚（见图 3-9）。从图 3-9 可以清楚地看出，大部分单位对公益金使用范围具有严格规定。可见，法律条款对福利彩票公益金使用范围明确的规定深入人心，并发挥了较为积极的作用。不过，即便如此仍有少数部门人

员并不清楚福利彩票公益金的具体范围。作为福利彩票使用管理部门,代表人民行使福利彩票公益金的管理权限,如果不清楚具体使用范围,可能就会引发资金错误使用,甚至被滥用、挪用等情况。因此尽管占比较低,但可能带来的影响和危害却较大,不容忽视。

二 福利彩票公益金用途结构的合理性

问卷:贵单位使用福利彩票公益金主要用于( )(可多选)

结果见表3-11,图3-10。

表3-11　　　　　　　福利彩票公益金用途统计

选项	单位数(个)	比重(%)
A、基础设施建设	77	88.51
B、残疾儿童手术康复	4	4.60
C、特殊教育	6	6.90
D、伤残军人更换假肢	1	1.15
E、贫困家庭助医助学	49	56.32
F、安置残疾职工	2	2.30
G、老年人供养和康复	54	62.07

表3-11所设计的问题主要考核福利彩票公益金的实际使用结构是否合理。福利彩票公益金的结构是否合理是衡量其资金配置效益和效率的重要依据,也是检验其使用是否符合其"扶老、助残、救孤、济困、赈灾"的大目标的主要依据,同时还关系到使用效益和人民群众的满意度高低,并且也能够从其资金使用用途结构分析福利彩票公益金使用的主要方向。

表3-11福利彩票公益金用途统计数据清楚显示,大多数单位福利彩票公益金的主要用途是基础设施建设、贫困家庭助医助学与老年人供养和康复,这说明河北省福利彩票公益金除了通过基础建设实现救助目标外,资金主要用于济困和扶老方面。图3-10可以更清晰地对比得出上述结论。另外,还有少数单位的福利彩票公益金除上述用

第二章 描述性分析

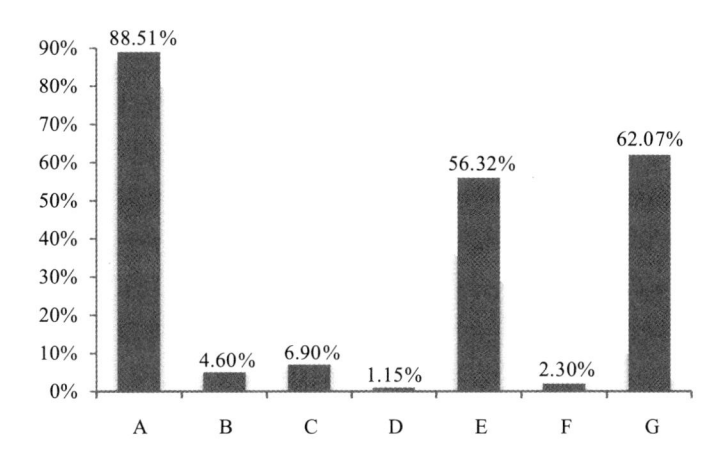

A. 基础设施建设　B. 残疾儿童手术康复　C. 特殊教育　D. 伤残军人更换假肢　E. 贫困家庭助医助学　F. 安置残疾职工　G. 老年人供养和康复

图 3-10　福利彩票公益金用途统计

途外，还用于特殊教育、残疾儿童手术康复等，助残目标也在一定程度上得到了满足。整体上看，资金配置基本符合河北省省情，同时这也反映出福利彩票公益金用途较为单一、重建设轻服务、重传统轻创新的一面。

三　福利彩票公益金使用的公示机制

问卷：福利彩票公益金使用单位是否要求必须悬挂公益金资助标识且定期检查？（　）

结果见表 3-12，图 3-11。

表 3-12　　福利彩票公益金资助标识悬挂要求统计

选项	单位数（个）	比重（%）
A、是	54	62.07
B、否	33	37.93
合计	87	100

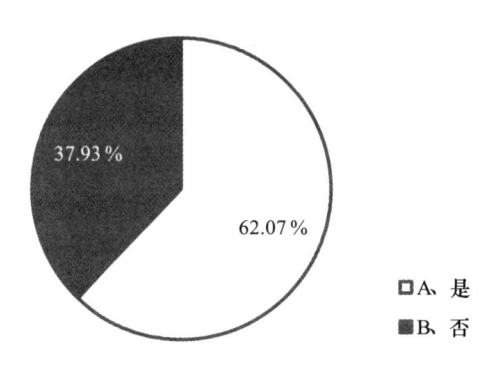

第三编 福利彩票公益金绩效管理问题的实证分析

图3-11 福利彩票公益金资助标识悬挂要求统计

表3-12所设计的问题主要是考核福利彩票公益金使用的公示机制是否合规、是否健全。健全的福利彩票公益金公示机制，不仅能够扩大福利彩票公益金的影响力和管理部门的公信力，还能够使人民群众对福利彩票公益金的使用具有充分的知情权、参与权、选择权和监督权。为了扩大福利彩票的社会影响力，树立福利彩票公益金管理的良好公益形象，唤起更多社会人士加入福利彩票公益事业，充分发挥福利彩票公益金在服务民生、服务社会公共福利事业等方面的作用，我国现行的《彩票公益金管理办法》和《彩票管理条例实施细则》要求，彩票公益金资助项目必须悬挂标识，即"铭牌公示"。

表3-12报告了福利彩票公益金资助标识悬挂要求统计情况。统计显示，约有6成的单位要求必须悬挂福利彩票公益金资助标识且定期检查，而将近40%的单位并未满足要求。从图3-11对比来看，福利彩票公益金公示机制的法律法规虽然已经完备，但尚未得到有效的贯彻落实。该结果说明一方面主管部门的监管还不够得力，另一方面法律法规条款的宣传教育工作还不到位，导致很多单位对福利彩票公益金使用的社会性和公益性认识不到位，没有按规定悬挂资助标识，影响了福利彩票公益金使用的透明度，很可能导致社会公众对于福利彩票公益金使用的质疑和不满。

四 福利彩票公益金使用与实际需求的关系

问卷：贵单位福利彩票公益金使用是否能满足实际需求？（ ）

结果见表3-13，图3-12。

表3-13　　　　福利彩票公益金使用需求满足情况统计

选项	单位数（个）	比重（%）
A、是	45	51.72
B、否	42	48.28
合计	87	100

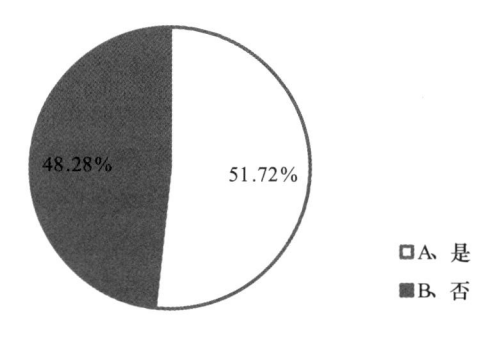

图3-12　福利彩票公益金使用需求满足情况统计

表3-13所设计的问题主要考核福利彩票公益金实际使用是否满足需求。福利彩票公益金使用与实际需求是否匹配是衡量资金使用效果的又一个重要方面。如果福利彩票公益金使用有较多结余，说明其使用效率较低，未能充分发挥其作用，还需要多方借鉴和参考其他地区做法，积极创新，更好地服务于民。如果福利彩票公益金使用无法满足实际需求，说明福利彩票销售管理水平还有待提高，福利彩票公益金的作用还未被广泛认可，或者公益金计提比例确定及预算管理可能存在问题。无论是哪方面的问题，我们都有必要积极寻找对策，尽快妥善解决。

统计数据显示，约占总数48.28%的单位认为福利彩票公益金的使用无法满足实际需求（对比见图3-12）。这表明，福利彩票公益金使用在很大程度上无法满足实际需求。这一结果，一方面说明福利彩票公益金在投入方面可能确实存在不足的问题，原因可能是以收定支、条块分割、部门调节等；另一方面也反映出有些部门对福利彩票公益金使用数量的重视高于质量，更多地考虑部门利益，而非整体社会效益，在福利彩票公益金使用上存在短期性。

五 福利彩票公益金实际使用与预算差异

问卷：贵单位福利彩票公益金实际使用和预算是否存在较大差异？（ ）

结果见表3-14，图3-13。

表3-14　　　　福利彩票公益金实际使用与预算情况统计

选项	单位数（个）	比重（%）
A、是	12	13.79
B、否	69	79.31
C、不清楚	6	6.90
合计	87	100

表3-14所设计的问题主要考核福利彩票公益金实际使用与预算差异是否在合理范围内。预算差异分析可以帮助预算部门及时发现单位预算管理中存在的问题，是预算单位控制和评价其作用是否充分发挥的最重要手段。调研福利彩票公益金是否进行预算差异分析可以发现其对预算管理的重视程度，同时也能够从侧面反映绩效管理的水平。一般认为，如果差异较大则说明福利彩票公益金管理部门的预算管理水平还有待提高，特别是预算编制过程可能存在沟通不充分、预算执行控制不力、缺少有效的监督等。如果差异较小，控制在合理范围内，则说明福利彩票公益金管理部门的预算管理发挥了积极作用，水平较高。

图 3-13 统计结果表明，约有 8 成的单位表示福利彩票公益金实际使用和预算不存在较大差异，这说明福利彩票公益金管理部门的预算管理工作还是在较高程度上有效地发挥了其作用。但是，仍然有13.79%的单位表示存在较大差异，说明在福利彩票公益金的预算管理工作中可能还存在福利彩票公益金预算目标制定不够合理、预算执行约束力度不够、预算执行不规范、预算监督不力等问题。这也说明，通过福利彩票公益金绩效管理的规范来提升预算管理水平、强化预算管理的约束力是非常有必要的。6.90%的受访者不清楚是否存在预算差异，很可能是由于部门不进行差异统计和分析所导致的。显然这与当前我国高度重视预算管理工作安排是不相符的。

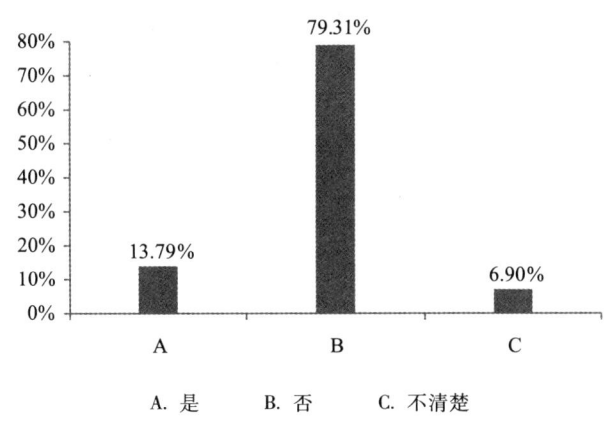

A. 是　　B. 否　　C. 不清楚

图 3-13　福利彩票公益金实际使用与预算情况统计

六　福利彩票公益金设施建设资金的监督检查

问卷：福利彩票公益金用于设施建设的，是否进行中期检查？（　）

结果见表 3-15，图 3-14。

表 3-15 所设计的问题主要考核福利彩票公益金设施建设资金的监督检查是否到位。设施建设项目通常具有资金量较大、建设周期较长、跨年度等特征，而福利彩票公益金又是取之于民的财政资金，因此必须要加强监督检查。按照法规要求，通常至少要求事前严格审批，事后严格审计并考核。而近年来，随着一些设施建设项目管理暴

露出来的问题日益严重,监管的重点也逐步从传统的事后监督考核前移,并更加强调中期检查的作用。中期检查是一种事中控制手段,也是有效开展全过程绩效管理的必要保障。中期检查不仅可以检验福利彩票公益金管理部门是否认真做好建设项目的可行性研究等前期工作,以确保福利彩票公益金最大效率地发挥经济和社会效益,从而防止建设资金损失、浪费;还能够切实加强对设施建设资金管理与监督工作的统一领导,把加强资金管理与建设项目的质量管理紧密结合在一起,从而从全过程更多环节更多角度杜绝各种违法违纪行为,保证建设资金真正用在设施建设项目上。

表3-15　　　　　设施建设用公益金中期检查情况统计

选项	单位数（个）	比重（％）
A、是	83	95.40
B、否	4	4.60
合计	87	100

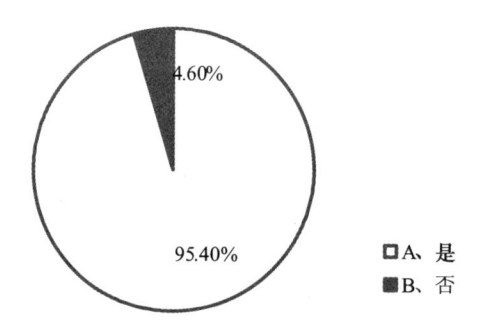

图3-14　设施建设用公益金中期检查
情况统计

图3-14结果显示,鉴于设施建设项目的相关法规较为健全、往往涉及资金巨大而备受关注,绝大多数单位在将福利彩票公益金用于设施建设时能够保证进行中期检查。但是,在被统计的单位中,也有非常少数(4.6%)单位不进行中期检查。这说明,福利彩票公益金

用于基础设施建设时还是存在管理漏洞的,而且相应的监管也并未按要求启动。没有过程监督,只有事后检查,很容易造成项目质量不过关、资金浪费甚至临时挪用等问题。如果事前审批或者论证环节一旦存在问题,那么后果将更加严重。一些省市在审计中发现的项目中期停工、周期冗长、建筑规模过大等问题便是例证。这也说明当前河北省福利彩票公益金的绩效管理还未能有效发挥激励和监督的作用。

七 福利彩票公益金非设施类资金使用的反馈

问卷:贵单位福利彩票公益金用于非设施类的,是否进行后续走访?(　)

结果见表3-16,图3-15。

表3-16　　　　　非设施建设用公益金后续走访情况统计

选项	单位数(个)	比重(%)
A、是	79	90.80
B、否	8	9.20
合计	87	100

表3-16所设计的问题主要考核福利彩票公益金非设施类资金使用的反馈情况。福利彩票公益金非设施类资金使用相对较为零散,既有满足应急性需要的,也有专项使用的。相对于设施建设类支出而言,管理起来较为复杂,且管理依据往往存在政出多门、责任不明等问题,反而更不易监管。必要的反馈机制可以有效弥补这些不足。因此,建立福利彩票公益金管理的使用跟踪反馈制度,是加强全过程管理与全过程监督、提高资金使用效率并保证资金合法合规使用的重要保障措施。

图3-15统计分析显示,调研对象中绝大多数单位(约90%)将福利彩票公益金用于非设施类建设时进行了后续走访。在被统计的单位中,只有约1成的单位不进行后续走访。这说明对于非设施类项目开展的监督反馈意识已经普遍有所提高,但仍存在改进空间。福利

彩票公益金的管理要切实做到"花好每一分钱，办好每一件事"，就必须做到每一分钱都有监管，有反馈。显然结果说明河北省还没有完全做到这一点，改进空间仍然不小。

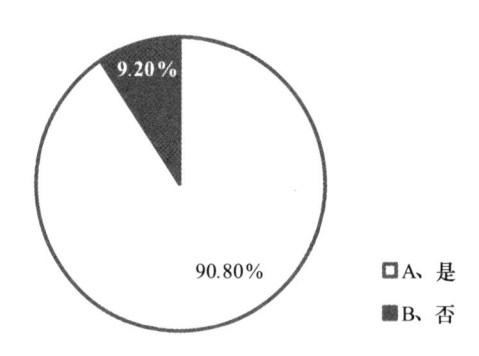

图3-15 非设施建设用公益金后续走访情况统计

八 福利彩票公益金使用的信息披露

问卷：贵单位福利彩票公益金使用情况是否定期在公共媒体或网络对外披露？（ ）

结果见表3-17，图3-16。

表3-17　　　　　福利彩票公益金使用披露情况统计

选项	单位数（个）	比重（%）
A、是	19	21.84
B、否	22	25.29
C、偶尔	19	21.84
D、正计划以后披露	27	31.03
合计	87	100

表3-17设计的问题主要考核福利彩票公益金使用的信息披露情况。信息披露的频率和途径直接影响公示机制的效果。所以，该问题是对公示机制的必要补充，又不同于公示机制。

A. 是　　B. 否　　C. 偶尔　　D. 正计划以后披露

图 3-16　福利彩票公益金使用披露情况统计

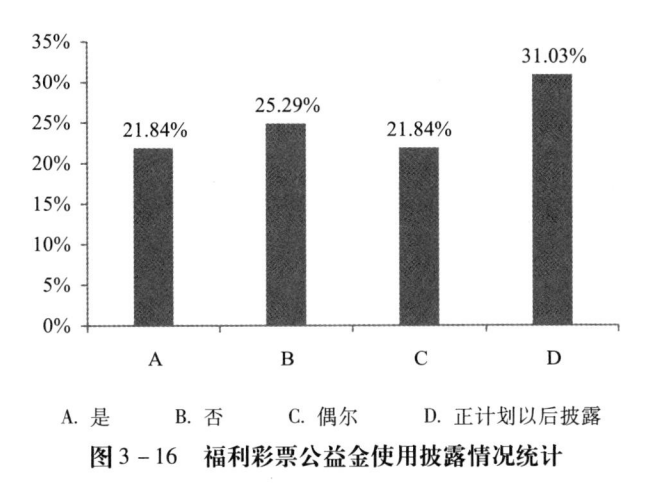

图 3-16 可以看出，福利彩票公益金使用对外披露情况不理想，统计数据显示，仅有 21.84% 的单位表示福利彩票公益金使用情况定期在公共媒体或网络对外披露，有 21.84% 的单位只是偶尔披露，即随意性较大；有 31.03% 的单位表示正计划以后披露，而 25.29% 的单位表示并未披露过。这说明河北省对外披露福利彩票公益金情况还存在很多问题，这些问题不解决将影响人民群众对福利彩票公益金使用的质疑，会影响民政部门的正面形象。

福利彩票公益金使用对外披露不规范是当前存在的一个普遍问题。截至 2015 年 7 月底，在互联网上能搜索到的已有超过 20 个省（包括直辖市）对 2014 年彩票公益金的筹集、分配、使用情况进行了公示。从这些省信息披露的时间、内容、平台来看，有先有后，详略不一，形式各异。有许多省份充分发挥了新媒体的传播优势，通过微信、公众号、客户端等形式进行信息的披露与传播，扩大接受信息覆盖的人群，自觉接受社会的监督，例如湖南省和浙江省的相关活动就广受社会好评。但也有些单位的信息披露内容笼统，平台影响面小，无法有效发挥群众的监督作用，甚至有些信息披露鲜有群众关注到。例如报道称，仍有少数省区彩票和公益金相关部门选择了本地报纸作为公示平台。由于地区报纸相对封闭，影响力有限，导致了公示信息查阅的不便，不利于公示信息的披露与传播。

九 福利彩票公益金绩效评估频率

问卷：单位对福利彩票公益金使用效率和效果进行同级单位比较分析的时间为（　　）

结果见表3-18，图3-17。

表3-18　　　　　　　　　同级比较的时间统计

选项	单位数（个）	比重（%）
A、月末	2	2.30
B、季末	10	11.50
C、半年末	9	10.34
D、年底	33	37.93
E、视上级要求而定	23	26.43
F、不比较	10	11.50
合计	87	100

表3-18所设计的问题主要考核福利彩票公益金绩效评估频率及是否进行定期管理。绩效考核应该作为一项制度保持一定的稳定性，以便能够更好地发挥激励约束作用。为了更好地督促福利彩票公益金管理部门提高管理效率，评估要保持一定的频率，至少应该每年评估一次。对于有条件的部门还应该做到半年度、季度评估频率。同时，特别需要注意的是，福利彩票公益金绩效评估频率的设计还要适当考虑成本效益原则。过高的绩效评估成本会违背绩效评估的初衷。

图3-17统计结果显示，河北省民政部门各同级单位之间关于福利彩票公益金使用效率与效果的分析比较的情况较差，大部分单位仅在年末才进行对比分析。统计数据还显示，仅有2.30%的单位每月末与同级单位进行比较分析；有11.50%的单位每季末与同级单位进行比较分析；有10.34%的单位每半年末与同级单位进行比较分析；有37.93%的单位表示年末才与同级单位进行比较分析；有11.50%的单位表示不比较。另外，有26.43%的单位表示何时比较视上级要

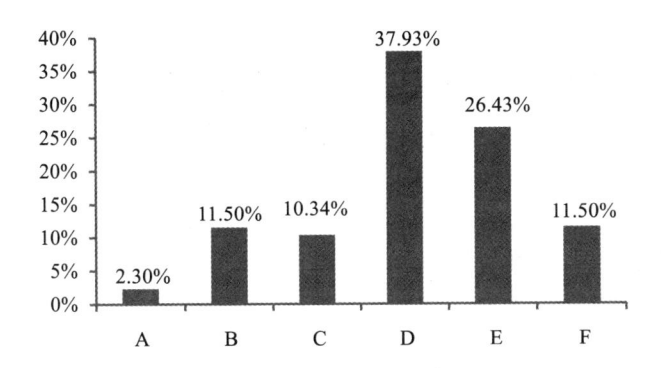

[图表：柱状图显示 A 2.30%, B 11.50%, C 10.34%, D 37.93%, E 26.43%, F 11.50%]

A. 月末　B. 季末　C. 半年末　D. 年底　E. 视上级要求而定
F. 不比较

图 3-17　同级比较的时间统计

求而定。由此可见，河北省各福利彩票公益金管理单位绩效考核的时间规定不一致，且比较分析的系统性较差、随机性较强，甚至存在为应付上级考核或要求才进行比较分析的情况，说明主动进行绩效管理的意识较差。

总体上看，各单位对福利彩票公益金使用范围具有较为明确的认识；福利彩票公益金的主要用途是基础设施建设、贫困家庭助医助学与老年人供养和康复，结构单一；绝大多数的单位都对设施建设用福利彩票公益金进行中期检查以及对非设施建设用福利彩票公益金进行后续走访，具有一定的跟踪服务意识。同时，通过统计也发现福利彩票公益金使用中还存在许多问题。将近4成的单位没有要求必须悬挂福利彩票公益金资助标识且未定期检查；约有半数的单位认为福利彩票公益金不能满足实际需求；福利彩票公益金使用预算不够合理，有13.79%的单位表示福利彩票公益金实际使用和预算存在较大差异；许多单位没有做到对福利彩票公益金的使用定期对外披露，仅有21.84%的单位表示福利彩票公益金使用情况定期在公共媒体或网络对外披露；各同级单位之间关于福利彩票公益金使用效率与效果的分析比较不够，约有4成单位仅在年末才进行比较，显然不够积极。

结果的差异较大也反映了对福利彩票公益金使用评估的要求并不统一，或者在执行中未能有效落实，相应的监管也未能有效跟进。

第三节 福利彩票公益金绩效管理制度的执行情况

对于福利彩票公益金绩效管理制度的执行情况,我们分别从绩效的改进和提升、预算的约束力、应急管理、监督情况、跟踪和后续评价、信息披露以及绩效审计等方面进行了详细的调查。

一 福利彩票公益金绩效的改进和提升

问卷:单位对福利彩票公益金整体绩效是否进行分析和总结( )

结果见表3-19,图3-18。

表3-19 对整体绩效分析总结情况统计

选项	单位数(个)	比重(%)
A、每年都有,且能够挖掘问题并及时改进	19	21.84
B、每年都分析,但没发现过什么大问题	48	55.17
C、各部门上报汇总,不单独分析讨论	8	9.20
D、不分析总结,有问题再想办法解决	12	13.79
合计	87	100

表3-19所设计的问题主要考核福利彩票公益金绩效管理部门设计的绩效管理制度是否一成不变,是否能够根据环境变化进行不断的改进和提升。绩效管理是一个逐步改进和发展的循环过程,当环境发生改变时,绩效管理制度的理念、流程和方法等也要随之改变。在科学的绩效管理过程中,应该是不断发现绩效管理工作中的不足或者缺陷、与目标的差异性,分析产生这些问题的原因,然后针对性设计并实施有效的改进,使其在不断改进中完善和提升。绩效管理持续改进和提升不仅能够激发组织员工主动学习绩效管理理论的意识,提升对绩效管理目标和作用的认知,也可以更好地为管理水平的提升和个人

素养的提升搭建良好的平台。综合来看，绩效管理的持续改进和提升既是对目标绩效和绩效计划进行的合理的、动态的调整和优化的管理过程，也是推进下一阶段绩效考核和制定下一轮绩效目标和绩效计划的必备环节。离开绩效管理的持续改进和提升，绩效管理过程就是不完整的，也是很难长期符合组织战略管理目标的。特别需要注意的是，绩效管理的持续改进和提升只是选择重点问题进行有针对性的调整优化，经常性地进行必要的分析、评估和改进，并不是对原有绩效管理的全盘否定。

分析总结是绩效持续改进和提升的关键环节。通过系统分析，找出绩效管理的问题，得出经验教训，摸索绩效管理的一般规律，然后通过对绩效管理实施结果的鉴定和归纳提炼，形成对绩效管理工作的理性认识。通过分析和总结，可以全面地、系统地了解过去的绩效管理工作情况，辨识工作中的优缺点，同时明确下一步工作的方向，降低绩效管理成本，提高绩效管理运行的效益。因此该问题从这个角度来考核福利彩票公益金绩效管理的持续改进和提升情况。

统计发现（具体统计结果对比见图3-18），大多数单位每年都对福利彩票公益金整体绩效进行分析总结。但是近60%的单位表示每年都分析但却没有发现过什么大问题，几乎没有什么改进建议。这在一定程度上说明福利彩票公益金绩效管理的分析总结在一定程度上得到了重视，但还有很大一部分未能做到及时分析问题及时找出差异，更无从着手改进。况且，即便是全部总结分析也并不能说明制度就是健全的或者执行是有力的。相反这恰恰说明，可能绩效管理对于这些单位已经成为一种例行工作，这些单位的人员缺少主动揭示问题的动力，更多的可能是被动接受。显然这对于绩效改进并不是好现象。当然，也有21.84%的单位每年都分析且能够挖掘问题并及时改进，尽管说明存在一些不规范问题，但也体现出它们已经形成一种危机意识。另外，也有单位表示不单独分析讨论，由各部门上报汇总。只有13.79%的单位表示不分析总结，有问题再想办法解决。这说明福利彩票公益金绩效管理并未形成有效的持续改进和提升机制，有些单位的绩效管理意识还较差，不能有效贯彻绩效管理持续改进和提升的思想，

第三编 福利彩票公益金绩效管理问题的实证分析

同时也反映出绩效管理工作可能存在目标设定可能形同虚设，责任分解与落实不到位等问题。

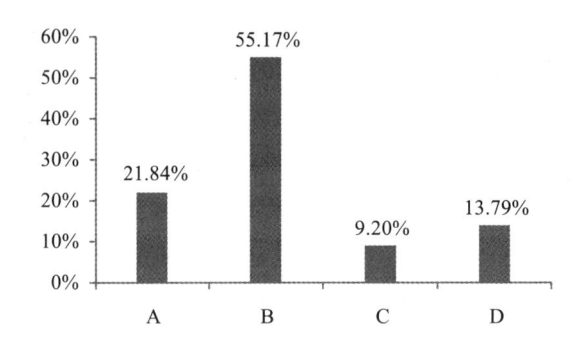

A. 每年都有，且能够挖掘问题并及时改进　B. 每年都分析，但没发现过什么大问题　C. 各部门上报汇总，不单独分析讨论　D. 不分析总结，有问题再想办法解决

图 3-18　对整体绩效分析总结情况统计

二　福利彩票公益金预算的约束力

问卷：单位福利彩票公益金预算是否允许调整？（　　）

结果见表 3-20，图 3-19。

表 3-20　　　　　福利彩票公益金预算调整规定统计

选项	单位数（个）	比重（%）
A、允许	10	11.49
B、特殊情况允许	36	41.38
C、从来没调整过	19	21.85
D、除非经过充分论证	11	12.64
E、不允许	11	12.64
合计	87	100

表 3-20 所设计的问题主要考核福利彩票公益金预算管理是否存在较强的约束力。预算管理是组织机构通过预算工作来对组织内

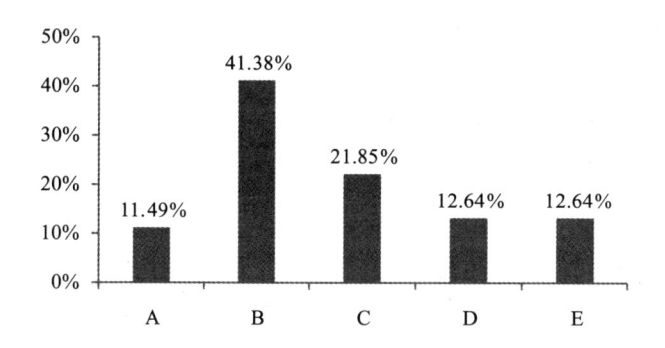

```
     50%
            41.38%
     40%

     30%
                     21.85%
     20%
                            12.64%  12.64%
            11.49%
     10%

      0%
            A     B     C     D     E
```

A. 允许　B. 特殊情况允许　C. 从来没调整过　D. 除非经过充分论证　E. 不允许

图 3-19　福利彩票公益金预算调整规定统计

部各部门、各单位的各种财务及非财务资源进行分配、分析、考核、控制和评价从而促使组织有效完成既定目标的行为。我国对公共管理部门实行绩效预算以来，绩效管理和预算管理已经成为密不可分的一个整体工作。预算管理是否存在约束力直接影响组织和员工的绩效管理结果，同时也反映组织机构的绩效管理水平；绩效管理是对预算管理工作的一种分析评价，也是一种动态监督，同时还是一种有效的激励机制，其水平高低直接影响组织机构的预算管理水平。预算管理的约束力可以从预算调整情况来综合反映。科学合理的预算管理并非否认预算调整，而是强调预算调整必须是有条件的，是在符合绩效管理的战略目标前提下进行的。通常情况下，当市场环境、经营条件、政策法规等发生重大变化，致使财务预算的编制基础不成立，或者将导致财务预算执行结果产生重大偏差时，预算调整就是必要的。

表 3-20 福利彩票公益金预算调整统计结果可以看出，多数单位都是在特殊情况下才允许调整福利彩票公益金预算，占比为41.38%。从来没有调整过的占21.85%，11.49%的单位表示允许调整，12.64%的单位表示除非经过论证，否则不允许调整，还有12.64%的单位表示不允许调整。为了提高问卷的回收率和可靠性，我们在设计问卷时尽量采取了较为委婉和客观的方式来提问。事实证明，我们这种考虑是有效的。很多单位认为不调整预算就是好的，或

者只要在特殊情况下调整便是好的,忽略了论证的重要性。这一结果充分显示各单位对福利彩票公益金绩效预算管理认识的不一致性,也说明福利彩票公益金预算管理工作并未实现刚性与弹性的灵活统一。同时,这也说明福利彩票公益金管理部门尚未意识到预算调整的意义。

绩效预算是绩效管理的基础和依据,是嫁接战略与绩效管理的桥梁。理论上,除非经过充分论证,否则不允许调整,但这并不否认例外原则。当为了满足特殊事件需要,比如自然灾害的发生等,应该允许其做出一定的调整。由图3-19可见,经过论证才做调整的仅有12.64%。这显然无法满足预算和绩效管理改革的需要。

三 福利彩票公益金的应急管理

问卷:贵单位福利彩票公益金预算管理中是否存在绿色通道(即对急需资金实行应急管理)?( )

结果见表3-21,图3-20。

表3-21 资金应急管理情况统计

选项	单位数(个)	比重(%)
A、是,且有严格明确的条件	21	24.14
B、是,但具体问题具体分析	15	17.24
C、没有发生过	44	50.57
D、不知道	7	8.05
合计	87	100

表3-21所设计的问题主要考核福利彩票公益金的应急管理情况。应急管理是特别针对特重大事故灾害的危险所提出的一种财政预算管理的例外管理活动。按照定义,应急管理是指政府及其他公共机构在突发事件的事前预防、事发应对、事中处置和善后恢复过程中,通过建立必要的应对机制,采取一系列必要措施,应用科

学、技术、规划与管理等手段,保障公众生命、健康和财产安全,促进社会和谐健康发展的有关活动。南方雪灾、拉萨3·14事件和汶川特大地震等事件发生对民政部门的应急管理提出了挑战和更高要求。特重大事故灾害往往损失惨重,影响恶劣,故所需资金往往数量大,要求速度必须快,因此不能仅有事后的响应和补救,要提前设计好应急预案。

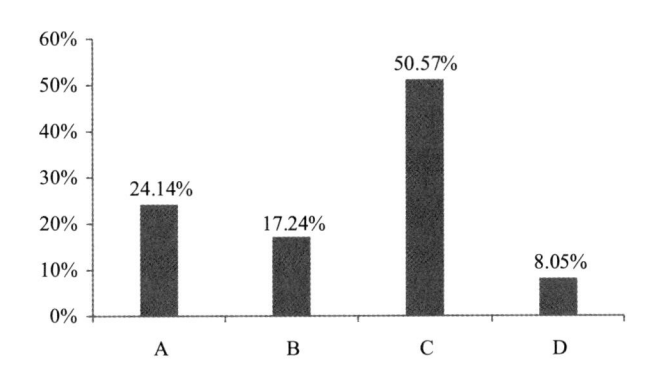

A. 是,且有严格明确的条件　B. 是,但具体问题具体分析
C. 没有发生过　D. 不知道

图 3-20　资金应急管理情况统计

图 3-20 可以看出,在被统计的单位中,超过半数的单位表示没有发生过急需资金的情况。在发生过急需资金的情况的单位中,几乎都有绿色通道。结合表 3-21 可知,有 36 个单位表示有绿色通道,其中 21 个单位有严格明确的条件,15 个单位表示具体问题具体分析。另外,8.05% 的单位表示不知道。这说明在应急资金管理方面只有部分单位做得比较到位,但一小部分单位还是存在不清楚绿色通道情况。该问题设计可以从多角度考查福利彩票公益金的应急管理情况。好的应急管理应该做到条件严格但行动迅速,确保预算刚性的同时还要充分发挥预算满足管理目标的本质要求。前面结果说明福利彩票公益金的应急管理工作还有很大提升空间,也说明预算管理制度和作用不够深入人心,宣传贯彻还有待提升。

四 福利彩票公益金绩效管理的监督情况

问卷：贵单位对福利彩票公益金申请、划拨、使用等是否进行全过程监督？（　）

结果见表3-22，图3-21。

表3-22　　　　　　　　福利彩票公益金监督情况统计

选项	单位数（个）	比重（%）
A、是	82	94.25
B、否	5	5.75
合计	87	100

表3-22所设计的问题主要考核福利彩票公益金绩效管理的监督机制是否健全。在加强对福利彩票公益金监督管理方面，有些省份进行了开创性的实践，例如湖南省为了加强公益金使用的监督检查，逐步建立起专项资金分配"三级备案制"，借此促进资金监管科学化，使上级民政部门可以在分配环节及时掌握下级部门资金去向，并针对资金量较大、容易出问题的重点环节和关键部位进行重点监督；省财政厅还坚持每年重点抽查资金使用情况，市对县（区）资金检查覆盖面达到50%，县（区）对乡（镇）资金检查覆盖面达到100%，结合组织各部门的自查自纠和不定期抽检，使福利彩票公益金的监督落到了实处。但毕竟这一监督制度主要针对的还是上级对下级部门的内部监督管理，如何完善内外配合、动态跟踪式的监督机制还有待进一步考究。

因此，虽然一些省份形成了较为有利的监督机制，但总体上看我国福利彩票公益金的监督机制还并不完善。访谈调研发现，很多部门还没有形成有效监督的理念，对内部和外部监督的作用还没有高度重视，更没有建立起必要的全程监督机制。例如有些项目实际产生的效益与预期目标相差太大，造成资金较大的浪费，使福利彩票公益金没有真正用在为民惠民的实处上；有些福利彩票公益金用作补充财政一般预算资金；对区（县级市）使用的资金缺少必要的监管制度。事实上这种情况在我国是普遍存在的。也正因如此，2017年民政部党组书记、部长黄树贤在主持的全国民政工作会议中指出,"要强化直属单位的管理监督,探索建立内部巡视巡查制度,加强资金、资产管理,选好配强领导班子。要改革和健全福利彩票公益金监管机制,确保彩票公益金取之于民、用之于民"。

图3-21统计分析发现,河北省福利彩票公益金管理各单位对福利彩票公益金申请、划拨、使用等监督情况总体上较好。数据显示,有94.25%的单位都对福利彩票公益金申请、划拨、使用等进行全过程监督。不过仍然有5.75%的单位表示没有对全过程进行监督。这说明福利彩票公益金管理使用部门监督意识已经普遍有所提高,但监督制度还没有实现全面覆盖,至少宣传工作还没有做到位,并未全面贯彻到每个单位和人员头上。另外补充访谈调研发现,多数单位对于社会公众的监督权认识和理解不充分,没有很好地设计接受人民群众的监督途径。原因主要是当前福利彩票公益金的监督管理停留在部门规章层面,没有形成统一的规范,操作具有一定的主观性和灵活性,加之公示机制存在弊端,使很多监督流于形式,或是监督主体单一作用很难充分发挥。

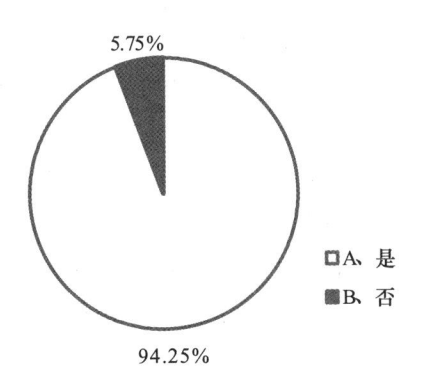

图3-21 福利彩票公益金监督情况统计

五 福利彩票公益金绩效管理的跟踪和后续评价

问卷:单位福利彩票公益金划拨后,是否进行跟踪和后续评价(项目完成后)?

结果见表 3-23，图 3-22。

表 3-23　　　　　　　　　　后续跟踪评价情况统计

选项	单位数（个）	比重（%）
A、是	66	75.86
B、否	2	2.30
C、不清楚	7	8.05
D、仅重点项目和大额项目有	12	13.79
合计	87	100

表 3-23 所设计的问题主要考核福利彩票公益金绩效管理的跟踪和后续评价情况。跟踪评价和后续评价是构成绩效管理的重要内容。首先，最初的跟踪评价是指规划实施后及时组织力量，对该规划实施后的环境影响及预防或减轻不良环境影响对策和措施的有效性进行调查、分析、评估，发现有明显的环境不良影响的，及时提出并采取相应的改进措施。而后，执行我们所说的项目跟踪评价，也被称为"中间评价"，主要是指投资或项目管理部门对正在建设尚未完工的项目所进行的评价，国际上又称为"绩效评价"。跟踪评价同时还被认为是检查和验证项目各个阶段工程咨询质量的重要手段。事实上，很多方面的绩效管理都在引入跟踪评价这一做法，对专项资金进行跟踪式的调查、分析和评估，以便对项目预算过程中无法预料和预测失误的问题进行及时的发现和处理。跟踪评价可以及时发现资金使用过程中存在的问题，并及时分析产生的原因，重新评价项目的目标是否可能实现，项目的效益指标是否合理或是否需要修订等，从而提出解决问题的有效方案。跟踪评价是监督管理的重要组成部分，也是绩效管理的重要方法。福利彩票公益金作为一种特殊的"取之于民，用之于民"的巨额资金形态，其使用效率和效益备受关注，因此不能仅仅使用传统的绩效管理理念采取事后测评的方式。其次，后续评价是传统的事后评价方法，但又不等同于事后评价。这里我们所说的后续评价是指专项资金投入的项目结束后对资金使用效果的直接事后评价和事后一定时期内的间接评价的综合体。间接评价更加注重长期效益和社会满意度，

因此将其引入福利彩票公益金绩效管理中进行考核是非常合理的选择。跟踪评价和后续评价也是战略绩效管理理念的重要体现。

图3-22结果显示，并不是所有的单位在福利彩票公益金划拨后都进行跟踪和后续评价。约有四分之三的单位在福利彩票公益金划拨后进行了跟踪和后续评价，但也有相当一部分即占到13.79%的单位仅对重点项目和大额项目进行跟踪和后续评价，且有2.30%的单位不进行跟踪评价，有8.05%的被调查者表示不清楚。这反映出绩效管理的全过程理念尚未得到落实，跟踪评价和后续评价并未得到有效落实和理解，其战略意义也还未有效体现出来。

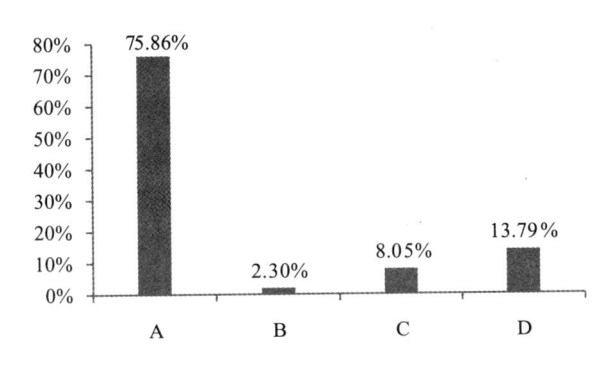

A. 是 B. 否 C. 不清楚 D. 仅重点项目和大额项目有

图3-22　后续跟踪评价情况统计

六　福利彩票公益金绩效考核的信息披露

问卷：单位福利彩票公益金绩效考核结果公示吗？

结果见表3-24，图3-23。

表3-24　　　　　　　考核结果公示情况统计

选项	单位数（个）	比重（%）
A、公示	57	65.52
B、不公示	30	34.48
合计	87	100

表3-24所设计的问题主要考核福利彩票公益金绩效考核的信息披露是公开透明的。绩效考核的作用发挥首先需要保证被考核者知晓并认可考核依据,考核过程和结果均应公开透明,接受广泛的监督。可以说,考核的公正性就源于透明;被考核者心里的公平感也源于透明。绩效考核能够将考核的结果进行公示,才能让关心结果的利益相关者对结果进行讨论,对考核提出建议,对考核进行监督。因此完善的绩效管理势必是以绩效考核的公示制度作为保障的。

然而,福利彩票公益金绩效考核结果公示情况不理想。统计数据显示,约有34.48%的单位没有对福利彩票公益金绩效考核结果进行公示,略超过三分之一(见图3-23)。考核结果不公示,有损于公平原则,且容易滋生腐败,也使得奖惩缺乏可信力!重要的是,福利彩票公益金的来源是广大的彩民,不公示福利彩票公益金的绩效考核结果也会令彩民质疑福利彩票公益金的使用用途及结构是否合理等情况,不仅影响彩票发行的长期效益,长此以往还会损害政府的形象和声誉。这说明福利彩票公益金的绩效管理还急需在公示机制的完善方面做出必要改进,其公开透明度还很难达到人民群众满意。

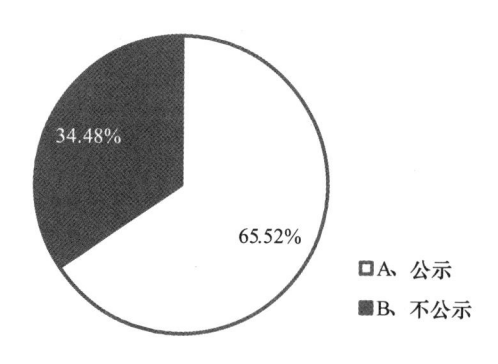

图3-23 考核结果公示情况统计

七 福利彩票公益金绩效管理的绩效审计

问卷1:贵单位对福利彩票公益金绩效进行审计吗?( )

结果见表3-25,图3-24。

表 3-25　　　　　　　　绩效审计情况统计分析

选项	单位数（个）	比重（%）
A、是	71	81.61
B、否	16	18.39
合计	87	100

表 3-25 所设计的问题主要考核福利彩票公益金绩效管理是否包含绩效审计。绩效审计是指由国家审计机关对政府及其各隶属部门的经济活动的经济性、效率性、效果性及资金使用效益进行的审计。这里强调的是各部门经济活动的经济性、效率性和效果性。绩效审计的目标就是确保国家部门能够以最经济、最有效的办法使用管理各项资源，并使各项资源的使用最大限度地达到预期目的。从福利彩票公益金绩效管理角度来讲，绩效审计可以更好地落实福利彩票公益金的宗旨，使其更好地用之于民。因此完善的绩效管理制度需要有绩效审计作为有力保障。

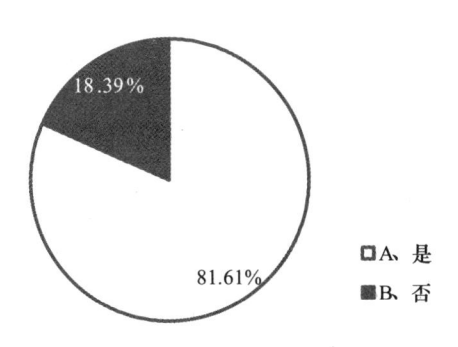

图 3-24　绩效审计情况统计

统计数据显示，绝大多数单位会对福利彩票公益金进行审计，但也有 18.39% 的单位不对福利彩票公益金绩效进行审计（见图 3-24）。这不仅说明福利彩票公益金的绩效审计工作还未能完全落到实处，也说明绩效审计还未宣传到位。也就意味着福利彩票公益金的管理并未纳入全面监管范围，还存在被挪用滥用的可能。

第三编　福利彩票公益金绩效管理问题的实证分析

问卷2：贵单位福利彩票公益金审计是否发现过重大问题？（　）结果见表3-26，图3-25。

表3-26　　　　　　　　重大问题发生情况统计

选项	单位数（个）	比重（%）
A、是	1	1.15
B、否	86	98.85
合计	87	100

表3-26所设计的问题主要考核福利彩票公益金绩效审计的效果。严苛的绩效审计能够洞察管理中的任何问题。一方面可以督促福利彩票公益金管理部门制定更加科学合理的绩效管理制度，另一方面可以切实发现福利彩票公益金管理中的问题，将问题暴露出来，并借以奖惩追责，以便及时完善制度，提升管理水平。

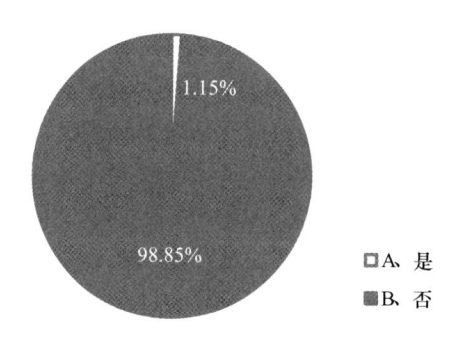

图3-25　重大问题发生情况统计

统计结果可以看出，福利彩票公益金的运营普遍较为正常，几乎所有的单位都没有发生重大问题（见图3-25）。在被统计的单位中，仅有1家单位发生过重大问题，占1.15%。这说明从河北省范围内看，福利彩票公益金的绩效审计极少发现重大问题，从一定程度上证明了绩效管理的有效性。当然这不表示就不存在问题，也有可能是绩效审计的力度和频率等存在问题。况且，小问题不及时解决，也有可能积累为大问题。福利彩票公益金，是来源于人民群众的资金，应该直接用于人民群众最需要的地方，出现一个重大问题的影响就可能导致对整个福利彩票公益金管理系统的质疑。因此仍然需要持续改进绩效审计，以对福利彩票公益金使用和绩效管理形成更强的约束力。

综合分析可知，多数单位在遇到特殊情况时允许对福利彩票公益金预算做出调整，发生过资金急需情况的单位也基本上都能进行应急管理；9成以上的单位对福利彩票公益金申请、划拨、使用等进行全过程监督；绝大多数单位会对福利彩票公益金进行审计；各单位福利彩票基金运营正常，几乎没有重大问题发生。同时，在制度执行情况中还存在许多问题。虽然大部分单位每年都对福利彩票公益金整体绩效进行分析和总结，但能够挖掘问题并及时改进的只占21.84%，还有13.79%的单位根本不分析总结，有问题时才想办法解决；许多单位没有在福利彩票公益金划拨后进行跟踪和后续评价，有13.79%的单位仅对重点项目和大额项目进行跟踪和后续评价；许多单位没有对福利彩票公益金绩效考核结果进行公示，约占3成。总之，调查显示福利彩票公益金在使用和管理过程中，绩效管理制度并不健全，虽然发挥了一定的作用，但还有很多地方有待完善和改进。

第四节　福利彩票公益金绩效管理的满意度调查

为了直接了解福利彩票公益金绩效管理满意情况，我们对其从福利彩票公益金绩效管理的目标明确性、管理水平满意度、奖惩制度的恰当性、流程的清晰度、执行满意度五个方面进行了调查。

一　福利彩票公益金绩效管理的目标明确性

问卷：贵单位福利彩票公益金绩效管理目标是否明确？（　　）

结果见表3-27，图3-26。

第三编 福利彩票公益金绩效管理问题的实证分析

表3-27 管理目标明确情况统计

选项	单位数（个）	比重（%）
A、非常明确	20	22.99
B、明确	62	71.26
C、不明确	2	2.30
D、很差	0	0
E、无具体目标	3	3.45
合计	87	100

表3-27所设计的问题主要考核福利彩票公益金绩效管理的目标是否明确。明确的目标可以让人民群众更清楚地了解发行福利彩票的宗旨，更加深刻体会政府部门对公益金进行管理的意义和作用，增加对政府部门管理福利彩票公益金的信心和信任，从而更加积极地支持福利彩票事业。相反，目标不明确则会使人民群众产生对决策科学性、合理性的质疑，从而对其执行效果产生担忧。同时，只有目标明确了，执行才有依据，考核才有标准。因此，目标的明确性会直接影响福利彩票公益金绩效管理的满意度。

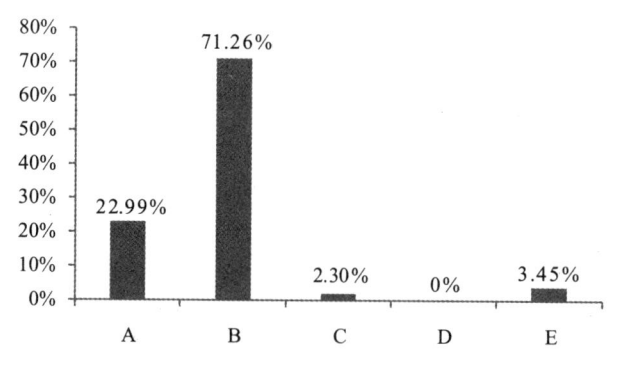

图3-26 管理目标明确情况统计

图3-26结果表明，大多数管理部门福利彩票公益金绩效管理的

目标是明确的。从统计数据来看，有71.26%的单位认为福利彩票公益金绩效管理目标明确；有22.99%的单位认为福利彩票公益金绩效管理目标非常明确；仅有2.30%的单位认为福利彩票公益金绩效管理目标不明确；有3.45%的单位表示无具体目标。新《预算法》出台后，对政府部门绩效预算管理的要求越来越高，目标不明确、无具体目标的情况显然与此背道而驰。无论此类不规范情况占比高低，其表现都反映出福利彩票公益金管理部门的绩效管理意识和目标管理意识薄弱，都会影响福利彩票公益金的绩效。

二 福利彩票公益金绩效管理水平的满意度

问卷：您对现有福利彩票公益金绩效管理水平满意程度为（　　）

结果见表3-28，图3-27。

表3-28所设计的问题主要考核福利彩票公益金绩效管理水平的满意度。绩效管理制度制定得越完善，管理水平越高，工作效率就高，满意度也就会提升。满意度高，员工的工作积极性和主动性就会加强，管理水平也会进一步提升，从而形成良性循环。

表3-28　　　　　　　绩效管理水平满意度统计情况

选项	单位数（个）	比重（%）
A、非常满意	26	29.89
B、满意	48	55.17
C、一般	13	14.94
D、不满意	0	0
E、非常不满意	0	0
合计	87	100

总体上看，各单位管理人员对福利彩票公益金绩效管理水平的满意度还是较高的，但提升空间还很大。统计数据显示，有29.89%的单位表示非常满意，有55.17%的单位表示满意，但仍有14.94%的单位表示满意度一般（见图3-27）。综合前面的问卷逐项分析的结

果来看，该满意度结果也在预料之中。考虑到被调研单位回答问题可能比较保守，很可能这一统计结果也偏于保守，也即真实的满意度水平可能更低。

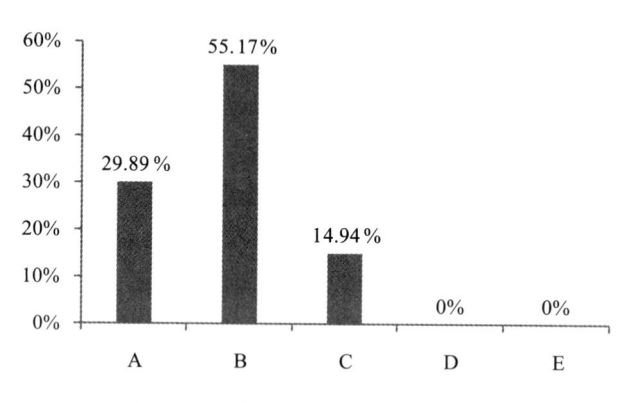

A. 非常满意　B. 满意　C. 一般　D. 不满意　E. 非常不满意

图 3-27　绩效管理水平满意度统计

三　福利彩票公益金绩效管理奖惩制度的恰当性

问卷：贵单位福利彩票公益金绩效管理奖惩制度是否恰当？（　）结果见表3-29，图3-28。

表3-29　　　　　　　　奖惩制度恰当性统计情况

选项	单位数（个）	比重（%）
A、非常恰当	9	10.34
B、恰当	60	68.97
C、不恰当	0	0
D、很差	0	0
E、没有奖惩	18	20.69
合计	87	100

表3-29所设计的问题主要考核福利彩票公益金绩效管理的奖惩制度是否得当。奖惩制度得当与否会直接影响绩效管理的效果和满意度。奖惩跟不上，再好的制度也无法落到实处，最终会沦为一种形式。因此奖惩制度是福利彩票公益金绩效管理的必要组成部分。而且从心理学角度分析，得当的奖惩制度会给人以公平感，从而更好地激励人们努力工作。好的奖惩制度同样会给福利彩票公益金管理人员以公平感和动力，从而激励他们更好地履行公益金管理职责，更好地树立为人民服务的理念。

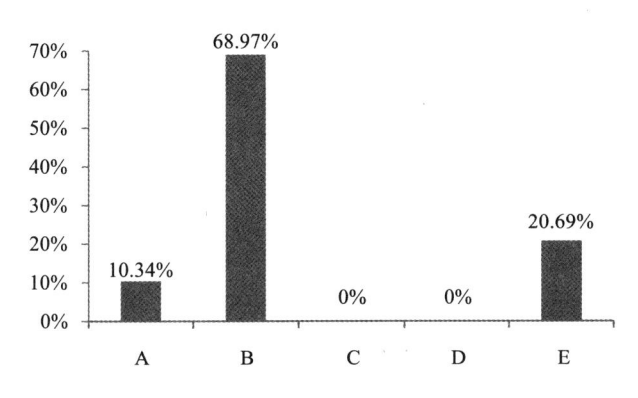

A. 非常恰当 B. 恰当 C. 不恰当 D. 很差 E. 没有奖惩

图3-28　奖惩制度恰当性统计分析

统计数据表明，各单位奖惩制度还是比较恰当的，但也有一部分单位没有制定奖惩制度。从图3-28中的数据结果可知，有10.34%的单位表示奖惩制度非常恰当，有68.97%的单位表示奖惩制度恰当。另外，有20.69%的单位没有奖惩制度。即便是有好的奖惩制度，如果没有有效执行，也有可能形同虚设；何况从调研结果来看，还有近20%的单位没有设计相应的奖惩制度。

四　福利彩票公益金绩效管理流程的清晰度

问卷：贵单位福利彩票公益金绩效管理流程是否清晰？（　　）

结果见表3-30，图3-29。

第三编 福利彩票公益金绩效管理问题的实证分析

表3-30 管理流程清晰度统计情况

选项	单位数（个）	比重（%）
A、非常清晰	27	31.03
B、清晰	45	51.72
C、一般	8	9.20
D、不清晰	4	4.60
E、非常不清晰	3	3.45
合计	87	100

表3-30所设计的问题主要考核福利彩票公益金绩效管理的流程清晰程度。清晰的管理流程可以让管理人员有的放矢地工作，也即可以让福利彩票公益金管理每个环节涉及的人员都清楚每个岗位该做什么，责任是什么，既能提高工作效率，也能够提高满意度水平。

图3-29统计结果表明绩效管理的流程还不够清晰。虽然大多数单位表示管理流程清晰，但仍有9.20%的单位表示管理流程清晰度一般，4.60%的单位表示管理流程不清晰，3.45%的单位表示管理流程非常不清晰。流程不清晰，则会导致执行不畅，从而导致绩效管理无法有效发挥作用。

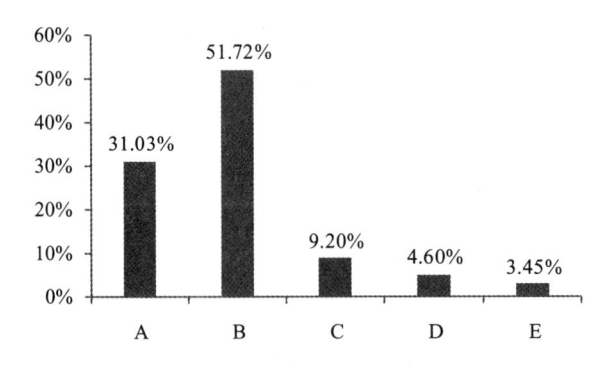

A. 非常清晰　B. 清晰　C. 一般　D. 不清晰　E. 非常不清晰

图3-29 管理流程情况统计分析

五　福利彩票公益金绩效管理的执行满意度

问卷：贵单位福利彩票公益金绩效管理制度执行的满意情况为（　　）

结果见表3-31，图3-30。

表3-31　　　　　　　　制度执行满意度统计

选项	单位数（个）	比重（%）
A、非常满意	16	18.39
B、满意	61	70.11
C、一般	10	11.50
D、不满意	0	0
E、非常不满意	0	0
合计	87	100

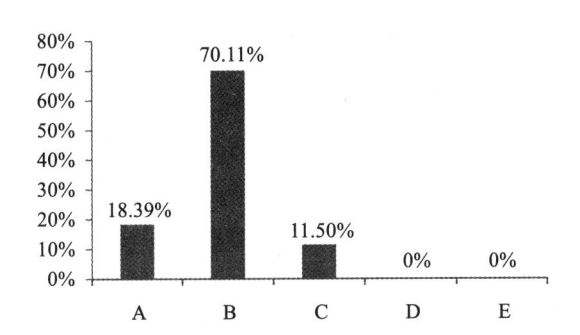

A. 非常满意　B. 满意　C. 一般　D. 不满意　E. 非常不满意

图3-30　制度执行满意度统计分析

表3-31所设计的问题主要考核福利彩票公益金绩效管理的执行满意度高低。执行满意度高说明绩效管理制度较为完善且执行效果较好。满意度越高则说明绩效管理水平越高。在一个满意度较高的环境

里，即便绩效管理制度设计有些问题，也会很快得到解决。

图3-30统计数据表明，各单位福利彩票公益金绩效管理制度执行中满意度较高。从统计数据来看，有18.39%的单位表示非常满意，有70.11%的单位表示满意，有11.50%的单位表示一般。总体上满意度较高，但具体分析可知，各单位对绩效管理制度执行情况的满意度还有很大可提升空间。

六 开放式问卷

问卷：您对福利彩票公益金绩效管理有什么建议？

结果：综合针对福利彩票公益金绩效管理给出的建议得出，各单位仍需进一步增强福利彩票公益金的使用透明度，强化资金使用管理过程中的监督作用。

总体上来看，大多数单位对福利彩票公益金管理的执行情况表示满意，而表示非常满意的仅占少数。其中，在管理目标是否明确的调查中，有7成以上的单位对福利彩票公益金制度表示满意，非常满意的不足1/4；在绩效管理水平满意度调查中，约有3成的单位表示非常满意，有55.17%的单位表示满意，但仍有14.94%的单位表示一般；在奖惩制度情况调查中，有68.97%的单位表示奖惩制度恰当，有10.34%的单位表示奖惩制度非常恰当，但也有相当一部分单位没有指定奖惩制度；在管理流程情况调查中，虽然大多数单位表示奖惩制度清晰，但仍有17.25%的单位表示一般、不清晰甚至非常不清晰；在制度执行满意度情况调查中，有7成以上的单位表示满意，约有2成的单位表示非常满意，还有11.50%的单位表示一般。另外，在各单位对福利彩票管理给出的建议中，"进一步增强福利彩票公益金的使用透明度，强化资金使用管理过程中的监督作用"最具有代表性。

第五节 福利彩票公益金绩效管理满意度的拓展描述性分析

为了更清晰地测量绩效管理满意度情况和进一步分析，项目组对采用李克特量表设计的满意度调查部分进行了编码和计分。计分标准为从非常满意、满意、一般、不满意、非常不满意依次记为 5、4、3、2、1 分。利用 SPSS20.0，统计结果如下：

表 3-32 是福利彩票公益金绩效管理满意度描述性统计结果。从绩效管理目标的满意度来分析，均值为 4.17，问卷分布较为集中，标准差较小；绩效管理水平满意度与目标情况大致相仿；奖惩制度满意度相对较差，均值为 3.52，标准差略高，反映出问卷对象对福利彩票公益金奖惩满意度较低，态度差异偏大；流程清晰度和执行情况满意度略低于绩效管理目标和水平。

从问卷结果整体看，福利彩票公益金绩效管理的满意度相对良好。一方面，这说明对于福利彩票公益金管理使用部门、单位而言，它们对现有的绩效管理制度还是较为满意的；另一方面，也说明，这些管理使用部门、单位可能安于绩效管理状态现状，缺少主动改进的动机。

表 3-32　　　　绩效管理满意度指标描述性统计

项目	有效样本数	最小值	最大值	均值	标准差
绩效目标满意度	87	1	5	4.17	0.577
管理水平满意度	87	3	5	4.17	0.637
奖惩制度满意度	87	1	5	3.52	1.266
流程清晰满意度	87	2	5	4.12	0.782
执行情况满意度	87	3	5	4.10	0.506

之所以我们推测第二种满意度较高的原因是，从现有相关报道来看，社会公众对于福利彩票公益金的管理与管理使用部门自身的满意度存在较大差异。例如，2014 年 4 月 1 日人民网公布的一项网络调查结果显示，公众对"彩票公益金监管情况"最为关注，占 28.84%；其次是"彩票公益金使用情况"，有 27.53%；再次是"彩票公益金的分配情况"，占 20.76% 的受访者关注；其余有 18.04% "自己不太

关心彩票公益金",有4.82%关注彩票公益金其他问题。而且,调查还指出,有32.35%认为彩票公益金"缺乏阳光下运作,滋生腐败",24.61%认为"使用信息公示太粗略,不知道钱花在什么项目了",19.39%的受访者认为"监管薄弱",17.74%的受访者认为"缺乏相应管理机制",其余则表示"不知道,说不准"。这些都说明公众对公益金的监管和使用、分配等问题较为关注,存在对现有绩效管理制度的质疑,因此这也从侧面证明了前面的福利彩票公益金绩效管理满意度更多源于第二方面。

福利彩票公益金的绩效目标、实施、考核和反馈等均离不开承上启下的福利彩票公益金管理部门的重要参与,因此如何通过有效的设计,推动福利彩票公益金管理使用部门积极主动地参与到绩效管理体系框架的建立和改进中,是当前必须要解决的一个重要问题。

表3-33　　　　　　　　绩效目标满意度

选项	频率	占比（%）	累计占比（%）
A、非常明确	20	22.99	100
B、明确	62	71.26	77.01
C、不明确	2	2.3	5.75
D、很差	0	0	3.45
E、无具体目标	3	3.45	3.45
合计	87	100	

为了更清楚地了解调查问卷的结果,表3-33是对福利彩票公益金绩效管理满意度调查问卷细项的具体分析。首先,绩效目标满意度调查结果表明,满意度为一般及以下（认为目标达不到明确的）的仅占3.45%,说明总体满意度较高,但非常满意占比不足四分之一,也说明尚存在较大改进空间。

表 3-34　　　　　　　　　管理水平满意度

序号	频率	占比（%）	累计占比（%）
A、非常满意	26	29.89	100
B、满意	48	55.17	70.11
C、一般	13	14.94	14.94
D、不满意	0	0	0
E、非常不满意	0	0	0
合计	87	100	

表 3-34 是福利彩票公益金绩效管理水平满意度分布。可以看出，管理水平满意度的均值虽与目标类似，但分布差异却较大。相对而言，满意度在一般及以下的占比明显较高，占 14.94%，而非常满意的部门占比也略有提升，占到四分之一强。不过，同样这一结果也显示出管理水平仍然有待提高，且福利彩票公益金管理使用部门自身已经意识到这一问题。

表 3-35　　　　　　　　　奖惩制度满意度

序号	频率	占比（%）	累计占比（%）
A、非常恰当	9	10.34	100
B、恰当	60	68.97	89.66
C、不恰当	0	0	20.69
D、很差	0	0	20.69
E、没有奖惩	18	20.69	20.69
合计	87	100	

表 3-35 反映的是福利彩票公益金管理使用部门对奖惩制度的满意水平。可以看出，奖惩制度的满意度偏低（没有奖惩的单位占比超过五分之一），而且选项分布说明不同部门、单位差异较大。这也说明各级福利彩票公益金管理使用部门、单位对当前的福利彩票公益金管理相关奖惩制度改进愿望较为强烈，暗示当前的奖惩可能有失公

平。事实上，奖惩能否到位直接关系到绩效管理体系框架能否顺利实施，是至关重要的一环。因此，这一分析也表明了构建全面的绩效管理体系框架是符合当前管理使用部门、单位的内在要求的。

表3-36　　　　　　　　　　流程清晰满意度

序号	频率	占比（%）	累计占比（%）
A、非常清晰	27	31.03	100
B、清晰	45	51.72	68.97
C、一般	8	9.20	17.25
D、不清晰	4	4.60	8.05
E、非常不清晰	3	3.45	3.45
合计	87	100	

表3-36是福利彩票公益金绩效管理流程清晰满意度的结果。可以发现，同样地，福利彩票公益金管理使用部门对流程清晰的满意度相对较低，而且不满意的一般及以下的占比相对较高，达14.3%。流程不清晰，则绩效目标无法有效落实，绩效计划很难顺利推行，不仅影响福利彩票公益金的周转效率，也可能造成使用效率低下。这说明，设计明确的绩效管理体系框架，需要明确绩效管理的流程，而这需要完善的信息管理系统支持。因此，完善信息管理系统，对于开展科学的绩效管理有保驾护航的作用。

表3-37　　　　　　　　　　执行情况满意度

序号	频率	占比（%）	累计占比（%）
A、非常满意	16	18.39	100
B、满意	61	70.11	81.61
C、一般	10	11.50	11.50
D、不满意	0	0	0
E、非常不满意	0	0	0
合计	87	100	

表3-37是福利彩票公益金绩效管理执行情况满意度的调研结果。可以看出,福利彩票绩效管理执行情况中满意占比较高,而非常满意的仅占18.39%。这说明,由于当前绩效管理体系框架的缺失,导致福利彩票公益金绩效管理的执行还有待进一步优化。无论是再好的理论、再完善的设计,也需要通过执行落到实处。因此,绩效管理的核心还是要确保目标、实施流程、考核指标和标准、反馈等环节能够被接受且具有可操作性。而这要求绩效管理全过程中的利益相关者均能够参与,其完善应该是建立在充分的信息共享和沟通基础上进行的,而且应该是在战略目标的统一规划下进行的。因此项目组认为福利彩票绩效管理体系不能脱离预算管理的体制,也离不开绩效审计及由此代表的外部监督的保障。

第三章 福利彩票公益金绩效管理满意度的实证分析

本章主要是对福利彩票公益金绩效管理度影响因素进行多元回归实证分析。通过对因变量的主成分提取，构建满意度因变量，然后对影响满意度的福利彩票公益金绩效管理制度完善情况、福利彩票公益金使用情况、福利彩票公益金绩效管理制度执行情况进行深入分析，为构建福利彩票公益金绩效管理体系框架提供实证支持。

第一节　因变量的设计

一　KMO 检验和巴特利球体检验

为了更便于分析各项因素对于满意度的影响，项目组对五项满意度调查问题进行了因子分析。表 3 - 38 分析结果表明，KMO and Bartlett 检验结果为 0.668 > 0.50，且显著性 $P < 0.001$，故适合进行因子提取。

表 3 - 38　　　　满意度影响的 KMO 和巴特利球体检验

Kaiser - Meyer - Olkin 样本充足性计量		0.668
巴特利球体检验	卡方	218.320
	自由度	10
	Sig.	0.000

二 因子提取过程及结果

本书采用因子分析提取因子的方法为主成分分析法，共同性提取结果如表3-39所示：

表3-39　　　　　满意度的共同性提取

指标	初始	提取
绩效目标满意度	1	0.396
管理水平满意度	1	0.763
奖惩制度满意度	1	0.428
流程清晰满意度	1	0.774
执行情况满意度	1	0.742

图3-31满意度分析的陡坡图和表3-40方差贡献分析结果显示，一个因子后的贡献明显降低。因此提取一个因子是比较合适的。提取一个因子的贡献相对较低，可能是由于问卷样本较少的缘故。不过，即便如此，本着科学态度和分析问题的特征，本书认为提取一个因子更有利于解释满意度高低。

表3-40　　　　　满意度因子的方差贡献

成分	初始特征值			提取载荷平方和		
	全部	方差变化%	累积%	全部	方差变化%	累积%
1	3.103	62.057	62.057	3.103	62.057	62.057
2	0.8	16.005	78.062			
3	0.624	12.478	90.54			
4	0.351	7.016	97.556			
5	0.122	2.444	100			

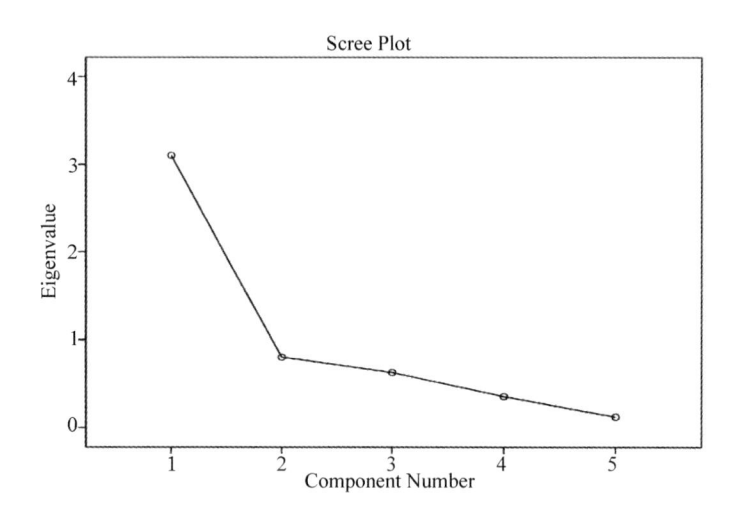

第三编 福利彩票公益金绩效管理问题的实证分析

图 3-31 满意度分析的陡坡图

按照因子提取方法提取满意度因子的载荷系数见表 3-41。从结果看，流程清晰度、执行情况和管理水平的影响更加重要。这也说明清晰的流程、严格的执行和更高的管理水平是提升绩效管理满意度的重要影响因素。

表 3-41　　　　　　　满意度因子的载荷系数

指标	成分
	1
绩效目标满意度	0.629
管理水平满意度	0.874
奖惩制度满意度	0.654
流程清晰满意度	0.880
执行情况满意度	0.861

注：此处的因子载荷表示第 i 个变量在第 j 个公共因子上的负荷，反映了第 i 个变量在第 j 个公共因子上的相对重要性。

新提取的因子命名为福利彩票公益金绩效管理满意度，简称满意度，假设用 Z 来表示，绩效目标满意度、管理水平满意度、奖惩制度满意度、流程清晰满意度、执行情况满意度分别用 X_1、X_2、X_3、X_4、X_5 来表示，由表 3-41 和表 3-42 可以写出因子分析满意度的结果：

$$Z = 0.203X_1 + 0.282X_2 + 0.211X_3 + 0.283X_4 + 0.278X_5$$

表 3-42　　　　　　　　满意度水平的因子分析

指标	成分
	1
绩效目标满意度	0.203
管理水平满意度	0.282
奖惩制度满意度	0.211
流程清晰满意度	0.283
执行情况满意度	0.278

第二节　逐步回归分析

为了更清楚地了解福利彩票公益金绩效管理的影响因素，以便更好地设计绩效管理体系，本书以因变量为满意度，自变量为制度完善情况、公益金使用情况和制度执行情况进行了逐步回归分析。

在逐步回归分析法中，重点分析绩效管理的影响因素。通过回归分析获得一定的预测能力，逐步回归分析的方法就是找到对满意度（因变量）有显著影响的绩效管理影响因素的过程。回归方程是一个数据预测模型，运行结束后，能用于自变量参数（制度完善情况、公益金使用情况和制度执行情况等）预测满意度情况。

具体处理流程如图 3-32 所示：

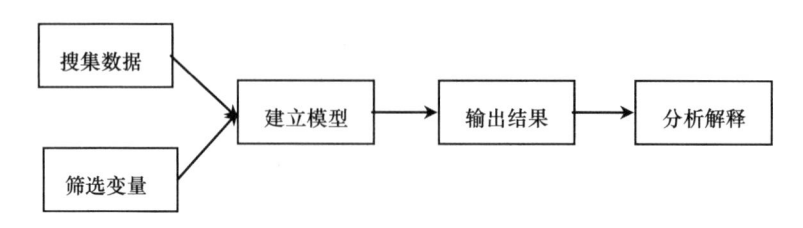

图 3-32　绩效管理的预测模型流程

一　福利彩票公益金绩效管理制度完善情况对满意度的影响

从福利彩票公益金绩效管理制度完善情况作为自变量的回归结果看，P=0.001，$R^2=0.181$，调整 $R^2=0.158$，方程拟合度通过显著性检验（1%水平）。

表 3-43 和表 3-44 结果表明，福利彩票公益金绩效管理制度完善情况中，评价指标和标准、是否有明文规定对满意度的影响最显著。这说明在福利彩票公益金绩效管理工作中管理使用部门如果能够通过明文规定将其制度化、设置较系统的评价指标和标准，满意度便会显著提高。

表 3-43　制度完善程度对满意度影响的方差检验

模型[a]		方差和	自由度	均方差	F	Sig.
1	回归	7.207	1	7.207	10.988	0.001[b]
	残差	47.88	73	0.656		
	合计	55.087	74			
2	回归	9.951	2	4.976	7.937	0.001[c]
	残差	45.136	72	0.627		
	合计	55.087	74			

注：a. 因变量：满意度；b. 自变量：常数，评价指标和标准；c. 自变量：常数，评价指标和标准，是否有明文规定。表 3-44 与此表相同，不再单独标注。

表3-44　　制度完善程度对满意度影响的多元回归结果

模型		非标准化系数		标准化系数	t	Sig.	共线性	
		B	标准误	Beta			容忍度	VIF
1	常数	-0.19	0.131		-1.445	0.153		
	评价指标和标准	0.62	0.187	0.362	3.315	0.001	1	1
2	常数	-0.05	0.145		-.344	0.732		
	评价指标和标准	0.496	0.192	0.289	2.58	0.012	0.905	1.105
	是否有明文规定	-0.592	0.283	-0.235	-2.092	0.04	0.905	1.105

二　福利彩票公益金使用情况对满意度的影响

表3-45对福利彩票公益金使用情况为自变量的回归结果显示，$P<0.001$，$R^2=0.475$，调整$R^2=0.439$，模型拟合度较好，通过显著性检验（1%水平）。

表3-45　　公益金使用情况对满意度影响的方差分析

模型[a]		方差和	自由度	均方差	F	Sig.
1	回归	17.465	1	17.465	23.271	0.000[b]
	残差	57.790	77	0.751		
	合计	75.255	78			
2	回归	23.179	2	11.589	16.913	0.000[c]
	残差	52.077	76	0.685		
	合计	75.256	78			
3	回归	28.511	3	9.504	15.248	0.000[d]
	残差	46.745	75	0.623		
	合计	75.256	78			
4	回归	33.421	4	8.355	14.780	0.000[e]
	残差	41.834	74	0.565		
	合计	75.256	78			

续表

模型[a]		方差和	自由度	均方差	F	Sig.
5	回归	35.769	5	7.154	13.225	0.000[f]
	残差	39.487	73	0.541		
	合计	75.256	78			

注：a. 因变量为满意度；b、c、d、e、f. 变量依次为非设施后续走访、比较分析仅据上级要求而定、信息披露随意性、使用范围单一、设施类是否中期检查，依次用 X_1、X_2、X_3、X_4、X_5 表示。范围变量由于多重贡献等原因被软件自动剔除。表 3-46 与此相同。

表 3-46 的回归结果表明，福利彩票公益金用于非设施类是否进行后续走访、比较分析仅据上级要求而定、信息披露随意、使用范围单一、设施类是否中期检查都对满意度有较为显著的影响。这一结果为后续绩效管理体系框架的构建提供了重要依据。

特别要说明的是，为了便于分析，本书将调查问卷选项进行了重新编码，具体可见表 3-45 和表 3-47 中注释。

表 3-46 满意度影响因子的逐步回归结果

模型		非标准化系数		标准化系数	t	Sig.	共线性	
		B	标准误	Beta			容忍度	VIF
1	常数	0.193	0.102		1.888	0.063		
	X_1	-1.655	0.343	-0.482	-4.824	0.000	1	1
2	常数	0.254	0.1		2.548	0.013		
	X_1	-1.558	0.329	-0.454	-4.728	0	0.99	1.01
	X_2	-1.11	0.384	-0.277	-2.888	0.005	0.99	1.01
3	常数	0.452	0.117		3.871	0		
	X_1	-1.666	0.316	-0.485	-5.266	0	0.976	1.025
	X_2	-1.174	0.367	-0.293	-3.197	0.002	0.986	1.014
	X_3	-0.558	0.191	-0.269	-2.925	0.005	0.981	1.019

续表

模型		非标准化系数		标准化系数	t	Sig.	共线性	
		B	标准误	Beta			容忍度	VIF
4	常数	0.522	0.114		4.591	0		
	X_1	-1.72	0.302	-0.501	-5.698	0	0.972	1.028
	X_2	-1.22	0.35	-0.304	-3.484	0.001	0.984	1.016
	X_3	-0.624	0.183	-0.301	-3.41	0.001	0.966	1.035
5	常数	0.553	0.112		4.928	0		
	X_1	-1.641	0.298	-0.478	-5.513	0	0.957	1.045
	X_2	-1.087	0.349	-0.271	-3.117	0.003	0.951	1.052
	X_3	-0.664	0.18	-0.319	-3.684	0	0.956	1.046
	X_5	-0.864	0.415	-0.194	-2.083	0.041	0.828	1.207

三 福利彩票公益金绩效管理制度执行情况

表3-47的回归结果显示,福利彩票公益金绩效管理结果是否公示的影响最为显著,方程的P=0.009,R^2=0.110,调整R^2=0.088。表3-48回归结果中,各自变量系数均为负,表明福利彩票公益金绩效管理不公示和不跟踪会导致管理人员的满意度降低。据此推断,如果福利彩票公益金绩效管理制度执行不力,特别是公示机制和追责机制不健全,管理人员就可能产生不满情绪,从而消极怠工,甚至营私舞弊,从而很可能导致福利彩票公益金管理效率低下或者使用不当,从而很难有效发挥福利彩票公益金绩效管理的作用。

表3-47　　　　绩效管理执行情况对满意度影响的方差

模型[a]		方差和	自由度	均方差	F	Sig.
1	回归	9.102	2	4.551	4.988	0.009[b]
	残差	73.898	81	0.912		
	合计	83	83			

注：a. 因变量为满意度；b. 模型2自变量为是否公示,跟踪后评。表3-48与此相同。

表 3 - 48　　　　绩效管理执行情况对满意度影响的回归结果

模型		非标准化系数		标准化系数	t	Sig.	共线性	
		B	标准误	Beta			容忍度	VIF
1	常数	0.048	0.107		0.451	0.653		
	是否公示	-0.018	0.007	-0.275	-2.594	0.011	1	1
2	常数	0.109	0.111		0.979	0.331		
	是否公示	-0.019	0.007	-0.283	-2.697	0.009	0.998	1.002
	跟踪后评	-0.623	0.355	-0.184	-1.754	0.083	0.998	1.002

四　综合回归结果

前面利用逐步回归法分别分析了调查问卷设计的制度完善情况、公益金使用情况和制度执行情况具体构成指标对福利彩票公益金绩效管理满意度的影响结果。为了进一步揭示影响福利彩票公益金绩效管理满意度的因素重要性，本部分对所有指标进行综合回归。表 3 - 49 回归结果显示，是否公示和是否存在评价指标和标准的影响最为显著，$P < 0.001$，$R^2 = 0.226$，调整 $R^2 = 0.205$。

表 3 - 50 回归结果表明，是否公示的系数为负，评价指标和标准的系数为正。这说明综合来看，绩效管理满意度的关键影响因素是考核结果是否公示、是否有完备的绩效评价指标和标准。因此，绩效管理制度的一个核心问题即公开机制；另一个核心问题就是要设置科学的绩效考核指标体系和标准，尽量做到指标的全面、细化和可操作。这也告诉我们，即便再科学的指标体系和标准也必须要先确保考核结果公开。公开是公平的先决条件。退一步讲，指标体系和标准会随着时间和环境变化而不断优化调整，哪怕略有不足，只要能够充分公开，也能够提高绩效管理的满意度。

第三章　福利彩票公益金绩效管理满意度的实证分析

表3-49　　　　　　满意度影响因子回归分析的方差

模型[a]		方差和	自由度	均方差	F	Sig.
1	回归	8.46	1	8.46	12.731	0.001[b]
	残差	49.175	74	0.665		
	合计	57.635	75			
2	回归	13.027	2	6.513	10.659	0.000[c]
	残差	44.608	73	0.611		
	合计	57.635	75			

注：a. 因变量：满意度；b. 模型1自变量为是否公示；c. 模型2自变量为是否公示、是否有完备的评价指标和标准。表3-50与此相同。

表3-50　　　　　　满意度影响因子的回归结果

模型		非标准化系数		标准化系数	t	Sig.	共线性	
		B	标准误	Beta			容忍度	VIF
1	常数	0.33	0.108		3.054	0.003		
	是否公示	-0.771	0.216	-0.383	-3.568	0.001	1	1
2	常数	0.035	0.15		0.232	0.817		
	是否公示	-0.61	0.215	-0.303	-2.831	0.006	0.925	1.081
	评价指标和标准	0.510	0.186	0.293	2.734	0.008	0.925	1.081

本章对福利彩票公益金绩效管理度影响因素进行了逐步多元回归分析，结果表明，福利彩票公益金绩效管理制度完善情况、福利彩票公益金使用情况、福利彩票公益金绩效管理制度执行情况都会显著影响福利彩票公益金绩效管理满意度水平。其中，制度完善情况中的评价指标和标准及是否有明文规定；使用情况中福利彩票公益金用于非设施类是否后续走访、分析是否有自主性、信息披露是否随意等；制度执行情况中的是否公示及跟踪都对满意度有显著的影响。但综合回归表明，最具影响力的还是公示机制与指标体系和标准。因此，福利彩票公益金绩效管理要解决的核心问题是确保指标体系和标准的科学合理及严格透明的公示机制。

第四编　我国福利彩票公益金绩效管理体系框架的构建

绩效管理是一个包括绩效计划、绩效实施、绩效考核和绩效奖励等环节的循环过程。公益金管理部门为了完成这个过程，需要构建相应的绩效管理体系。本编探讨了该绩效管理体系构建的理论基础与原则，并详细论述了集绩效预算、绩效管理和绩效审计三位一体的公益金绩效管理体系框架的构建。

第一章　福利彩票公益金绩效管理体系框架构建的理论依据和原则

本章主要通过对现有理论观点的分析和提炼，阐明福利彩票公益金绩效管理体系构建的理论依据，并结合福利彩票公益金绩效管理特点设计构建该体系框架的主要原则。

第一节　福利彩票公益金绩效管理体系框架的理论依据

本书选取了目标管理理论、成本效益观点、权变理论、战略管理理论和平衡计分卡理论作为福利彩票公益金绩效管理体系框架构建的理论基础。

一　目标管理理论

目标管理理论，由彼得·F. 德鲁克大师（Peter F. Drucker）提出的一种强调组织计划的系统性和目标制定过程的激励性的理论，通常被认为是绩效管理理论的重要理论基础之一。

目标管理的优点在于实行"参与式管理"，通过上下结合的方式进行反复协商和综合平衡，以使所确定的目标更加具有动员性和激励性，更加便于目标的实现［奥迪奥恩，（Odiorne，1984）］[1]。而在绩效管理体系中，绩效计划则离不开目标的引导。

---

[1] Odiorne George S., "The Human Side of Management: Management by Integration and Self Control", *Lexington, Massachusetts: Heath*, 1984.

二　成本效益观点

成本效益分析是一种通过对收益和成本的权衡来进行经济决策的方法。简单说，这种理论的核心观点是以最低的代价换取最大的收益。而对个人和组织的绩效管理而言，成本效益意味着由于实施绩效管理活动而产生的成本，包括直接成本与机会成本，应该小于绩效管理预期实现的收益。福利彩票公益金要加强绩效管理，必然会产生一定的成本，包括管理人员成本、审计监督成本及相关管理成本，而其效益是提高了福利彩票公益金使用效益，避免资金浪费。我们必须权衡成本与收益，制定符合成本效益观的绩效管理对策。

三　权变理论

权衡理论的主要观点是，不存在一种普遍适用的管理模式，任何个人和组织都应该根据外部环境和组织成员的需求变动而进行设计和调整管理的目标和方法，即管理应该随机应变。以权变理论为基础绩效评估模型有助于政府控制开支，增强其与所处环境的适应性，提高管理绩效（吕双旗，2013）[1]。随着互联网的应用与普及，管理信息化已经成为一种趋势，福利彩票公益金的管理应该紧跟形势，将福利彩票公益金的分配和筹集、事务处理、资助项目申报评审和审批、资助项目信息公开等业务过程数字化，通过各种信息系统网络加工生成新的信息资源，提供给各层次的福利彩票公益金管理者洞悉、观察各类信息，以便做出有利于福利彩票公益金使用绩效的优化的决策，使福利彩票公益金合理配置，最大限度地提高福利彩票公益金的使用效益。

四　战略管理理论

战略管理是一种对组织或个人的目标、行为和结果进行系统、全面、长期管理的活动。从理论角度讲，战略管理是通过个人或组织与所处的内外环境之间的关系综合制定应对环境变化实现目标的一种管

---

[1] 吕双旗：《基于权变理论的政府绩效评估》，《中国行政管理》2013年第4期。

理技能和方法。战略管理涵括四个组成部分（或步骤）：第一，企业内外部环境分析；第二，战略的制定；第三，战略的实施；第四，测评与监控。绩效管理是战略管理测评与监控的最重要构成要素，是具有战略性高度的管理制度体系。

福利彩票公益金的管理是要通过发行、销售福利彩票，对福利彩票公益金的筹集、使用和监督等系列与之相关联的活动的总和。为了履行好福利彩票"扶老、助残、救孤、济困"的发行宗旨，充分体现"以民为本、为民解困、为民服务"的核心理念和"取之于民、用之于民"的科学内涵，我们需要对福利彩票公益金进行战略管理，不仅对回答做什么（什么行动），由谁做和为谁做（行动的主体和客体），怎么做（行动的方法），在哪里做和何时做（行动的时空范围）等问题，还要回答行动的效果或结果是什么、也就是做得怎么样的问题。这恰恰是绩效管理的内容，它强调对行动过程及所产生的效果的管理。基于绩效管理思想，使用福利彩票公益金的部门或单位，应按照规定向省民政厅业务主管部门报送上一年度项目执行情况报告；在项目完工后，应向省民政厅业务主管部门报送项目绩效评估报告，包括项目执行情况、资金支出和结余情况、项目社会效益和经济效益等情况，便于项目主管部门对项目进行绩效评价和跟踪问效。

五　平衡计分卡

卡普兰（Kaplan）和诺顿（Norton）（1992）[1]首次正式提出以平衡计分卡作为驱动绩效指标设计的思想，随后对平衡计分卡作为战略与绩效管理工具的框架进行了表述［卡普兰（Kaplan）和诺顿（Norton）（1996）］[2]，直至其将平衡计分卡与企业的愿景和战略联系起来，形成了一个完整的战略执行理论体系［卡普兰（Kaplan）和诺顿

---

[1] Kaplan, Robert S., David Norton, "The Balanced Scorecard: Measures That Drive Performance", *Harvard Business Review*, Vol. 70, No. 1, 1992, pp. 71–79.

[2] Kaplan, Robert S., David Norton, "Using the Balanced Scorecard as a Strategic Management System", *Harvard Business Review*, Vol. 74, No. 1, 1996, pp. 75–85.

(Norton)(2004)][1]。平衡计分卡的核心在于如何将战略转换成行动方案或工作计划,能够将企业的目标和战略有机结合,注重企业的长期发展(刘运国、陈国菲,2007)[2]。

平衡计分卡是在战略管理理论基础上提出的,提倡从顾客、内部流程、财务、学习和成长四方面选择关键指标(Key Performance Indicator, KPI)测评企业绩效的方法。其主要内容包括战略地图、平衡计分卡以及个人计分卡、指标卡、行动方案、绩效考核量表等。该方法简洁明了,将战略目标落到了实处。BSC明确提出,绩效管理就是要让企业的每一位员工每天的行动都与企业的战略挂钩。由于BSC所具有的强有力的理论基础和便于操作的特点,自20世纪90年代初一经卡普兰教授提出,便迅速被美国,随后是整个发达国家的企业和政府竞相应用。今天当人们谈及绩效管理时,基本都是以BSC为主的体系。以美国为例,有关统计数字显示,到1997年,美国财富500强企业已有60%左右实施了绩效管理,而在银行、保险公司等所谓财务服务行业,这一比例则体现得更高。

虽然长期以来,平衡计分卡绩效管理方法都是在企业应用,相关研究也是在企业实施基础上进行的。近些年,随着综合国力的增强和财政收入的增加,公共管理日益成为关注的焦点,陆续有学者探讨将其用于公共部门的管理中。在1993年美国政府通过了《政府绩效与结果法案》(The Government Performance and Result Act)。美国联邦政府的几乎所有部门、各兵种及大部分州政府都已建立和实施了绩效管理,目前的重心已转入在城市及县一级的政府推行绩效管理。我国政府绩效管理推行较晚,张定安(2004)[3]通过对平衡计分卡的特点以及国外公共部门使用平衡计分卡的案例分析,探讨将平衡计分卡引入公共部门绩效管理的可行性,并对平衡计分卡理论体系对中国公共部门治理和变革可能产生的影响进行了预测性分析。

---

[1] Kaplan, Robert S., David Norton, "Strategy Maps: Converting Intangible Assets Into Tangible Outcomes", *Academy of Management Executive*, Vol. 47, No. 2, 2004, pp. 23–30.

[2] 刘运国、陈国菲:《BSC与EVA相结合的企业绩效评价研究——基于GP企业集团的案例分析》,《会计研究》2007年第9期。

[3] 张定安:《平衡计分卡与公共部门绩效管理》,《中国行政管理》2004年第6期。

第二节 福利彩票公益金绩效管理体系框架构建的主要原则

一 一致性

组织的各层级、各部门、员工与团队都应该具有统一的目标或者公司愿景。绩效管理的目标是战略实施的导向，是协同效应产生的基础，也是绩效考核的标准，因此只有保证目标的一致性，才能使员工、部门和不同层级之间的利益保持一致，才能使绩效管理发挥最大作用。而目标的落实体现为任务或者责任，这就要求明确各部门的职能和各员工的职责，做到制度规范、流程通畅、权责利分明。福利彩票公益金，作为一种专项用于社会福利、体育等社会公益事业的资金，其绩效管理好坏牵动着亿万人民的心，更需要将福利彩票公益金各级管理部门和人员的目标统一起来，确保利益具有高度一致性。

二 文化性

绩效管理的有效执行有赖于员工积极向上的责任感和工作热情以及团队合作精神，而这就需要组织凝练出一种超越制度约束的精神层面的东西，即文化。很多情况下，当遭遇技术无法解决的问题时，文化便会成为一种精神力量和支柱，暂时缓解困境，从而赢得宝贵时间。因此，绩效管理应该引导员工将企业发展和自身成长相关联，使员工主动、愉悦地为组织绩效提升努力工作，同时形成每个人均以组织发展为荣誉的和谐氛围。党的十九大报告提出，转变政府职能，增强政府公信力和执行力，建设人民满意的服务型政府。福利彩票公益金管理部门也应积极树立服务意识，形成服务文化和奉献精神。福利彩票公益金的绩效管理也应该坚持贯彻这一观念。

三 公平性

绩效管理的标准应该是统一而客观的，不因任何人意志、地位而改变，且能够为众人方便获取，能够平等地参与制定和调整目标或评价标准。公平性不仅体现在目标的分解落实上，即责任的承担上，也体现在对实施结果的考核及奖惩方面,即做到全面的公平。结合前面分析可知,福利彩票公益金绩效管理满意度主要受科学的指标和标准与公示机制的影响。而这两方面本质上都是出于公平的需求,公平可以明显提升满意度,因此福利彩票公益金绩效管理体系框架必须遵循公平性原则。

四 时效性

绩效管理不能拘泥于现状,否则会故步自封,影响实施效果。因此,持续的调整和改进是绩效管理积极发挥作用的有效保障。无论是考核形式,还是考核内容,抑或对结果的奖惩,都应该及时披露、及时找出问题并予以纠正。福利彩票公益金绩效管理信息及时充分披露也是健全公示机制的重要保障。

第二章 福利彩票公益金绩效管理体系框架分析

结合前面分析,本书认为良好的绩效管理体系离不开预算管理的导引,同样也不离开预算审计的有力制约。因此,为了更有效地发挥福利彩票公益金绩效管理的作用,需构建集绩效预算、绩效管理和绩效审计三位一体的体系框架(见图4-1)。通过该体系框架,将福利彩票公益金绩效管理的理论凝练在一起,并明确落实福利彩票公益金绩效管理的路径。同时,为了让读者更清晰地了解该体系框架,本书对其构成要素进行了详细的解释说明。

第一节 福利彩票公益金绩效管理体系框架的主要内容

本书构建的福利彩票公益金绩效管理体系框架,是集绩效预算、绩效管理和绩效审计三位一体的一种模式。该模式与当前我国政府部门强调对管理的事前、事中、事后全方位管控思想是高度统一的,同时也可以更好地迎合当前建立现代化服务型政府部门的需要。

一 福利彩票公益金绩效管理体系的基本框架
(一)基本框架的构成要素

绩效管理是一个过程,即首先明确组织要做什么(目标和计划),然后找到衡量工作做得好坏的指标与标准进行监测(构建指标与标准体系并进行监测),通过管理者与被管理者的互动沟通,将目标责任层层传递,发现做得好的(绩效考核),进行奖励(激励机制),使其继续保持，或者做得更好，能够完成更高的目标。更为重要的是，发现不好的地方（经营检讨），通过分析找到问题所在，进行改正（绩效改进），使得工作做得更好。这个过程就是绩效管理过程。组织为了完成这个管理过程，所构建起来的管理体系，就是绩效管理体系。

一般认为，有效的绩效管理包括绩效计划、绩效实施、绩效考核和奖励绩效四个环节的循环过程（仲理峰、时勘，2002）①。这四个环节涵盖了事前、事中、事后三个关键管理环节，组成了一个较为完善的绩效管理体系。本书吸纳了该观点前三个环节，将奖励绩效作为最后一环修改为涵盖面更为广泛、逻辑关系更为清晰的绩效反馈，构成绩效管理的中间环节，将绩效预算作为实施绩效管理的必要手段和前提条件，绩效审计作为有效保障，从而形成新体系的基本框架，即图4-1。

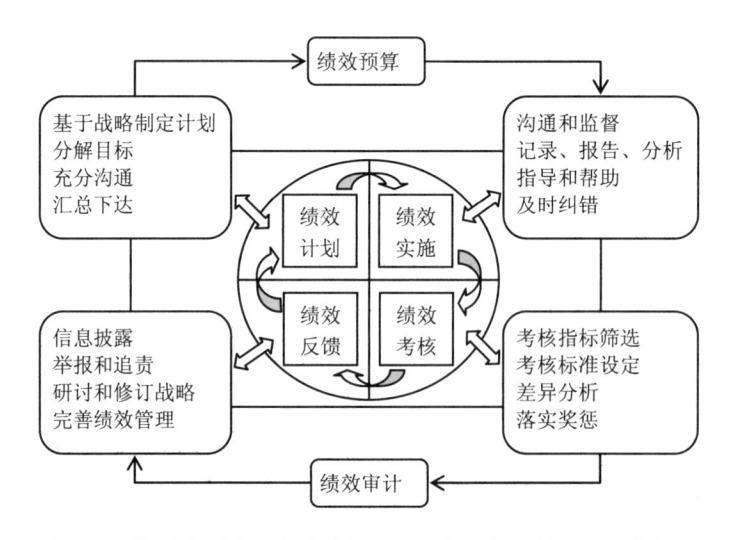

图4-1 福利彩票公益金绩效管理"三位一体"体系的基本框架

（二）基本框架的核心

福利彩票公益金绩效管理"三位一体"体系框架是基于前面调研

---

① 仲理峰、时勘：《绩效管理的几个基本问题》，《南开管理评论》2002年第5期。

分析基础上提出的，可以有效解决绩效管理机制不健全引发的一系列问题。其中的核心部分，建议福利彩票公益金的绩效管理借鉴现有企业的先进做法，涵盖从绩效计划、绩效实施、绩效考核到绩效反馈四个关键环节。这四个环节依次执行，并循环改进，使绩效管理环环相扣，呈现动态优化的运行状态，从而形成良性运行机制。

二　福利彩票公益金绩效管理体系基本框架的注意事项

虽然福利彩票公益金绩效管理体系框架图搭建起来了，但要真正运行以该体系框架为蓝本的管理机制，还需对现有福利彩票公益金绩效管理进行更加广泛的调研和论证。因此，我们结合绩效管理理论和河北省绩效管理现状设计的福利彩票绩效管理体系框架，建议各福利彩票公益金管理部门先以试点形式开展，然后逐步推广改进，最后形成全国性战略调控的绩效管理体系。

当然，这也需要有先进的信息化管理系统支持。所以建议以政府采购或招标形式开发福利彩票公益金绩效管理软件，并首先从省市级别的民政部门试运行，然后逐步普及推广。后面部分将详细论述绩效管理的各个环节要素的具体内容。

第二节　福利彩票公益金绩效管理体系框架之绩效预算

一　绩效预算的含义

不同于一些现有研究，将绩效预算作为绩效计划的延伸，项目组认为预算管理是绩效管理实施的保障，对绩效管理具有重要的战略引导意义。这是因为，预算管理并不是福利彩票公益金管理的目的，但却是战略与绩效管理相联系的必要工具。此处我们所说的预算管理，是一种全面、动态的预算管理。而且，项目组主张，福利彩票的发行收入也应纳入绩效预算管理，而不应游离于绩效管理之外。这种预算管理本身就对绩效管理提出了更高的要求，具有引导绩效管理方向、强化组织治理制度保障的功能，因此绩效预算管理既是绩效管理的前提，又是绩效管理体系不可或缺的重要组成部分。从绩效管理体系角度来讲，绩效预算将战略转化为绩效管理的绩效计划部分，因此绩效计划是战略落实的第一步。

那么究竟什么是绩效预算呢？希克（Schick）（2003）[①]将绩效预算宽泛地定义为"任何一种表达'特定政府机构用所得到的拨款做了哪些事情或希望做哪些事'等信息的预算"，严格定义为"明确地将每一项资源的增加与产出或其他成效的增长相联系的预算"。威洛比（Willoughby）和麦克斯（Melkers）（2000）[②]将绩效预算定义为"要求对政府机构的使命、目的和目标战进行略性规划，是一个采用可量化数据，提供项目结果有意义的信息的过程"。简单地说，绩效预算就是指将投入与成效相联系的预算编制系统。

二 绩效预算的产生

绩效预算理念萌芽于1907年纽约市政研究局提供的"改进管理控制计划"的报告中，该报告强调"通过对已批准项目的管理，提高资源使用效率"。绩效预算理念最早用于实践则开始于20世纪30年代，田纳西流域管理局和美国农业部采纳了绩效预算，在一定程度上提高了部门运作效率。到了20世纪40年代，美国的"重组政府"运动方兴未艾，借此契机，第一届胡佛委员会在1949年的报告中，完整地定义了绩效预算，从而定下了绩效预算改革的基调，此后，政府预算的"绩效、效率"观念开始深入人心。

遗憾的是，绩效预算推行的成效并不尽如人意，政府行政绩效大幅提高的情形并未出现。因此，从20世纪60年代中期开始，绩效预算销声匿迹，代之而起的是计划—项目—预算（Planning Programming Budgeting System, PPBS）、零基预算（Zero-base Budgeting, ZBB）等。然而，随后的这些预算改革也都没有取得成功。

20世纪90年代，在继承以往预算改革的一些有价值成分并进行新的探索的基础上，以美国、澳大利亚和新西兰为代表的OECD国家

[①] Schick Allen, "The Role of Fiscal Rules in Budgeting", *OECD Journal on Budgeting*, Vol. 3, No. 3, 2003, pp. 7–34.

[②] Willoughby, Katherine G., Julia E., Melkers, "Implementing PBB: Conflicting Views of Success", *Public Budgeting & Finance*, Vol. 20, No. 3, 2000, pp. 105–120.

纷纷推行了以绩效为基础的"新绩效预算"。其核心是主张政府预算必须与政府的中长期战略计划相结合,强调以政府职能的整体目标为导向,用绩效目标作为约束手段,以绩效责任换取管理自由,在强调高层机构对支出总量进行控制的同时,将自由使用预算资金的权力赋予了中、低层管理者,在预算制度中实现了政策(目标和结果)与管理(产出和激励)的有机融合。从OECD成员国近十多年推行新绩效预算的实践来看,新绩效预算在有效地促进政府改革,以及有效地制止财政资金浪费、实现财政收支平衡等方面的效果是相当明显的。

绩效预算改革虽然历经反复,甚至遭遇过失败,但实践证明,绩效预算所倡导的"效率、绩效"理念符合预算制度改革发展的趋势和方向,对世界范围内的预算改革都具有普遍的借鉴意义。

三 福利彩票公益金推行绩效预算的必要性

首先,推行绩效预算是建立公益金"公共"活动管理的需要。公益金是从彩票发行收入中按规定比例提取的,专项用于社会福利、体育等社会公益事业的资金,按政府性基金管理办法纳入预算,实行"收支两条线"管理,专款专用,结余结转下年继续使用,不得用于平衡一般预算。在公益金管理体制下,公益金一般用于干市场不愿意干而又需要干的事,只能站在市场活动之外去为所有的市场活动提供服务,表现为一种"公共的公益"活动。正是这种公共性决定了公益金要"拿众人之财,办众人之事,合众人之意"。因此,建立公开、透明的预算体制和编制科学、有效的财政预算是公益金管理的关键所在。应该说,绩效预算是公益金管理中心解决市场失灵问题、追求资源最优配置的高效工具。绩效问题是公益金管理基本框架的核心,且贯穿于整个公益金分配的过程中。

其次,推行绩效预算是我国公益金使用宗旨落实的强大推动力。在我国,福利彩票销售不断刷新纪录。根据规定,除去成本和奖金,福利彩票收入应当用于社会福利事业——"扶老、助残、救孤、济困、赈灾",而其中,"扶老"是福利彩票公益金使用的第一宗旨。截至2014年,民政系统用于老年福利类项目的福利彩票公益金达到474.57亿元,各级财政在养老事业方面的支出也不少。而绩效管理与绩效评估则是衡量公益金使用是否满足社会需求的重要手段和尺度。也就是说，公益金的支出必须获得人民的同意并按正当程序支出，公共资源必须有效率地利用并达到预期的效果。要落实这些公共责任，就必须对公益金的使用进行绩效评价，以准确了解公益金项目是否承担起了社会福利责任。绩效预算不仅是预算方法的一种创新，更是公益金管理理念的一次革命，有助于提高公益金支出的有效性，有助于促进公益金分配与使用决策程序规范化和民主化。绩效预算推行后，绩效目标的确立、绩效评价的执行及绩效评价结果的公开，不仅有助于明确公益金管理部门的责任，提高公益金管理和使用的效果，而且提高预算的透明度，从而提高社会满意度水平。可以预见，绩效预算改革必将成为我国深化公益金宗旨落实的强大推动力。

最后，推行绩效预算是我国市场经济体制公益金预算提出的总要求。改革开放30多年来，我国已经初步建立起了市场经济体制，市场在资源配置中发挥着基础性作用。相应地，公益金使用预算制度改革也必须转变传统计划经济观念，牢固树立起市场经济所要求的效率和绩效意识。绩效预算恰恰以一种全新的视角，按照企业化经营模式，把公益金作为一个提供公共品的资金储备，建立起"福利品—福利品成本—预算"的模式，通过对福利品成本的核算，进行预算编制。这就使预算编制紧紧围绕福利品的成本，体现了预算的约束机制。绩效预算的主旨是用企业家精神改造公益金管理部门，把公众看成顾客，要求政府的一切活动都要以满足顾客需求为出发点。

四 推行福利彩票公益金绩效预算需要关注的问题

绩效预算改革是一项长期、复杂、艰巨的系统工程，也是预算改革划时代的阶段。福利彩票公益金推行绩效预算改革，会面临很多问题亟待解决。

首先，建立预算绩效评估体系是推行绩效预算的难点。构建一个有效可行的绩效指标体系是实施绩效预算的重要条件。实施绩效预算需要对公益金支出做出绩效评价，但是，社会福利性项目不像市场产品会产生直接的经济效益，公益金使用项目往往是那些社会需要、但短期内很难见到经济效益的项目。公益金项目特殊性决定了传统的和单一的成本、效率、产出等指标难以确切反映出复杂的公益金支出绩效状况及综合价值。取而代之，我们必须建立一个具有多重的价值标准、多向的维度以及多元的评估主体的绩效指标体系来对公益金支出绩效做出科学、合理的评价。

一般说来，良好的绩效指标必须满足以下五个标准，即所谓的CREAM标准：（1）清晰性（clear）：绩效指标必须是精确的而不是含糊的，但不一定要量化；（2）相关性（relevant）：绩效指标对于实现预算目标而言，必须是适当的；（3）经济性（economic）：绩效指标应保证能以合理的成本获得需要的资料信息；（4）充分性（adequate）：绩效指标必须是能为评估绩效提供一个充分的基础；（5）可监督性（monitorable）：绩效指标必须能够经得起独立而详细的检查。

其次，管理部门强势推动是推行绩效预算取得成功的关键。决策者的强势支持以及立法层面的有力保障是绩效预算改革取得成功的关键。在编制预算前期，公益金管理负责人进行沟通和协调就非常必要，在绩效预算中要求控制公共支出总额，绩效预算采取自上而下和自下而上相结合的预算编制方法，在预算部门支出总额决定以后就必须坚决执行预算。此外，绩效预算获得立法部门的支持也非常重要，美国早期的绩效预算之所以失败，一个重要的原因就是没有获得立法部门的支持。绩效预算改革实质是预算制度的变迁，制度只有上升到法律层面才有一定的严肃性和强制性，如果仅仅是在公益金部门范围内进行推广或进行技术手段上的创新，很可能得不到立法部门的支持，最后胎死腹中或者不了了之。

最后，非正式预算规则的存在会对绩效预算改革构成障碍。非正式规则对正式规则具有潜移默化的影响，甚至会转变为正式规则。我国现行的非正式预算规则对绩效预算改革的推进可能会造成障碍。第一，发行彩票是为了集中社会闲散财力以用于支持国家的社会公益事业。在公益金的使用上，是一种公共资金管理，这种资金管理必然导致低效率。第二，我国民众民主化程度不高。比如大部分人知晓的是由政府有关部门直接向某个项目拨款，却不知具体社会效益如何。第三，传统预算管理文化依然形成较强的路径依赖。在当前引入绩效预算，会令大多数预算单位产生抵触情绪。第四，官僚作风与观念仍相当广泛地存在。机构臃肿、行政低效的现象在我国机构中仍然存在，而且越是基层这种现象越发严重，这种排斥绩效管理的组织结构会对绩效预算的应用产生巨大抑制作用。第五，是利益集团的现实阻力。管理人员存在不规范的灰色收入与传统公益金分配格局紧密相连，正是这种潜规则在一定程度上推动了管理机构的运转，但是绩效预算所倡导的公开透明与之格格不入，所以推行绩效预算首先会受到来自利益集团的阻挠。

第三节　福利彩票公益金绩效管理体系框架之绩效计划

绩效计划是被评估者和评估者双方对员工应该实现的工作绩效进行沟通的过程，并将沟通的结果落实为订立正式书面协议即绩效计划和评估表，它是双方在明晰责、权、利的基础上签订的一个内部协议。绩效计划的设计从组织最高层开始，将绩效目标层层分解到各级下属单位，最终落实到个人。对于各下属单位而言，这个步骤即为经营业绩计划过程，而对于员工而言，则为绩效计划过程。

前面提及，随着福利彩票发行事业蒸蒸日上，发行收入已在巨额资金的高位运行，而水涨船高，福利彩票公益金的数额也在逐年攀升。照常理推算，只要不发生重大的经济波动和政治变动等恶性事件，福利彩票公益金将为我国社会福利事业贡献更大的力量。那么，作为政府财政收入的一项特殊来源，虽然不再实行财政专户管理制度，而是将其纳入政府预算基金实行收支两条线的管理模式，但是专款专用的性质并未变动。因此，本书认为，福利彩票管理使用部门应该深入研究GDP、通货膨胀、人口等因素与福利彩票发行收入间的关系，构建福利彩票发行收入增长模型对发行收入做出合理的估计和预测，从而合理估计可用的福利彩票公益金数额，增强福利彩票公益金管理的可控性。而且，据此，我们可以制定出较长期的战略目标，扭转当前以历史数据为主制定预算计划的局面，增强预测和决策的科学性。

一 绩效计划能够体现战略目标

福利彩票公益金绩效管理的战略制定应该是系统的、动态的过程。具体地说,从战略制定开始,应该是由上及下的反复沟通协商的过程,确定战略后再具体从上自下分解,直至个人。图4-2展示了福利彩票公益金绩效目标的反复沟通的内容和过程。

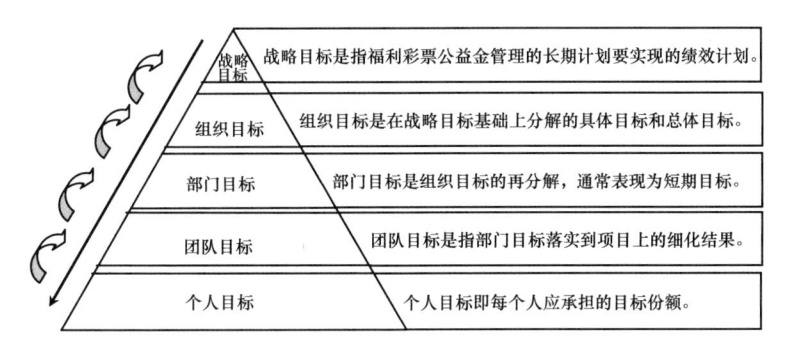

战略目标	战略目标是指福利彩票公益金管理的长期计划要实现的绩效计划。
组织目标	组织目标是在战略目标基础上分解的具体目标和总体目标。
部门目标	部门目标是组织目标的再分解,通常表现为短期目标。
团队目标	团队目标是指部门目标落实到项目上的细化结果。
个人目标	个人目标即每个人应承担的目标份额。

图4-2 福利彩票公益金绩效目标

鉴于福利彩票公益金是由民政部门负责管理,故此组织目标中的组织是指各级具有福利彩票公益金提取、使用和管理职能的民政部门;而部门目标中的部门则是民政部门中具体负责福利彩票公益金管理的单位,可以是一个独立的单位也可能是由几个单位共同构成;团队,是指专门负责福利彩票公益金筹集和支出某一项目所涉及的各个成员,可能是以独立项目形式存在,也可能是以临时非正式项目组的形式存在;个人则是指对福利彩票公益金来龙去脉有参与权和决策权的个人。

二 绩效计划需要达成一致绩效契约

绩效计划是绩效管理最重要的一个环节,其结果是在福利彩票公益金管理部门的管理者与团队、员工及社会公众之间形成的工作目标一致和标准统一的一份绩效契约。在福利彩票公益金绩效管理的计划阶段,管理层一定要把组织目标和员工个人目标联系起来,引导员工的行为朝着实现组织战略目标的方向努力,使员工明确自己的工作目标和工作重点,并了解组织对其工作成果的期望。

作为成功的绩效计划,在绩效计划阶段结束时,福利彩票公益金管理部门的所有管理人员和员工就应该能以同样的答案回答下列的问题:

我们在本次绩效期间内所要达到的工作目标是什么?

我们的各项工作绩效目标的权重如何分配?

如何判断我们的工作目标完成得怎么样?达成目标的结果是怎样的?这些结果可以从哪些方面去衡量?评判的标准是什么?

我们的工作绩效好坏对整个组织或部门有什么影响?

我们在完成工作时可以拥有哪些权力?可以得到哪些资源?

我们在达到目标的过程中可能遇到哪些困难和障碍?

福利彩票公益金管理层会为我们提供哪些支持和帮助?

我们在完成工作的过程中,如何获得有关他们工作情况的信息?

在福利彩票公益金绩效期内,管理人员将如何与员工进行沟通?

如果福利彩票公益金使用和管理部门无法有效回答这些问题或者回答的答案不统一,则说明绩效计划还未能实现契约的一致性。

三 绩效计划的三个过程

绩效计划阶段一般可以分为三个过程,即准备阶段、沟通阶段和绩效计划的签订阶段。这三个阶段是科学计划形成的必要环节,也是顺利开展绩效预算活动的必要保障。绩效计划通过绩效预算得以落实,而科学周密的绩效计划是绩效预算实施的有力保障。

(一)准备阶段

首先,福利彩票公益金管理层需要准备相关信息:组织的战略发展目标和年度工作计划、部门工作计划、员工所处团队的目标和计划、员工个人的岗位说明书、员工上一个绩效期间的绩效考核结果。此外,还要考虑上下级管理部门的要求及社会公众的需求。

其次,福利彩票公益金管理者要明确准备沟通的方式、地点和安排。管理者和员工都应该确定一个专门的时间用于绩效计划的沟通;在沟通期间,双方都应该放下手头的工作专心致志、心平气和地讨论绩效计划存在的问题；在沟通期间，双方要开诚布公，讨论问题产生的原因，是否需要对计划进行修订。同时，福利彩票公益金管理部门还要通过各种渠道与上下级管理部门、使用部门和社会公众进行有效沟通。例如可以通过会议、网络、QQ或微信群等展开充分讨论。

（二）沟通阶段

首先，回顾有关的信息。在进行绩效计划沟通时，首先往往需要回顾一下已经准备好的各种信息，包括组织和部门（含团队）的工作计划、员工的工作职责和上一个绩效期间的考核结果等。比如：组织的整体目标是什么？为了完成这样的整体目标，组织所处的业务单元的目标是什么？为了达到这样的目标，对员工个人的期望是什么？

其次，确定关键绩效指标。在组织或部门的工作目标基础上，每个员工需要制订自己的工作目标或详细的工作计划。然后据此来确定关键绩效指标，并决定通过何种方式来跟踪和监控这些指标的实际表现。比如对个人的工作成果应该制定什么样的标准？应该如何衡量？

最后，讨论管理人员能够提供的帮助。在绩效计划过程中，管理人员需要了解个人完成计划中可能遇到的困难和障碍，并对个人遇到的困难提供可能的帮助。个人要明确自己对工作目标的认识、如何完成工作目标的计划、对工作中的疑惑和不解之处、在完成工作中可能遇到的问题、所需申请的资源。

绩效计划是一个双向沟通的过程，在这个过程中，管理者人员与员工双方都负有责任。不是管理人员单方面向员工提出工作要求，也不是员工自发设定工作目标。在绩效计划阶段，让员工充分参与计划的制定，并签定非常正规的绩效契约，让员工感到自己对绩效计划中的内容做了很强的公开承诺，会使员工更加倾向于坚持这些承诺，履行自己的绩效计划。

为了实现良好沟通，公益金管理人员应坚持的原则：第一，公益金管理人员和个人在沟通中是一种相对平等的关系，他们是共同为了组织或部门的成功而做计划；第二，承认员工是真正了解自己所从事工作的人，员工是自己工作领域的专家，因此在制定工作的衡量标准时应该更多地发挥个人的主动性，更多地听取员工的意见；第三，管理人员的主要作用是如何使员工个人工作目标和组织的目标结合在一起，以及协调个人如何同组织内部其他人员进行配合；第四，管理人员应该与个人一起做决定，而不是代替个人做决定，因为员工的参与和承诺是绩效计划成功的前提。

（三）绩效计划的签订

管理人员和个人就绩效计划达成一致，应该明确：员工的工作目标与组织的总体目标紧密相连；管理人员和员工对个人的主要工作任务、各项工作任务的重要程度、完成任务的标准、员工在完成任务过程中享有的权限达成共识；公益金管理人员和员工都十分清楚在完成工作目标的过程中可能遇到的困难和障碍，并且明确管理人员所能提供的支持和帮助；管理人员和员工双方签字。

第四节 福利彩票公益金绩效管理体系框架之绩效实施

绩效管理有效实施的关键是，以战略规划为前提，绩效管理实施主体不仅要对组织和个人的践行目标的行为进行记录、报告和分析，还要对其实行动态的监控，包括定期和不定期的，同时还需在事前、事中、事后进行充分的沟通，尤其是注重指导和帮助每位员工对绩效管理有明确认知的基础上理解总体目标和个人目标，以便及时发现问题并予以纠正。此外，还要注意培育绩效管理文化，让文化贯穿始终，使文化成为激励每个人努力工作的根基。

一 绩效实施中应避免的误区

绩效实施是绩效管理环节中耗时最长的活动，而且绩效计划是否能够落实和完成要依赖于绩效实施与管理，绩效考核的依据也来自绩效实施与管理的过程中，所以绩效实施是一个重要的中间环节，这个过程做得怎么样直接影响着绩效管理的成败（见图4-3）。

常见误区一：绩效实施主要是工作人员的事情。导致后果：发现太晚，无法挽救；由于缺乏事实和依据，绩效考核凭主观印象；员工会认为自己不被重视，或者孤立无援。

误区二：对员工绩效的管理就是监督、检查员工的工作，要时刻

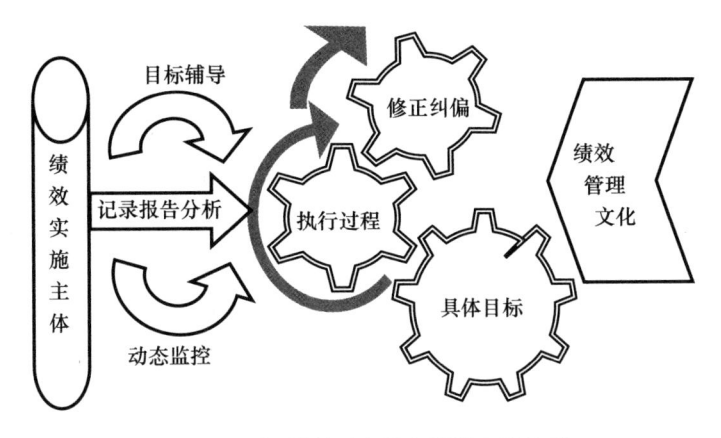

图 4-3　福利彩票公益金绩效实施流程

关注员工的工作过程。导致后果：花费管理者大量的时间和精力；员工会认为自己不被信任，产生心理对抗。

误区三：认为花费时间做记录或收集员工的绩效信息是一种浪费。导致后果：在绩效考核时对工作表现的记录不够清晰，容易造成对事实的歪曲；在与员工进行沟通时，没有足够的事实依据在手中，容易引起争议。

因此，在绩效实施阶段，管理人员要尽量避免上述误区，主要需要做的事情有两件：保持管理人员和员工持续的绩效沟通；管理人员收集和记录员工的绩效表现。

二　绩效实施中需要持续不断的沟通

在绩效实施阶段必须保持持续沟通的原因：

（1）员工需要在执行绩效计划的过程中了解到有关的信息：如何解决工作中的困难；了解自己工作得怎么样的信息，及时扬长避短，而不是等到绩效期结束的时候，在绩效考核中管理人员列出一大堆缺点来数落他们。

（2）管理人员需要得知有关的信息：及时掌握工作进展情况的信息，了解员工在工作中的表现和遇到的困难，协调团队的工作；如果管理人员不能通过有效的沟通获得必要的信息，那么也就无法在绩效考核的时候对员工作出评估了；可以避免发生意外时措手不及，可以在事情变得棘手之前进行处理。

（3）对绩效计划进行调整，以适应环境的变化。管理人员和员工在绩效实施期间沟通的内容通常有：工作的进展情况怎么样？员工和团队是否正确地在达成目标和绩效标准的轨道上运行？如果有偏离方向的趋势，应该采取什么样的行动扭转这种局面？哪些方面的工作进行得好？哪些方面遇到了困难或障碍？面对目前的情境，要对工作目标和达成目标的行动做出哪些调整？管理人员可以采取哪些行动来支持员工？

管理人员和员工进行持续沟通的形式有书面报告、会议沟通和面谈沟通等方式，另外，随着计算机和网络技术的发展以及节省成本的考虑，人们也越来越多地采取在网络上进行沟通的方式。上述的沟通形式可分为正式的沟通方式和非正式的沟通方式。

正式的沟通方式均经过了事先计划和安排，在绩效管理中常用的正式的沟通方式有三种：定期的书面报告、定期的会议沟通、一对一的面谈沟通。三种方式的优缺点见表4-1。

表4-1　　　　　　　　　绩效实施阶段沟通的形式比较

	书面报告	会议沟通	面谈沟通
内容	员工使用文字或图表的形式向管理人员报告工作的进展情况； 定期的书面报告主要有：工作日记、周报、月报、季报、年报等； 管理人员往往还会要求员工就某些问题准备不定期的专项书面报告	管理人员与员工通过会议的形式进行的沟通方式	管理人员与员工进行一对一谈话的沟通方式
优点	培养员工理性、系统地考虑问题，提高逻辑思考能力，锻炼员工的书面表达能力； 在比较短的时间内收集到大量的关于员工工作状况的信息； 当管理人员和员工由于某些客观原因无法见面时，书面报告的形式非常实用，等等	提供面对面的交流机会；可以提供更加直接的沟通形式，而且可以满足团队交流的需要； 管理人员可以借助开会的机会向全体下属传递有关公司战略目标和组织文化的信息	可以使管理人员与员工进行比较深入的沟通； 面谈的信息可以保持在两个人的范围内，可以谈论不宜公开的信息； 会给员工一种受尊重和重视的感觉，比较容易建立管理人员与员工之间的融洽关系； 管理人员可以根据员工的处境和特点，因人制宜地给予帮助

续表

	书面报告	会议沟通	面谈沟通
缺点	书面报告的信息是从员工到经理人员的单向传递，缺乏双向的信息交流；大量的文字工作，容易流于形式，导致员工的厌烦；没有在团队中实现信息共享	比较耗费时间和精力，对管理人员的管理和沟通技能要求较高；有些问题不便于在团队中进行公开讨论；与会者对会议需求不同，会对沟通中的信息进行选择性的过滤；如果组织不好，也会使会议成为官僚的、烦琐的、形式主义的东西	无法进行团队的沟通；容易带有个人感情色彩

常见的非正式沟通方式主要包括：走动式管理、开放式办公、工作间隙时的沟通、非正式的会议等。

三 绩效实施中要记录、收集员工绩效表现

公平客观的绩效考核一定不会是凭感觉的，这些考核的依据来自绩效实施的过程中，因此在绩效实施过程中就一定要对员工的绩效做一些观察和记录，收集必要的信息。

（一）收集绩效表现信息的重要性

1. 能够提供绩效评估的事实依据。在绩效考核时，我们将一个员工的绩效评判为"优秀""良好"或者"不及格"，需要有一些证据做支持，也就是说我们依据什么将员工的绩效评判为"优秀""良好"或者"不及格"，这绝对不能凭感觉，而是要用事实说话。

2. 能够发现绩效问题和优秀绩效的原因。对绩效信息的收集和记录还可以使管理者积累一些突出绩效的关键事件，可以发现优秀绩效背后的原因，然后利用这些信息帮助其他员工提高绩效，使他们以优秀员工为基准，把工作做得更好。或者可以发现绩效不良背后的原因，是工作态度还是工作方法的问题，这样有助于对症下药，改进绩效。

3. 能够提供改进绩效的事实依据。我们进行绩效管理的目的是改进和改良员工的绩效和工作能力，那么当我们对员工说，"你在这些方面做得不够好"或"你在这方面还可以做得更好一些"时，需要结合具体的事实向员工说明其目前的差距应如何改进和提高。

4. 在争议仲裁中的利益，保留翔实的员工绩效表现记录也是为了在发生争议时有事实依据，一旦员工对绩效考核或人事决策产生争议时，就可以利用这些记录在案的事实依据作为仲裁的信息来源，这些记录既可以保护公司的利益，也可以保护当事员工的利益。

（二）收集绩效信息的方法

1. 观察法。管理人员直接观察员工的工作表现，并进行记录。

2. 工作记录法。员工的某些工作的完成情况是通过工作记录体现出来的。

3. 他人反馈法。一般来说，当员工的工作是为他人提供服务时或者与他人发生工作联系时，就可以从员工提供服务对象或发生工作联系的对象那里得到有关的信息。

在绩效实施中，管理人员不可能对所有的员工绩效表现都做出记录，因此我们必须有选择地收集相关信息，要确保所收集的信息与关键绩效指标密切相关。比如工作目标或任务完成情况的信息、来自客户的积极的和消极的反馈信息、工作中"关键事件"信息、工作绩效突出的行为表现、绩效有问题的行为表现。

（三）应注意的问题

1. 让员工参与收集信息的过程。作为管理人员，不可能每天8小时地盯着一个员工观察，因此管理人员通过观察得到的信息可能不完全或者具有偶然性。那么，让员工自己做记录则是解决该问题的一个比较好的方法。绩效管理是管理人员和员工双方共同的责任，因此，员工参与到绩效数据收集的过程中，是体现员工责任的一个方面。员工自己记录的绩效信息比较全面，管理人员拿着员工自己收集的绩效信息与他们进行沟通时，他们会更容易接受。值得注意的是，员工在做工作记录或收集绩效信息的时候往往会存在选择性的记录或收集的情况，可能会"报喜不报忧"。因此，当管理人员要求员工收集信息时，一定要非常明确地告诉他们收集哪些信息，最好采用结构化的方式，将员工选择性收集信息的程度降到最小。

2. 要注意有目的地收集信息。在收集信息之前，一定要弄清楚为什么要收集这些信息。如果收集来的信息最后发现并没有什么用途，那么这将是对人力、物力和财力的一大浪费。

3. 可以采用抽样调查的方法收集信息。所谓抽样，就是从一个员工全部的工作行为中抽取一部分工作行为作出记录。

4. 要把事实与推测区分开来。我们应该收集那些事实的绩效信息，而不应收集对事实的推测。管理人员在与员工进行绩效沟通时，也是基于事实信息，而不是推测得出的信息。

第五节　福利彩票公益金绩效管理体系框架之绩效考核

绩效考核是绩效管理的核心内容，也是绩效管理有力推进的关键部分。而绩效考核的关键环节则是绩效考核指标的确定。不同于企业资金的绩效考核，福利彩票公益金的所有权并非管理使用部门，而具体的使用权也并非归属管理使用部门，只有决策权和监督权的民政机构应该如何提高福利彩票公益金的使用效率和效益就成为一大难题。

一　绩效考核的方法

本书参考的绩效考核方法主要包括三种，分别为目标管理法、平衡计分卡法和360°考核法。

目标管理法用于绩效考核的重要特征是：通过对比个人或部门实际执行自组织目标，逐层分解的个人或部门目标的差异，实施绩效考核的方法。在实施目标管理法考核前，需要系统确定考核的内容、时间、方式和标准。

平衡记分卡法的要点是从财务、客户、内部业务流程、学习和成长四方面考核部门和个人的绩效。该方法以战略管理为基础，要求在战略基础上选择指标权重及标准，对战略目标完成情况进行综合考核。该方法既包括财务指标，也包括非财务指标，同时强调内外和长短期因素的综合考核，是当前非常受企业欢迎的一种新绩效考核方法，目前很多行政事业单位也开始引入这一先进的方法。

360°考核法，通常也被称为全视角考核法，即要求从上下级、同事、自身和客户等全方位对个人和部门实施绩效考核。这一考核法有利于对员工业绩的全面考核评估，使考核结果工具有说服力，因此也广被采用。但是这一方法工作量较大，因此并不太适合对所有员工均采用，否则可能不符合成本效益原则。

当前被视为最为科学的指标选择方法是关键业绩指标法（Key Performance Indices，KPI）。KPI能够使民政机构集中力量关注绩效驱动因素，并了解提升福利彩票公益金绩效的核心环节，也有利于诊断出福利彩票公益金使用中的重点问题并及时修正。KPI是对公司战略目标的分解和量化，但只是对关键实施环节和行为的反映，其选择标准是视其是否能够反映关键绩效驱动因素的变化。

鉴于福利彩票公益金的公益性较强，因此应该更多地选择福利彩票公益性指标进行测评。这不意味着这些指标均为定性指标，应该尽可能地将其量化，以体现客观、可比、公平的特征，便于据此落实奖惩。

二 绩效考核的指标体系设计

绩效考核指标体系是由一组既独立又相互关联并能较完整地表达评价要求的考核指标组成的评价系统。绩效考核体系的建立，有利于评价员工工作状况，是进行员工考核工作的基础，也是保证考核结果准确、合理的重要因素。考核指标是能够反映业绩目标完成情况、工作态度、能力等级的数据，是绩效考核体系的基本单位。

由于福利彩票公益金的筹集和使用涉及的部门和人员较多，在管理时又采用收支两条线的形式，因此建议按福利彩票公益金的筹集来源和使用单独考核。而现有考核体系只有针对使用的考核，却未涉及对福利彩票公益金来源的考核。考核福利彩票公益金的来源，是当前预算改革提出的新要求，也是建设服务型政府部门的新要求。而且，结合前面分析可知，综合考核福利彩票公益金的来源和使用，可以提高信息透明度，进而提高绩效管理的满意度。

（一）福利彩票公益金来源的绩效考核指标设计

由于当前对福利彩票公益金来源的绩效考核尚无有效参考依据，

第二章 福利彩票公益金绩效管理体系框架分析

故此结合调研访谈和福利彩票发行管理的相关内容,本书提出了对福利彩票公益金来源进行考核的指标体系,并给出了相应的说明和建议(见表4-2)。为了保证研究的严谨性,鉴于本书研究的时间和精力有限,该指标体系并未给出相应的分值分配或占比,留待后续研究补充和完善。

表4-2　　　　　　福利彩票公益金来源的绩效考核指标

指标类型	关键指标	说明
内部流程指标	彩票发行目标是否实现	发行目标是否有可行性分析支撑、是否有详细的预算,包括进度、构成等;与实际发行的数量、金额等方面的差异
	组织、销售及派奖程序是否合法、合规、可行	组织机构主要从资质、相关手续等角度考评;发行及派奖程序主要从法律规范和执行流程是否符合规定、是否简洁、明了、高效。考核时应当尽量使用量化标准,如可以采用手续文件数、发行及派奖的数量、金额和时间与预算、类似机构或相关规定的差异,结合重要性和目的性进行综合考评
	彩票品种的配置和奖级构成是否合理、管理是否有效	各品种申请与预算和实际需求是否存在差异以及差异的大小;奖级构成是否有足够的吸引力且符合规定;不同彩票的运输、记录、保管、销售、开奖操作、处置以及对彩民投注、兑奖程序的审核监督是否有效。建议尽量采用量化指标,如时间、金额、次数等
	设备和服务	相关制度是否健全、合理,以违背法律法规要求及发生问题的次数的事件频次、性质综合确定评分标准,指标应涵盖设备的采购、运行和处置;服务是否满意,以调查问卷或访谈等形式取得的结果作依据
	彩票奖金管理是否合规有效	是否按不同规则提取奖金,调节基金占比及变化率;奖池金额超额次数及转入调节基金数额;是否存在资金挪用、借用等情况;相关投注、兑奖等资料是否完备、记录是否及时、保管是否符合规定
	公告与监督	报告信息披露是否及时、全面、明晰

第四编 我国福利彩票公益金绩效管理体系框架的构建

续表

指标类型	关键指标	说明
财务指标	发行收入的成长性、合理性	可考查不同部门、机构和个人的发行收入增长额和增长率；合理性可用实际与预算差异额和差异率、未兑奖资金占比等
	发行费用是否合理	发行费用和发行费率变化
	公益金提取是否合法、合理	公益金提取比例，包括不同种类、部门、地域的提取金额、占比和变化率
客户指标	彩民对福利彩票发行、开奖、售后服务等是否满意	建议可以选择客户满意度、客户保持率、新客户增长、客户平均投入及变动等指标
学习和成长	组织成员是否满意、是否有学习和成长机会	员工满意度、保持率、教育和培训、技能提升

（二）福利彩票公益金使用的绩效考核指标改进

根据现有绩效考核指标体系，项目组综合现有文献资料，借鉴企业绩效管理情况，提出了福利彩票公益金使用的绩效考核指标体系。

表4-3 **设施类绩效考核指标改进建议**

指标类型	改进建议
财务指标	1. 资金落实的配套资金到位及时性指标修正为与预算和实际的差异天数；并增加对前期申请到审批的周期天数以及最后一笔款项付清与预算差异天数作为考核指标，可从到位率减出1分，各占0.5分 2. 资金使用合规性和相符性，以不合规不相符的金额划分等级，分别评定得分，具体可依据总资金数额在预算中明确标准，同时辅以违规次数和造成损失 3. 制度的健全性和有效性应该是最基本的要求，建议减少分值或通过强制性要求解决制度设计的问题，而侧重对制度执行和更新创新的考量。例如是否发生财务错弊及发生次数、金额及造成结果；制度是否及时更新和更新频率、效果、预见性；制度是否引入创新思想和现金方法；等等

续表

指标类型	改进建议
业务指标	1. 目标设定依据以有无立项、科研、上报和批复及是否经过研究论证（应有会议记录和签章等记录）；目标设定是否合理以是否有人公开质疑或遇到推行阻力、是否因解读误差导致目标偏离等作为依据，因实际情况制定打分表 2. 目标完成情况以预定目标与实际执行的结果差异大小明确分值，注意异常情况的处理；服务能力应该辅以服务质量（完工期限、安全参数等）；验收的有效性以聘用验收机构的程序是否公开、与执行者的关系、资质等为标准设定评分标准；完成质量以使用者满意度、政府部门满意度和验收结论作为依据；项目完成的及时性以提早或延期完成天数分别记正负得分 3. 组织管理水平中的是否按计划完成修改为延迟天数；各项补偿是否超标及改为超标量化指标，如超标面积、金额等；项目论证情况中是否进行方案比选改为可比方案个数及提供方案人员资质等级等综合评定分数；管理制度保障需明确落实和细化具体标准；管理机构条件保障以类似机构或预算数、人员配备情况相比较计算得分，建议减少分值占比；安全施工以发生人员伤亡人数、次数及伤残程度、财产损失分别给出分值和权重，建议增加分值占比 4. 项目实施效益应在成本效益原则的基础上聘请专业机构进行量化测评，并预测和跟踪后续1—3年的影响，持续修正结果
客户指标	建议增加基础设施使用单位和人员是否满意进行考评，例如客户满意度、客户保持率、新客户增长、客户身心健康状况改善等指标。此处的客户应该涵盖上级或主管部门、基础设施承建方和实际需求方
学习和成长	组织成员是否满意、是否有学习和成长机会、是否积极提出可行建议或创新思路，例如满意度、保持率、教育和培训、技能提升、献言献计次数等

需要说明的是，由于福利彩票公益金支出的设施类和非设施类以及非设施类中医疗资助项目的性质区别较大，建议仍然分类设置考核指标。具体情况参见表4-3、表4-4和表4-5。

表4-4　　　　　**医疗类绩效考核指标改进建议**

指标类型	改进建议
业务指标	组织管理，细化设备、人员和综合评定标准，给出打分依据 手术质量中差错事故率扣分过于宽松，应提升分值，以提高质量意识；完成及时性应该增加是否存在排队，并给出明细界定和理由充分与认定条件；增加手术次数是否增加，转院率、死亡率以医疗对象健康和生活质量改善等作为考核指标

续表

指标类型	改进建议
财务指标	增加对管理费用率、采购成本、销售价格和资产使用状况的考核，例如对各项资产周转率、增长率、盈利能力（辅助指标）进行考核。同时该考核期财务制度是否健全，如固定资产是否按要求计提折旧，是否按规定采购、维护和处置等
客户指标	将社会效益指标改为客户指标，并增加对救助对象减免费用指标，制定减免条件，并要求提供减免依据及社会影响
学习和成长	组织成员是否满意、是否有学习机会、提升，例如员工的满意度、保持率、教育和培训周期、取得或晋升技能或职业等级时间等

表4-5　　　　　　**公益服务类绩效考核指标改进建议**

指标类型	改进建议
业务指标	此处将项目完成情况和组织能力合并为业务指标。建议增加对资金申领周期、资金到位率等指标考核，且应不仅以加分形式计量，对于较低的考评结果实行减分制。而组织能力各项分值以是否有经验及重要性水平等给出不同标准增加针对性
客户指标	建议打分范围设置负值
财务指标	合规性应以预算目标、第三方鉴证或评估为依据；支出应该以类似活动或市场调研或预算为依据进行考核；资产以周转率、成本以及收益情况综合评定；预算执行关键看是否存在异常差异。特别关注是否存在拖欠资金或浪费资金现象
学习和成长	即综合效能部分，除了衡量对所列同类服务、项目执行组织、行业和社会的贡献，即是否促进其学习和成长外，还需增加受益对象的影响，可以考查该服务是否对其后续学习和工作产生影响

鉴于不同管理层级和地区的福利彩票公益金发行筹集和管理使用具有较大差异，项目组还建议不要设置固定的分值分布标准，但是可以设置一个范围，以免标准过于主观；同时如果为了便于保证标准的统一性和便于操作性设置了固定的分值标准的话，那么也应该保证随着福利彩票发行环境、规模等变化以及公益金使用情况等在各年度进

行论证和调整,以保证这些指标和标准的合理性。

三 福利彩票公益金绩效考核应注意的问题

(一) 做好绩效考核前后相关工作

如果单纯只进行绩效考核,往往会带来负面效果,比如让考核变为"审问""对质""终极判决"。我们需要将绩效考核纳入绩效管理循环,重视并做好绩效考核前后一系列工作,那么就能避免绩效考核"绩效不彰"的现象。

在绩效考核之前,通过员工和管理人员共同制定绩效计划,使员工对自己的工作目标和标准做到心中有数;通过管理人员和员工在绩效期间持续不断的沟通,管理人员对员工的工作进展情况了如指掌,并在必要的时候给予指导或帮助;由于注重在绩效实施阶段收集员工绩效表现的信息,使得考核具有客观事实依据;由于依据绩效计划阶段制定的考核指标和标准对员工的工作进行考评,从而减少矛盾和争议。

绩效考核中,评判员工的绩效表现,给予员工关于他们工作情况的清楚的信息;通过检查和对比员工的工作结果与其预设目标的差距,确认订立标准是否被认真执行。

绩效考核之后,管理人员和员工共同回顾员工在绩效期间的表现;肯定员工的成绩;寻找员工工作中存在的问题,分析原因,并制定员工的绩效改进计划;绩效考核结果的合理运用。

(二) 注意加强绩效考核沟通

在绩效考核过程中,管理人员对员工的评估代表的是管理人员的看法,而员工可能会对自己的绩效有另外的看法,因此,必须进行沟通以达成一致的看法。评判员工的绩效表现,给予员工关于他们工作情况的清楚的信息。通过检查和对比员工的工作结果与其预设目标的差距,确保订立标准是否被认真执行。

第六节 福利彩票公益金绩效管理体系框架之绩效反馈

绩效反馈是绩效管理体系中最容易被忽视却又是非常重要的环

节。绩效反馈是指通过考核者与被考核者之间的信息披露、共享和交流,对绩效其他环节情况进行的定期或者不定期的,或者全方位地对福利彩票公益金管理和使用情况进行自我和他人表现的讨论、回顾和评议,目的是对绩效管理的目标、过程、形式和结果进行充分沟通,以强化绩效管理系统的激励、奖惩、学习创新的功能。通常绩效反馈的形式可以采取问卷、电话、网络或者面谈、会谈的形式进行。需要强调的是,无论采用哪种形式,都应该有计划、有组织地进行,以防流于形式。

一 绩效反馈的意义

绩效反馈的重要意义在于通过这种形式使每个人都了解问题的所在和对组织的影响,有助于员工正确理解自己的职责,增强其责任感和上进心,同时有利于及早化解矛盾,消除各种不利因素和行为,提升组织整体绩效。

(一)对员工的绩效表现达成双方一致的看法。管理人员对员工的评估代表的是管理人员的看法,而员工可能会对自己的绩效有另外的看法,因此,必须进行沟通以达成一致的看法。

(二)使员工认识到自己的成就和优点。绩效反馈面谈的一个很重要的目的就是使员工认识到自己的成就或优点,从而激励员工。

(三)指出员工有待改进的方面。员工的绩效中可能存在一些不足之处,或者今后想要做得更好仍然有一些需要改进的方面,这些都是在绩效反馈面谈的过程中应该指出的。

(四)制定绩效改进计划。在双方对绩效评定的结果达成一致意见后,员工和管理人员可以在绩效反馈面谈的过程中一同制定员工的绩效改进计划。员工可以提出自己的绩效改进计划并向管理人员提出需要得到怎样的支持。管理人员则对员工如何改进绩效提供自己的建议。

(五)协商下一个绩效周期的目标与绩效标准。绩效管理是一个往复不断的循环,因此上一个绩效管理周期的绩效计划可以与下个绩效管理周期的绩效计划并在一起进行。并且,在下一个绩效周期制定绩效目标的时候可以参照上一个绩效周期中的结果和存在的待改进的问题来制定，这样既能有的放矢地使员工的绩效管理得到改进，又可以使绩效管理活动连贯进行。

鉴于福利彩票公益金的公益性和社会性，绩效反馈应该包括上下级、相关部门、部门内部、受众和彩民等对象，对于范围较广的可以随机抽样决定具体人选。对于反馈的结果应该采取笔记、录音、录像等方式记录在案，并将汇总结果进行公示，以切实发挥绩效反馈对于福利彩票公益金绩效管理的改进作用。

二　绩效反馈要做好准备工作

管理人员在进行绩效反馈面谈前，应该为绩效反馈面谈做如下准备：选择适宜的时间和场地，选择管理人员和员工双方都有空闲的时间；尽量不要选择接近下班的时间，应该预估面谈将要花费多长时间，给绩效考核反馈面谈留下足够的时间；建议在一些小型的会议室或者是安静的场所里进行面谈；准备面谈的资料，这些资料包括对员工的绩效进行考核所做的表格、员工日常工作表现的记录等；在与员工进行绩效面谈之前，管理人员必须对有关的各种资料十分熟悉，需要的时候随时可以找到相关的内容；对准备面谈的对象有所准备，这种准备是一种心理上的准备，也就是要充分估计到被评估的对象在面谈中可能表现出来的情绪和行为（要做好这种准备，就必须很好地了解被考核对象的个性特征），尤其是要准备好一旦被考核对象与管理人员的意见不一致时，将要如何解释和对待；准备面谈的程序要计划好如何开始，这取决于谈话对象和情境；要计划好在面谈的过程中要谈哪些内容，先后顺序如何安排，各个部分所花费的时间，等等；最后，要计划好在什么时候结束面谈以及如何结束面谈；如果双方就某些问题争执不下，可建议双方回去继续思考，下次面谈时继续沟通，而不一定非得要在当时得出结论。

员工应该为绩效反馈面谈所做的准备：（1）准备表明自己绩效的资料或证据。绩效反馈面谈的过程中往往需要员工根据自己的工作目标逐项陈述绩效情况，因此员工需要充分地准备好表明自己绩效状况的一些事实依据。对于完成得好的工作任务，需要以事实为依据说明具体在哪些方面做得好，完成得不好的工作任务，也需要以事实为依据说明理由。(2) 准备好个人发展计划。绩效反馈面谈注重过去的表现，更注重将来的发展。管理人员除了想听到员工对个人过去的绩效的总结和评价，也希望了解员工个人的未来发展计划，特别是针对绩效中不足的方面如何进一步改进和提高的计划。因此，员工应当积极准备好个人的发展计划。(3) 准备好向管理人员提出的问题。绩效反馈面谈是一个双向的交流过程，不但管理人员可以问员工一些问题，员工也可以主动地向管理人员提出一些自己关心的问题，因此员工可以准备一些与绩效管理有关的问题，以便在面谈中向管理人员提出。(4) 将自己的工作安排好。由于绩效反馈面谈可能要占用较长的时间，这段时间内员工无法在自己的工作岗位上，因此应事先安排好工作时间，在这段时间内避开一些重要的事情。如果有非常紧急的事情，应交代给同事，由同事帮忙处理一下。

在绩效反馈过程中，要建立和维护彼此之间的信任、清楚地说明面谈的目的、鼓励下属说话、认真倾听、避免对立和冲突。绩效反馈应该集中在绩效，而不是性格特征；面向未来，而非过去；还应该坚持优点和缺点并重、该结束时立即结束、以积极的方式结束面谈等原则。总之为了达到良好的绩效反馈效果，应该事先设计好目的、方法、方式及内容等各个环节。

第七节 福利彩票公益金绩效管理体系框架之绩效审计

绩效审计事实上是绩效考核和绩效反馈的拓展，但是其侧重点主要是对项目资金的经济性、效率性和效益性进行的专门考核，而实施主体通常是上级对下级，或者同级和外部审计部门。

一 绩效审计是福利彩票公益金绩效管理的后续保障机制

绩效审计是随着公共支出增加和公众民主意识提高而逐步发展起来的科学管理技术方法。比较来看，福利彩票公益金的发展正好与绩效审计提出的背景相似，因此也成为其体系的一项重要内容。

事实证明，离开绩效审计的福利彩票公益金绩效管理就会缺乏必要的约束力，很可能导致执行不力，效果不显。因此，绩效审计是福利彩票公益金绩效管理科学有效实施的后续保障机制。

二 绩效审计应多种形式并举

鉴于当前福利彩票公益金的绩效审计多为上级或者财政部门对下级或本级民政部门的审计情况，而这种传统的绩效审计尚缺乏科学、健全的指标体系和标准，且相关专业性人才较少，本书建议绩效审计可以自行审计，也可以通过政府购买公共服务的形式聘请专业服务机构，如会计师事务所等，借助其专业化优势和独立性，增强绩效审计结果的公信力，提升福利彩票公益金管理和使用部门的绩效。

上述分析表明，绩效管理是一个完整的体系，是一个周而复始的过程。但是这不意味着这一系统是静态不变的，而是动态调整、持续改进的。而且，由于福利彩票公益金更强调资金支出的社会效益和长期性，因此这一点更应该特别强调。

第五编 完善福利彩票公益金绩效管理的建议

在福利彩票公益金绩效管理方面，各省份均有其自身的特征，所以，不同省份的福利彩票管理部门，需要在借鉴国内外福利彩票公益金管理的成功经验的同时，也要根据自身的实际情况，制定出符合各自省情的福利彩票公益金绩效管理的政策。

针对河北省福利彩票公益金管理中出现的系列问题，为保证福利彩票公益金使用的安全、公正、高效、透明，进一步强化福利彩票公益金的使用管理，加强预算，完善评估机制，明确工作方向，本章从法规制度建设、绩效管理文化建设、风险内控制度建设、信息化系统管理、绩效审计建设等方面着手，较详尽地探讨完善福利彩票公益金绩效管理的建议，为提高各级福利彩票管理部门的福利彩票公益金绩效管理水平提供参考。

第一章 完善与绩效管理相关的法规制度体系

福利彩票在中国跨越了行政、市场和社会三个重要领域。行政领域涉及彩票的组织、法律法规的建设及行政监管。彩票业要想在横跨的三个领域中保证持续的发展，就必须要健全福利彩票管理体制的配套制度，特别是法律制度的支持和保障。综观世界彩票业发展成熟的国家，都是以立法的形式，保障了彩票业的健康发展。在这些国家，不但以法律法规明确了它们发行彩票的宗旨，彩票收入的分配比例、适用原则，而且还规定了彩票业的管理体制等。所以，福利彩票公益金绩效管理的成效如何，在很大程度上受彩票公益金法制建设水平的制约。但是，到目前为止，中国还未形成完整的彩票公益金管理法律体系，所以，需要立即加强法制建设，用立法的形式，保障河北省福利彩票公益金的绩效管理工作顺利开展下去。福利彩票是一种利弊共存的博彩活动，要使彩票业得到健康的发展，必须通过健全法律法规予以规范。

回顾中国福利彩票业的法制化之路（具体参见附表2），从1991年国务院发出《关于加强彩票市场管理的通知》到2009年《彩票管理条例》的出台，从中国人民银行作为主管彩票的机关，到2000年1月1日彩票管理权正式移交国家财政部，每一个规定、条例的出台，都记录着中国彩票业的一段历史，这一段段历史就是福利彩票文化的发展史。2012年12月23日财政部公布了《彩票发行销售管理办法》，它的出台是继《彩票管理条例》和《彩票管理条例实施细则》之后，彩票行业最重要的一部法规文件。该办法就彩票发行销售管理、品种管理、设备设施和技术服务、奖金管理、报告公告与监督检查等方面做出了明确的规定,明确了以电话、互联网等方式进行彩票投注的合法性;首次对不同彩种年度市场促销活动进行了严格规定;首次体现了理性购彩理念,对在线视频型彩票设置了限制性的投注条件,对彩票投注倍数也进行了明确的限制规定。该规定的出台在很大程度上减少了"问题彩民"的形成,值得称道。我国《彩票管理条例》及《彩票管理条例实施细则》的正式施行,福利彩票作为国家公益彩票的法律地位更加明确,涵盖福利彩票各项工作的制度体系基本形成,构成了福利彩票文化的一个重要方面,促进和保障了福利彩票发行业务的有序开展。但是该办法在彩票风险控制,彩民、销售站点权益保护,舆论宣传导向,公众沟通以及信息披露和公示制度,违法违规行为的惩罚措施等方面依然存在缺失和不足。

法律法规是实施福利彩票公益金绩效管理的根本保障。为了有效避免福利彩票公益金的筹集、分配、使用、监督等各管理环节的主观性和随意性以及预算执行不规范、资金使用效率、违规违法侵占或挪用资金等方面的问题,相关法规制度体系的完善势在必行。

第一节 加强相关法规制度建设的必要性

一 能够保障政府福利彩票发行的公信力

在我国,彩票业是国家行政垄断行业,国家不仅垄断了彩票准入权,还垄断其监督管理与经营权。其垄断性还体现在彩票公益金的使用与管理上。作为我国公益事业发展重要资金来源之一,福利彩票公益金的使用分配是否合理地体现了政府公信力的强弱。一直以来,人们购买彩票被赋予了道德的含义,是一种带有一定道德价值取向的、为社会做贡献的行为。政府在发行彩票的过程中,利用其公共权力代表者身份有效地控制发行规模和游戏规则,保证彩票发行的公平、公开,并确保筹集到的资金真正用于公益目的。彩票公益金使用分配如果出现问题,不仅会严重损害政府的形象,还会引起公众对政府的不信任,从而影响到彩票公益金的筹集,导致社会上的闲散资金进入地下彩票市场,或推动赌博活动扩大,进而影响社会安定。相反,如果彩票公益金使用合理，管理得当，将彩票公益金真正用在了公益事业上，体现了"取之于民、用之于民"的宗旨，则彩票业会发展得越来越好。

正如学者杨雪冬（2006）[①]指出，为购买福利彩票这种投机行为提供激励的制度，一旦失灵就会形成制度性的风险，不仅扭曲私人投机行为，而且损害国家的信誉，个人或者停止参加国家权威设计的这种游戏，或者脱离国家权威设计的游戏而转投私人掌握的游戏。因此加强福利彩票公益金绩效管理的法制化建设是保障政府福利彩票发行的公信力的必经之路。

二 能够规范公益金的使用、避免挪用

在缺乏严格审计制度的情况下，公益金很容易被陷于资金紧张的发行部门挪为己用，本来应该用于公益事业的公益金反而被挪用于这些部门建办公大楼、买车以及提高部门福利。可以说，部门利益一直是制约我国福利彩票管理完善的重要因素。在我国，民政部门管理福利彩票的发行，尽管其成立了专门负责彩票发行的彩票发行中心，但依然与民政部保持着密切联系，是民政部重要的资金来源。尤其在各省地方政府财政紧张的情况下，发行彩票成为各地方民政部门筹集资金的重要依据。

彩票在发行和分配过程中，涉及三个机构：彩票发行机构—民政部门、彩票公益金分配机构—财政部、彩票开奖公证机关。公证机关的监督是阶段性的，只是局限在开奖阶段，无法对公益金整个使用过程进行监督。根据湖北省审计厅公布的审计公告，2003年高达1780万元的福利彩票公益金被挤占挪用或违规使用。其中，松滋市民政局挪用13万元用于机关经费开支；鄂州市民政局挪用38.8万元用于办公楼建设；荆门市民政局挪用39.8万元支付民工工资；等等。为了有效避免彩票公益金的违规使用问题，必须对彩票公益金使用法律制度进行完善，完善其公示制度，从根本上解决制度问题，才能让福利彩票公益金的使用符合民意。

[①] 杨雪冬：《风险的制度化与制度的风险——以彩票业为例》，《公共管理学报》2006年第5期。

第二节 完善相关法规制度体系的建议

一 强化福利彩票公益金使用信息披露制度

福利彩票公益金作为一项比较特殊的资金，其使用情况应该是公平、公正、公开的，为了提升福利彩票公益金使用信息的透明度，防止其在福利彩票公益金使用过程中出现违法行为，就要强化福利彩票公益金使用信息公开制度，做到资金使用的透明化，这样才能促进福利彩票公益事业的健康发展（单世凤，2015）[①]。

公开制度能够让权利暴露在阳光下，也是权力运用中最好的"防腐剂"。结合实证分析，其中重要的一项内容便是尽快落实福利彩票公益金的信息披露或公示制度，以便使社会公众能够更快捷、更准确地获知福利彩票公益金的来龙去脉。但是据某网站的网上调查显示：91.8%的调查对象对彩票公益金的使用用途并不知晓；88%的人认为自己并没有享受到彩票公益金带来的社会福利；9.8%的人认为自己虽然享受到一定的社会福利，但不清楚其资金来源是不是福利彩票。

这表明，我国福利彩票管理部门对于福利彩票公益金的分配和使用情况披露不充分，我国当前亟须规范福利彩票公益金使用信息披露方面的法规支持，约束相关管理部门提供充分、透明的公益金筹集、使用和分配的信息资料，提高彩民购买福利彩票的积极性。

强化福利彩票公益金公开制度可以从几个方面展开：

（一）扩展披露主体

当前，我国地方留成的福利彩票公益金，由市级和区级各使用一半，但只有省级财政部门公告福利彩票公益金的使用情况，区级的福利彩票公益金使用情况并未详细披露，导致信息披露不完整、不充分。因此，为了强化福利彩票公益金信息公开的基础，应该要求所有福利彩票公益金的使用部门定期公布资金使用情况和项目运行效果。

---

① 单世凤：《安徽省福利彩票公益金管理存在的问题与对策研究》，硕士学位论文，安徽大学，2015年。

（二）细化披露内容

当前，虽然北京、山东、四川等地公布了福利彩票公益金筹集、分配与使用信息，但是大都只是粗略披露，未提及具体项目，项目效果和具体使用规模信息更是只字未提。例如，山东省财政厅公布的2011年彩票公益金信息中，只是笼统提及用于社会福利、教育事业的总数，未提及项目名称；江西省在列示项目时多次用到"等项目"词语，并未提供具体项目分配情况。为了强化公开制度，扩大福利彩票公益金使用信息的公布范围，同时保证一定的时效性，即及时地对外公布，真实地向社会公布福利彩票公益金的详细支出情况，公布详细的福利彩票公益金使用规模、实际效果、执行情况、剩余资金等信息，明确资金具体的去向，具体用在了哪些项目的建设上。同时各福利彩票公益金使用部门也要定期向社会公示福利彩票公益金的使用情况，将福利彩票公益金使用的明细进行公布，让公益金使用透明化，方便社会公众进行监督，也能避免公益金被挤占或挪用等问题。

（三）公开保障和救济制度

披露保障制度包括编制信息公开程序指南和政府信息登记制度等。前者有利于公众更有效地行使其信息公开请求权。后者有利于政府信息资源管理的科学化，改变我国各级政府机关长期对政府信息的粗放式管理或无人管理的状况。同时在彩票公益金公开制度中应规定救济制度，以《行政复议法》和《行政诉讼法》为基础，实行行政复议、行政诉讼并存，并由当事人自由选择的制度模式。

（四）披露责任追究机制

对各级财政部门没有很好履行公开制度的，对其进行限期整改并对相关责任领导进行问责。对各级使用彩票公益金的部门和单位没有履行或履行不到位的，必要时可采取处罚制度，严重的停止使用彩票公益金。通过责任机制的建立，增加执法力度，更好地保障彩票公益金的公开制度，让公开制度得以正常落实，让社会监督变得容易，使彩票公益金使用管理更加规范。

二 加强福利彩票公益金使用监管体系建设

福利彩票公益金的监督可以从政府监督和社会监督两方面进行。

无论是何种形式的监督，都要关注监督的经济性和合理性。因为监督是有代价的，过度监督会造成资源的浪费。反之，监督不当会让政策法规失效，威慑力降低，还可能打击人们的工作积极性。因此，要做到监督的有效与适度，可以从公益金监督的事前"听证制度"、事中"半独立监管"和事后"评价机制"三个方面进行监管体系建设。

（一）建立事前"听证制度"

福利彩票公益金作为公共资金，是福利彩票购买者将资金使用权让渡给国家，由国家公权力之手进行再分配。其使用必然要满足公共所需、实现公平分配，并对社会与经济稳定发展有利。我国现行对福利彩票公益金实行审批制度，审批制度对公益金合理分配使用并不是最好的，可以考虑在修改制度时引入听证制度，由当地群众代表参与项目评选。当然，这需要首先挑选一支高素质、独立的听证人队伍，可以全社会公开选聘，所有关系人都可以申请参与，但要求具备相关的专业知识和学历。还要通过听证程序的救济制度，让听证结果受到司法审查的潜在压力。引入听证制度的优点有：增强群众的主人翁意识，让群众了解公益金使用过程，提高信息透明度；增强政府部门服务意识，时刻提醒他们公益金是"社会公众的钱"，要取之于民，用之于民，建设社会公益事业；防止公益金被滥用或不合理使用。

（二）建立事中半独立监管机构

当前我国财政部门在福利彩票监管中既是运动员又是裁判员，这不利于监督的有效落实。为了克服这种尴尬格局，可以考虑成立一个半独立监管机构，具体而言，可以由财政部牵头，国家工商、税务、审计以及一定比例的社会中介机构参与设立福利彩票监管中心，并在各地设立彩票监管分支机构。监管机构可以直属国务院，或以立法方式保证监管的独立性、权威性和有效性。监管机构的职能是全面监督福利彩票公益金使用过程，包括彩票公益金是否按指定用途使用、是否及时拨付、有无被挪用或挤占、落实是否到位等。

（三）建立事后监督的评价制度

事后监督是对福利彩票公益金投放以后的监督，侧重于福利彩票公益金支出的效益评价。事后监督能够克服仅仅重视分配领域而忽视产生效益的问题，导致的"只管花钱不管效益"现象。福利彩票公益金的使用必须建立一套良好的效益评价制度，以便通过对各级福利彩票公益金使用单位的定期考核和评价，促进福利彩票公益金实际效益的提高。福利彩票公益金的事后评价机制应当包括下列内容：第一，评价福利彩票公益金的使用效益。比如是否增加了社会福利，是否帮扶到了弱势群体，是否缓解了公共产品供应的紧张。第二，建立相应责任制度。当福利彩票公益金使用没有达到预定效果时，应该有追究责任机制。追究责任的目的在于保障人民群众法律上的权利、义务、自由。在法律所保护的利益受侵害时，通过适当的惩罚或救济，使侵害人承担责任，消除侵害并尽量减少未来发生侵害的可能性。第三，加大对违法行为的惩罚力度。对于那些不合法、不合规的福利彩票公益金管理和使用行为应该有明确的奖惩措施，使福利彩票公益金绩效管理能够做到有的放矢、有据可查、有法可依。通过严明的惩罚措施强化相关责任主体的约束力度，增加其违规成本，才能真正增加相关主体的责任感。第四，建立公益诉讼制度。救济就在于通过一定程序并应用法律规定，对违法行为进行约束和惩罚。因而只有建立起完善的公益诉讼制度，公共利益才能得到切实的保护，福利彩票公益金的使用目的才能真正实现。

第二章 加强理论研究与实践运用的结合

根据理论分析和调研可知，现有福利彩票公益金绩效管理还停留在较为初级的阶段，还有待理论研究的深入挖掘和实践运用能力的提升。从 2012 年开始，民政部开始向社会以公开招标的形式深入研究各相关热点和难点问题，这为理论与实践的有效结合搭建了一个有效的平台。集合社会各界力量，尤其是大专院校的学者们，共同探讨福利彩票公益金绩效管理的问题和解决办法，将为福利彩票公益金的绩效管理完善提供更多的思路和更深厚的理论支撑。

第一节 理论与实践结合的必要性

一 绩效管理本身是一个棘手的问题

绩效管理理论与实践运用，对任何组织而言都是棘手的问题。国内对已经建立绩效管理制度的 92 家大、中型公司进行了绩效管理调查，调查结果表明：大约有 65% 的公司对他们的绩效管理制度有一定程度的不满，有 15% 以上的公司认为现有绩效管理制度不能满足公司的发展需要。国外有些管理权威甚至提出一种更为消极的观点，他们把绩效管理称为"管理的七大致命疾病之一"。由此可见，对营利性企业而言，实施绩效管理仍不是一蹴而就、一朝一夕的事情，需要夯实基础，循序渐进，不断完善，是一个持续循环、渐进提升的过程。对于福利彩票公益金的绩效管理，由于福利彩票本身是非营利性组织机构，属于事业单位，对这样组织而言，要实施好公益金绩效管理，其难度可想而知。于是，必须借助外力，推动福利彩票公益金管理中心加强绩效管理。我们可以通过理论研究与实践发展，建立福利彩票公益金绩效管理体系的框架，逐步夯实福利彩票公益金绩效管理基础。

二 绩效管理理论与实践之间矛盾重重

绩效管理作为一种评估手段在初始发展过程中，由于并未考虑组织机构自身的背景、文化、目标战略等因素，加之缺乏有效指导性，产生了许多问题。为了解决理论与实践之间的重重矛盾，世界上对绩效管理理论的研究有很多，比如被广泛讨论和应用的绩效管理的理论方法——关键业绩指标法（Key Performance Indicator，KPI）和平衡计分法（Balance Scorecard，BSC）。但无论何种理论，绩效管理自身的发展都需要联系实际，注重应用性。美国的两个机构 Renaissance Worldwide 和 CFO 期刊曾对数百家实施绩效管理的企业进行调查分析。分析结果表明，全球众多公司实施绩效管理有很多成功案例，但是也有许多失败的案例，失败的原因主要是这些企业的绩效测评缺乏长期性、全面性和战略性。麦肯锡公司曾对亚洲九个国家（包括中国）的 27 家企业的 813 位高层主管就企业绩效管理的情况进行了问卷调查。调查结果表明，以 BSC 为代表的基于战略的绩效管理确实是一个复杂、细致的工作，既与企业战略的制定相关联，又涉及企业每一位员工的具体工作，同时与企业的文化、人员素质等有着密切的关系。操作不当，很可能影响员工的情绪。由此可见，福利彩票公益金绩效管理要推广成功，还需要在探索绩效管理理论基础上，联系福利彩票管理实践，不断丰富发展绩效管理内容和形式，这样才能更好发挥绩效管理功效与管理效果。

第二节 理论与实践结合的路径与建议

一 以课题招标形式促结合

对困扰民政部门的研究性问题，可以通过课题招标形式面向社会进行公开招标，让广大的学者、专家等智囊团都有机会参与研究，更有力地探索科学可行的解决路径。公开招标形式能够充分利用外脑信息，为民政部门自身行为出谋划策。专家学者多为一个领域的研究专家，理论功底相对深厚，也能够更好地推动该领域的前沿成果应用于实践中。比如民政部政策研究中心承担的"福利彩票公益金绩效管理研究"项目研究工作，就取得了较好的阶段性成果。该项目组成员在研究过程中，通过查阅我国福利彩票公益金使用管理相关法律法规政策，实地考查海南省、广东省和上海市民政部门福利彩票公益金资助典型项目情况，并与部分省市民政厅（局）有关同志召开研讨会和座谈会，搜集了大量的文献材料和一手数据资料，为顺利完成课题研究奠定良好的基础。

为了帮助项目组成员更好地完成项目，民政部门应对项目提供大力支持，如提供相应的资料和采访、调研便利等，为福利彩票公益金绩效管理理论和实践的深度碰撞扫清障碍。同时，课题研究经费要尽量充足，周期也不能太短。如果资金支持力度太小，会造成蜻蜓点水式的研究，只能解决表面问题，很难解决深层次问题。因此，建议民政部门应该继续丰富课题研究的等级和周期，增加经费和服务保障，扩大项目研究影响力，以切实推动福利彩票公益金绩效管理的改进和提升。

二 加强绩效管理理论培训

当前，福利彩票公益金的绩效管理虽然已经处在开展过程中，但是通过问卷调查和实地访谈发现，仍然有相当一部分单位并不理解福利彩票公益金绩效管理的目的、要求、作用，甚至并不清楚绩效管理的含义，因此实施效果自然大打折扣，尤其是基层管理和使用部门。这些单位不仅地理位置分散、问题多，而且对绩效管理理念认知不足，更别说实施了。因此，福利彩票绩效管理中心应该定期对员工进行理论培训，让员工知道绩效管理的重要性、内容、主要技术方法，并了解绩效管理对自身工作的要求，应该具备的素质，等等，这样工作在一线的员工在工作过程中会自觉贯穿绩效管理理念，从而有利于提高福利彩票公益金绩效管理水平。

三 学习西方绩效管理先进理念与方法

绩效会计作为一种为先进和有效的管理方法，应该得到国内学者和企事业单位的足够重视。福利彩票公益金管理部门应加大对国外先进绩效管理理念在国内的推介和宣传力度，通过组织专题研讨会、现场观摩、课题研究等方式同西方发达国家在绩效管理上进行交流，提高和深化国内各界对绩效管理的认识。积极借鉴西方的学术成果，加快我国绩效管理理论和实务研究步伐，推动绩效管理理论模型同企事业单位财务管理实践的融合，提高绩效管理的理论水平与实用性。财政部门和会计行业协会应加强对绩效管理的应用指导，制定实施标准，构建绩效管理体系。政府应同财政、体育、民政等加强对彩票管理机构绩效管理的理论和实践探索，推动彩票管理机构绩效管理的应用和实施。

四 鼓励内部管理人才学以致用

由于绩效管理是一个棘手的问题，它不仅需要理论支撑，更重要的是需要实践经验，需要跟单位背景、工作程序、工作内容、文化等融合在一起，这样才能发挥其价值，否则可能适得其反。考虑到福利彩票管理中心的管理人员对自身情况更了解和熟悉，因此，我们应该鼓励公益金管理中心内部管理人员去设计绩效管理评价体系，并分解落实到福利彩票发行、销售、分配、评价等环节中，这可能更有利于福利彩票绩效管理理论与实践的结合，有利于福利彩票公益金绩效管理措施的落实。

第三章 树立福利彩票公益金绩效管理文化观念

文化是一种社会现象，是人们长期创造形成的产物。同时又是一种历史现象，是社会历史的积淀物。确切地说，文化是指一个国家或民族的历史、地理、风土人情、传统习俗、生活方式、文学艺术、行为规范、思维方式的综合。党的十九大报告中提到"没有高度的文化自信，没有文化的繁荣兴盛，就没有中华民族伟大复兴"。而且只有成熟文化支撑的产业才会拥有更加旺盛的生命力。在福利彩票文化建设中，要注重不断提升它在广大公众中的影响力和穿透力，真正将公益、健康、快乐的文化内涵传达给社会公众，进而推动福利彩票事业发展。因此树立福利彩票公益金绩效管理文化观念也是管理和使用好福利彩票公益金的必备条件。

一项权威调查显示，中国企业或者其他组织面临的十大管理问题中，"如何建立有效绩效管理体系"问题居于首位[1]。在我国无论是KPI、MBO、360°考核，还是被大家广为赞赏的平衡积分卡，由于组织基础和文化氛围不同，组织中实施绩效管理的结果大都差强人意。也就是说，国内组织机构的绩效管理体系的缺失受制于组织文化的影响。管理文化对推动组织成功实施绩效管理至关重要，对于福利彩票公益金的绩效管理亦是如此[2]。

---

[1] 王晓玫等：《中国福利彩票文化建设研究》，《社会福利》（理论版）2014年第5期。

[2] 本章内容主要参考了王晓玫、崔杰、张雅桦等（2014）的观点。

第一节 管理文化对绩效管理的影响逻辑

一 管理文化直接决定绩效管理的导向

绩效管理是一个复杂的系统，我们既要研究这个系统的内部特征，研究它的运行机制，又要研究它的外部环境。因为外部环境特征的变化直接影响到绩效管理系统的运行。同时绩效管理的自我完善与良好运转又需要系统与外界环境的良好适应。绩效管理推进与组织目标与战略、组织文化、管理者的价值观、承诺或态度等背景因素息息相关，这些背景因素直接决定组织绩效管理推进的成效。

管理文化是一种非常重要的绩效管理系统环境因素之一，并且管理文化的差异性在一定程度上严重影响了绩效管理的有效性（李永壮，2010）[1]。福利彩票公益金管理中心要推行绩效管理，必须关注组织中是否形成相应的绩效文化，不能仓促、盲目推行，或只是关注技术层面问题，在没有建立必要政策措施，形成统一价值认识的前提下盲目跟进。这是因为绩效管理的推行过程一般会经过质疑、认可、愿意行动、积极推动四个步骤。也就是说，绩效管理要成功推行一定要取得绩效考核者与被考核者的认可，让他们愿意配合行动，并逐步提升到积极推动。试想一下，在绩效管理推进的初期，作为考核主体的考核者，如果对绩效考核的认识不统一、对绩效考核制度并不感兴趣，或者并不乐于从内心支持制度的实施，那么即使有完美的工具和方法，对绩效管理工作的实际发展也未必有用。

福利彩票公益金的重要特征是集众人之力，救难扶弱，承担社会责任，弘扬我中华民族的优良传统美德。无论是福利彩票发行组织者，还是公益金管理者，抑或接受救助者，都应该知晓福利彩票发行和公益金筹集的意义，并努力传承并弘扬这一文化事业。因此，这就要求民政部门不仅在福利彩票发行时强化公益的概念，在管理和使用

---

[1] 李永壮：《企业管理文化表征及对绩效管理的影响》，《现代管理科学》2010年第11期。

过程中也应加强对福利彩票公益金的公益特征予以大力灌输和传扬，使这一特征深入每个经办者心里，使他们自觉维护福利彩票公益金的效用发挥，主动提升福利彩票公益金管理水平，形成一种自发的、无形的绩效管理状态。不过，要实现这种理想状态还需要从政府、制度和教育培训等多角度入手，逐步渗透和提升。

当然，不可否认，绩效管理实施对公益金管理人员和公益金使用人员都是一种挑战。一方面会改变管理人员原来的工作习惯和思维模式，他们需要承担的责任会更多，要全面负责绩效考核，这无疑增加了平时工作的难度和压力；另一方面，被考核者同样需要报告更多的绩效信息，不仅关注如何获取公益金资金，还要关注公益金的使用效益，承担的责任也变大了，由于习惯因素对传统路径的依赖，考核者与被考核者很容易出现对考核不理解，造成考核过程形式化，考核结果无效或考核资源浪费等问题。

二　管理文化是推行绩效管理的坚实基础

组织文化，能够体现组织机构中全体工作人员共同遵守的行为宗旨、价值观和道德准则，是组织核心竞争力和凝聚力的来源。组织文化不是一朝一夕就形成的，是从组织创立、发展过程中逐步演化形成的内在行为习惯、统一的价值观，来源于组织的历史经验。组织文化对企业的各种行为影响巨大，具有导向、约束、凝聚、融合、辐射等功能。绩效管理需要组织通过合理安排组织中所有的资源，对所有工作人员的行为进行引导，使个人行为与组织目标保持一致，提高组织的效率和长期生存能力，完成组织的预定目标。绩效管理文化是基于绩效衍生出来的，是绩效管理支撑体系的重要组成部分，也是绩效管理模式的重要依据。

组织推行绩效管理必须有与之一致的健康的文化氛围作为坚实基础。组织文化的形成，可以将价值观贯穿到组织管理中的每件大小事务中，当然也包括绩效管理。因为绩效管理涉及组织管理中每一个成员，每一个行为，都不可能脱离组织的日常经营活动而独立存在，它的成功推行离不开一个适合绩效管理的环境和土壤，绩效管理需要真正融入组织的氛围中去，成为组织中必不可少的一个部分。就如学者刘昕（2012）[①]认为，如果不考虑组织的适应性与可接受性，不进行"皮试"，一味硬性将绩效管理"注射"到组织日常经营管理之中，不但难以起到预想的效果，还会引起"排斥反应"，影响到企业日常经营的正常运行。因此，管理文化现状与绩效管理推行中可能遇到的阻力直接相关，作为组织文化的载体之一，绩效管理只能顺势而为，以组织管理文化为导向，适应组织管理文化情境，只有这样，才能真正推进绩效管理有效运行。

第二节 福利彩票文化的核心价值理念与文化

一 福利彩票文化的内涵与特征

1998年9月24日颁布的《中国福利彩票发行与销售管理暂行办法》中，对福利彩票的定义是："福利彩票是指为筹集社会福利事业发展资金发行的印有号码、图形或文字，供人们自愿购买并按照特定规则取得中奖权利的凭证。"《彩票管理条例》第2条规定："本条例所称彩票，是指国家为筹集社会公益资金，促进社会公益事业发展而特许发行、依法销售，自然人自愿购买，并按照特定规则获得中奖机会的凭证。"发行福利彩票的目的，一是为了增进社会福利，发行、管理工作都是围绕着为社会福利事业有效筹集资金而开展的；二是为促进我国的社会福利事业。

2011年，时任民政部长李立国在全国福利彩票工作会议上，把福利彩票文化内涵解释为公益、慈善、快乐、创新，并首次提出了加强福利彩票文化建设，促进福利彩票事业持续健康发展的新命题。"文化软实力"概念不再是单纯的学术研究问题，而是已经成为福利彩票事业发展的重要指引和系统文化建设发展的思想指南。福利彩票既承载着丰富的文化因素，也需要通过加强制度建设来支撑和推动。无论从哪个角度看，福利彩票与文化都是密切相关的。福利彩票文化是伴随彩票事业的发展逐步形成并发展起来的，是彩票事业内在核心竞争力的结晶。加强福利彩票文化建设是彩票事业发展的内在要求，

---

① 刘昕：《人力资源管理》，中国人民大学出版社2012年版。

第五编 完善福利彩票公益金绩效管理的建议

推动社会对福利彩票事业的认同,扩大福利彩票事业的社会影响力,增强福利彩票事业的社会凝聚力,也是民政部在新形势下提出的重要战略任务,事关彩票事业的全局(王晓玫、崔杰和张雅桦等,2014)[①]。

关于福利彩票文化的内涵,可以从广义的视角和狭义的视角来看。就其广义而言,把福利彩票行政组织机构、发行与管理机构、物质设施等纳入福利彩票文化的范畴,指的是由福利彩票行政管理和发行与销售机构的物质设施、组织制度和管理机构及销售人员所应共同具有的思想、价值观念、思维模式、心理状态、行为标准、生活方式等整合而成的一种独特的文化模式。从狭义来说,福利彩票文化仅指福利彩票意识形态即在福利彩票管理、发行与销售实践活动基础上所形成的直接反映福利彩票管理、发行与销售活动关系的各种心理现象、道德现象和精神活动状态。

简单来说,福利彩票文化,是从国家发行彩票、彩民购买彩票中折射、反衬出的文化要素。

(一)福利彩票文化的基本特征

福利彩票文化具有公益性、慈善性、福祉性的基本特征(王晓玫、崔杰和张雅桦等,2014)[②]。这些特征之间具有目的、行为和结果的逻辑关系。这些特征结合在一起的文化理念需要充分排除个人内心的功利性目标,建立以公众利益为目标导向,以自发的善念善行充分享受社会福利的心态来践行。只有这样,才能与"公益、慈善、健康、快乐、创新"的福利彩票工作方针具有内在的一致性,同时也是对福利彩票文化内涵的科学把握。

(二)福利彩票文化的构成要素

关于福利彩票文化的构成要素,国内外目前尚无确切定论。按照王晓玫和崔杰等(2014)等观点,福利彩票文化构成要素可以划分为心理层面与思想层面两类。其中,心理层面主要包括管理发行与销售态度、管理发行与销售习惯、管理发行与销售传统等,还应当包括

---

① 王晓玫等:《中国福利彩票文化建设研究》,《社会福利》(理论版)2014年第5期。
② 同上。

"衍生性构成"即管理发行与销售人格、管理发行与销售道德、管理发行与销售伦理等。思想层面主要包括管理发行与销售价值、管理发行与销售意识、管理发行与销售信念等，还应当包括"衍生性构成"即管理发行与销售原则、管理发行与销售规范、管理发行与销售思想等。

福利彩票文化的构成要素包括"公益、慈善、健康、快乐、创新"五个方面。这五个要素既相互独立又密切联系，既坚持了为人民服务、为社会主义服务的宗旨，也契合了当前党的十九大报告提出的新时代文化建设的目标和精神。具体而言，福利彩票的"公益"是福利彩票的基本属性，慈善是福利彩票的核心价值观的体现，健康是福利彩票的本质追求，快乐是福利彩票带来的感官与心理享受，创新是福利彩票发展的内在动力。这五个要素相辅相成，构成了福利彩票发展的主要文化内涵。

二 福利彩票文化建设的三个层次

福利彩票文化建设按照外在形态和载体的不同，可以分为物质文化建设、制度文化建设与精神文化建设三个层次，三者相辅相成。

（一）物质文化建设

福利彩票物质文化是指福利彩票支持的项目建设、活动形态、机构形象等外显的文化表达。福利彩票文化建设物质层面则是针对福利彩票文化的物质载体，包括福利彩票硬件设施建设、福利彩票技术设施改进建设、福利彩票游戏品种开发以及福利彩票公益项目的福利机构建设等。物质文化建设往往通过经济、社会、金融和市场的基础设施显示出来，是对制度文化和精神文化建设的有效支撑。

（二）制度文化建设

制度文化是人类在物质生产过程中所结成的各种社会关系的总和。社会的法律制度、政治制度、经济制度以及人与人之间的各种关系准则等。在福利彩票文化的制度层面，主要是完善福利彩票文化的制度体系。福利彩票制度文化建设包括法律法规和政策、发行与销售的经营管理制度、福利彩票游戏审批、安全运行、技术保障制度、社会监督制度、福利彩票公益金使用管理规定和福利彩票人才队伍建设。

(三) 精神文化建设

福利彩票发行与管理的精神文化是指福利彩票运行过程中所形成的福利彩票系统所有成员共同遵守的基本信念、价值标准、职业道德及精神风貌，具体包括：核心价值观、愿景、使命等，它是福利彩票文化的核心价值体系。

福利彩票文化的宗旨是"扶老、助残、救孤、济困"。福利彩票的使命就是把关怀、扶持、援助社会弱势群体作为自己的神圣使命。彩票文化的核心价值观就是在公平原则的保证下，通过机会游戏的形式实现社会功利，改善弱势群体的生存状态，提升全民的生活质量，促进社会公平与进步的工具。由此可见，当代中国彩票，既继承了民族文化、道德传统，又体现了现代人文精神。为了实现这一宗旨，发展和支持我国社会福利事业以及社会公益事业，每年从福利彩票销售资金中按照国务院所规定比例提取一定比例，作为福利彩票公益金。当前，福利彩票公益金主要分为中央留成公益金和地方留成公益金两个部分，为了加强公益金的管理，《关于进一步规范彩票管理的通知》，对公益金提取比例、使用领域和使用项目管理都做出了规范。

福利彩票在发行销售和管理过程中逐渐形成并完善了发行宗旨、工作方针、社会责任、价值观念、发展动力、竞争原则等六大理念，发行宗旨是公益理念，工作方针是安全理念，社会责任是责任理念，价值观念是诚信理念，发展动力是创新理念，竞争原则是品牌理念。福利彩票"安全运行、健康发展"的工作方针，"公平、公正、公开、公信"的诚信原则和公益、安全、责任、诚信、创新、品牌等重要理念，都是福利彩票文化的精神内核，福利彩票文化的核心价值观，是福利彩票事业宝贵的无形资产，是推动福利彩票事业不断进步的内在动力。

三 福利彩票文化建设中存在的问题

在福利彩票销量增长快速、彩民群体不断扩大的背景下，由于法律法规不完善、制度体系不健全等因素导致福利彩票文化建设过程中依然存在很多问题。福利彩票文化建设的问题会在深层次上影响福利彩票公益金管理和使用部门及社会公众对福利彩票公益金绩效的重视程度。

(一) 重投机、轻慈善的不良文化氛围

调研发现，部分彩民存在较为浓重的"重投机、轻慈善"的价值观。基于这种福利彩票文化衍生出了一些"问题彩民"甚至还发生了个别违法犯罪现象。福利彩票的这种文化价值观折射出成千上万的彩民购买彩票行为多基于赌博心态，而不是关注福利彩票所具有的社会公益价值。根据国家统计局中国经济景气监测中心的调查，43%的彩民在购买彩票前的心态是中大奖，只有23.7%的彩民认为是慈善之举（贾林青，2007）[①]。多数彩民把购买彩票视为获得暴富的一种手段，投机色彩浓重。显然，我国广大彩民这种追求超值回报的功利思想无形中削弱了彩票的社会公益性。而且这种心理还可能影响到管理部门的绩效管理观念和行为，产生更加不利的影响。这种现象如果不及时引导和制止，是很难贯彻福利彩票发行的宗旨的。因此如何引导形成社会公众购买福利彩票的同时关注公益事业是我国彩票文化管理面临的特殊问题。

(二) 彩民对健康福利彩票文化理念的理解不深

从当前彩民对福利彩票文化的理解来看，福利彩票事业的正面宣传报道还不够，彩民对福利彩票的公益性和慈善性认知也不够深刻。尽管不排除彩票固有特征导致一夜暴富的可能，但从设计初衷来看，福利彩票本质上是一种满足社会需要的特殊公共产品，是为了推动社会的慈善事业而建立的。十二五规划纲要明确指出"以扶老、助残、救孤、济困为重点，逐步拓展社会福利的保障范围，推动社会福利由补缺型向适度普惠型转变，逐步提高国民福利水平"。因此引导彩民慈善之心、健康心理从而建立起福利彩票正确的文化理念对当前福利彩票事业具有重要意义。

第三节 建设有效的福利彩票绩效管理文化的思路

在福利彩票物质文化、制度文化和观念文化建设过程中，制度文化建设和观念文化建设与绩效管理息息相关。下面就着重从这两方面

---

① 贾林青：《彩票文化急需彩票法引导》，《检察日报》2007年9月20日。

第五编 完善福利彩票公益金绩效管理的建议

介绍进行绩效管理文化建设的思路。

一 持续加强福利彩票的制度文化建设

彩票制度文化是为了保障彩票运行而制定的一系列规范体系凝练而成的。加强制度文化建设应该从建立健全法规制度入手，形成全面健康的福利彩票制度文化氛围。比如加强彩票公益金管理使用规范，充分保证公众知情权和监督权；再如构建科学完善的管理制度体系，实现彩票管理工作的制度化、标准化、信息化。从当前法律法规体系构成来看，随着《彩票管理条例》及实施细则等文件的陆续出台，福利彩票作为国家公益彩票的法律地位越来越明确，涵盖福利彩票各项工作的制度体系已经基本形成，在构成和提升福利彩票文化内涵和体系方面起到了有效的保障作用，对福利彩票管理工作的有序开展发挥了积极作用。综合来看，福利彩票制度文化的形成有助于推动绩效管理制度的完善，而良好的绩效管理文化也有赖于相关法规及制度建设的支持和保障。具体来看，加强福利彩票的制度文化建设主要从福利彩票发现与销售的管理制度和福利彩票公益金使用管理制度两方面入手。

（一）福利彩票发行与销售的管理制度

彩票的发行和销售的管理，是福利彩票发行机构和销售机构的核心工作，是福利彩票体现发行宗旨，实现创造社会和经济效益的前提条件。因此，加强福利彩票发行与销售的制度规范，对形成良好的福利彩票文化氛围具有重要的奠基作用。

总体上来看，我国福利彩票系统在完善彩票发行与销售制度建设以及积极探索适合福利彩票发展的管理体制和运行机制方面已经摸索出来一套方向明确、科学可行的基本体系框架。具体来看，各级民政部门和福利彩票机构通过制定新制度、修订和完善现有制度，正在逐步建立健全以《彩票管理条例》及实施细则为核心，以配套管理办法为辅助，以各级福利彩票机构管理制度、工作规范和行业标准为依据的制度体系框架。该体系涵盖了集福利彩票发行销售管理制度、销售站点经营管理制度、游戏玩法和品种审批制度、开奖制度、技术安全管理制度、监管制度等为一体的多层面管理规范，同时，依照《彩票管理条例》的风险管理制度、可疑资金报告制度、发行销售重要事

第三章 树立福利彩票公益金绩效管理文化观念

项安全管理制度来综合保障彩票发行、销售的安全。综上所述,我国的福利彩票发行与销售的管理制度已经基本构成了福利彩票文化不可分割的重要组成,促进和保障了福利彩票业务的有序开展。

这些制度体系初步形成,在执行中还存在理解不到位、执行与要求脱节等问题,因此,有效推行这些制度,并使这些制度在实践中发挥更大的作用,不仅需要管理部门加强培训和教育宣传,还需要加强监管和考核,以及进一步的理论研究。例如,福利彩票管理部门需要稳步推进福利彩票发行和销售的渠道建设和创新工作,通过整合优化已有渠道布局,拓展开发新的业态渠道,科学布局各级发行和销售网点,努力形成规范化、现代化,覆盖充分的发行和销售网络体系。

(二)福利彩票公益金使用管理制度

按照《彩票公益金管理办法》(财综〔2012〕15号)规定,福利彩票公益金是按照规定比例从彩票发行销售收入中提取的,专项用于社会福利、体育等社会公益事业的资金,且逾期未兑奖的奖金纳入彩票公益金。根据规定,彩票公益金纳入政府性基金预算管理,专款专用,结余结转下年继续使用。2016年3月7日,民政部办公厅印发《民政部本级彩票公益金使用管理办法》(民办发〔2016〕7号),文件要求我国福利彩票公益金使用应当遵循福利彩票"扶老、助残、救孤、济困"的发行宗旨,公益金的使用管理应体现"公平、公正、公开"原则,按照"谁使用、谁管理、谁负责"的要求实行归口管理,并纳入民政部权力清单,按照权力清单规定进行规范操作。该办法不仅突出业务与管理的统一,还能够发挥制度和权力相互监督和制约,避免权力过于集中,以此化解权力运行风险。

如前所述,近年来福利彩票公益金规模不断增加,发挥的作用也日益显著,因此对民政部门的管理也提出了更高的要求。民政部陆续出台的《民政部彩票公益金预算操作规程(试行)》、《民政部彩票公益金本级项目立项和评审办法》、《民政部彩票公益金项目督查办法(试行)》和《民政部彩票公益金使用管理信息公开办法(试行)》也说明了我国对于福利彩票公益金使用管理的重视。福利彩票公益金使用分配管理这些管理体制的转变强化了国家彩票色彩,淡化了部门色彩,在控制发行成本的基础上提高公益金提取比例,公益金使用范围进一步扩大。

但是不可否认，我国福利彩票公益金在使用管理中依然存在公益金的筹集、分配、使用过程不够规范和透明；福利彩票公益金使用公告管理缺乏统一的规范；福利彩票公益金财政监管体系作用的发挥还有待加强；福利彩票公益金财政管理制度缺乏完善的法律支持等问题，因此福利彩票公益金的使用管理制度仍需进一步结合管理部门所在地区的特点进行细化，通过多方研究制定更科学可行的细则及配套措施以保障其有效推行。

在新时代，福利彩票的社会责任落实还需继续在深化规范管理、优化发展环境、提升发展质量上全面发力，从而将福利彩票的管理用制度规范起来，用制度管权、管钱和管人。福利彩票要切实保障游戏的公正和公信力，就需要不断研发技术手段和管理手段，通过严密的制度、科学的管理、公正的监督来构建全面、稳健、科学、有效的开奖体系。同时结合当前绩效预算管理改革，福利彩票制度文化建设还应主动适应预算改革要求，加强发行预算管理与内控制度建设，开展财务业务培训，加大信息监控等手段，不断夯实财务基础，为福利彩票销售持续健康发展提供有力的财务安全保障。

二 不断深化福利彩票的文化理念建设

（一）明确福利彩票的核心价值观

我国福利彩票已经确立了"扶老、助残、救孤、济困"的发行宗旨和"安全运行、健康发展"的工作方针，形成了"公平、公正、公开、公信"的原则和"公益""安全""责任""诚信""创新""品牌"等重要理念。这些理念不仅体现了中国传统文化在福利彩票管理中的合理利用，也构成了福利彩票文化的精神内核和核心价值观，是福利彩票管理中形成的瑰宝，已成为推动福利彩票事业不断进步的内在动力。

从福利彩票的宗旨和工作方针看，其主旨的灵魂思想是关爱弱势群体（社会福利与社会保障）、提高全民生活质量（社区服务与全民健身）和促进社会公平进步。据此，可以提炼出福利彩票具有社会功利性、公平开放性和文化娱乐性的特点。首先，社会功利性体现在福利彩票发行的出发点和落脚点都是为了社会福利事业和公益事业。我国福利彩票的宗旨是"扶老、助残、救孤、济困",即始终将扶持、援助、救助、济补社会弱势群体作为神圣的使命,通过各种合理的途径帮助社会弱势群体解决生存、教育、治疗、就业、休养等问题,目标是通过福利彩票的资金实现老有所依、孤有所托、残有所助、困有所救的社会和谐发展局面。其次,公平开放性。福利彩票管理的基本原则是公平、公正、公开,而为了保证其公平、公正、公开为社会公众所认可,就必须保证社会公众的知情权和监督权,因此开放性成为其必然特征。最后,文化娱乐性。福利彩票还为社会公众提供了一种机会游戏,这种游戏的娱乐性与其他形式的机会游戏并无本质区别。作为特殊的文化娱乐方式,福利彩票给社会公众增加了趣味性和娱乐性,同时福利彩票的博弈性还决定了其正确引导和科学管理的必要性。民政部门通过科学的游戏设计、正确的宣传引导、诚信规范的经营管理,引导人们全面了解福利彩票、理性地购买福利彩票、客观地评价福利彩票,从而塑造健康的福利彩票文化,使彩民们在享受游戏娱乐乐趣的同时体悟奉献爱心的高尚情操,从而获得精神和心理上的双重愉悦。由此可见,我国福利彩票,既继承了民族文化、道德传统,又体现了现代人文精神。

当前,还要大力引进先进的管理理念和营销策略,推行科学化、精细化管理,不断提高福利彩票的管理能力和水平、社会诚信度和公信力,吸引社会公众的广泛参与,强化社会公众对福利彩票创新文化的认知。

在福利彩票的文化建设过程中,要全面把握福利彩票文化的核心价值观,明确文化的前进方向,正确理解并不断提升福利彩票文化的深刻内涵、重要特征和积极作用,坚持践行福利彩票文化,不断丰富、发展福利彩票文化,将福利彩票文化植根于社会公众的内心并不断升华。福利彩票文化要让购买者在乐于奉献中享受游戏乐趣,让从业者在传递爱心中敬业爱岗,让受益者充分分享和感受党和政府、社会的关爱并怀着感恩的心回馈社会,最终推动社会和谐健康的发展。

（二）强化福利彩票的社会责任

彩票的社会责任，是指福利彩票行业对社会应承担的责任和义务。具体来讲，我国福利彩票的社会责任，包含了对彩票消费者和国家的双重责任。福利彩票的健康发展要求管理部门首先树立积极向上的社会责任意识，同时还负有责任引导彩民的正确消费心理。2009年，财政部提出了彩票发行机构和销售机构要牢固树立责任彩票和社会责任理念。截至2017年年底，我国民政部已发布四本中国福利彩票年度社会责任报告。报告的内容已经将我国民政部门通过内部管控、游戏设计、渠道布局、营销宣传、安全运行、购彩服务和员工发展等方面的履责绩效层层梳理，并向社会公众展示了我国福利彩票有力支持社会福利事业和公益事业发展的大好局面。

借鉴王晓玫等（2014）思想，当前我国强化福利彩票的社会责任还需从强化福利彩票公益责任意识，弘扬公益彩票文化；强化福利彩票的诚信责任意识；强化彩票道德责任意识，培育理性彩民群体等方面入手。这就要求福利彩票管理部门不仅要通过广泛开展福利彩票文化创建活动，打造积极向上、团结友爱的文明温暖的工作环境，提升福利彩票队伍的凝聚力和责任感，还要拓宽福利彩票线上线下多种多方渠道，搭建发行者、购彩者与受益人的沟通桥梁，坚定公益思维导向、推动社会责任营销，努力促进福利彩票事业良性发展。需要强调的一点是，福利彩票社会责任文化的落实需要法规政策的制定和引导，也需要全面提升福利彩票公益金管理人员的整体素质。

三 福利彩票的绩效管理文化建设

（一）营造追求高绩效的管理文化

在福利彩票公益金管理中心实行绩效管理的前期，首先要分析本组织的组织文化，是否存在与"高绩效文化"不符的部分——如果存在，就先变革文化理念，尤其是要关注管理中心管理队伍对绩效的关注与重视程度，这是塑造绩效文化的思想与舆论基础。也要关注公益金筹集、使用、分配、评价过程中每个参与人的文化理念，调动他们的积极性和创新精神，形成团队合作，提高公益金使用绩效的组织文化氛围。形成组织内部一种共享的价值观，形成一种内在的规范性信念，指导人们的行为，激励每个员工对公益金使用绩效的关注。在整个高绩效文化塑造过程中，始终保持组织内部上下级之间无缝沟通的文化氛围，因为沟通是保证绩效管理推行成功的重要手段之一。

(二) 建设与文化高度相容的绩效管理体系

在公益金绩效管理体系的设计上，一定要体现组织所倡导的文化，要把组织文化整合到绩效管理的全过程中去，让整个公益金管理队伍在绩效管理实施过程的每一个环节，都能深刻体会到"取之于民，用之于民"是组织做出每一个决策的基础。在绩效管理实施的前期宣传中，要进行相应的绩效文化宣传，充分关注并推动公益金管理人员真正承担起管理的角色。在绩效考核的过程中，必须坚持公正性原则，把考核结果与公益金的分配、追加、回收等各项决定关联。因为组织实施绩效管理的决心和信心非常关键，公益金管理中心负责人要把这种决心和信心传递给整个员工队伍和相关人员，变革思想才能够战胜旧有的习惯、观念，绩效管理才能够真正地在组织里生根发芽。

(三) 从战略与市场角度保证绩效管理实施

一方面，要树立战略观念，确保从福利彩票公益金发行到管理、使用和绩效管理、审计和信息公示等都在统一的长远规划下有序运行和动态调整，从而实现社会资源的优化配置，使福利彩票公益金更好地为社会保障和福利事业服务和贡献力量。例如可以适当扩大公益金资助范围，资助一些从长远来看有助于改善国民生计和国民素质的项目，当然这类项目的论证应该充分征求各方利益相关者的意见和建议。再如，福利彩票公益金的使用不应局限于当下问题的解决，而应该从长远考虑，重点解决老弱病残人士的根本问题，如帮助他们提高知识素养，为他们创造更多就业机会，培养他们自强自立、为社会做贡献的精神。另一方面，树立市场观念，引入市场化管理手段，提升福利彩票公益金管理的绩效。例如管理人员的招聘、解雇、激励和薪酬设计；福利彩票发行的营销手段和内容等。以市场化管理模式提升福利彩票公益金管理绩效和形象，增强政府的公信力。再如，可以适当资助一些与公益金管理相关的科学研究活动，建议采用招投标形式或借鉴科技部门和社会科学部门项目公开征集的形式，以吸收社会研

第五编 完善福利彩票公益金绩效管理的建议

究力量，改进和创新现有管理体制。

（四）坚持创新促进绩效管理的完善

福利彩票公益金绩效管理部门要树立不断学习和勇于创新的观念。只有不断的学习，才能不断地进步，而勇于创新则是进步的催化剂。福利彩票公益金绩效管理体系的完善，离不开学习和创新。不仅要积极学习国外先进管理经验和方法，还要加强不同地区、层级之间的互相学习，以共同为我国福利事业发展服务。不同国家和地区、层级都有不同的特征，彩民的特征也千差万别，因此绩效管理的完善最终还要依赖于创新。需要特别强调的是，"创新"应该在合法合理的前提下，紧密围绕福利彩票发行和公益金使用的宗旨展开。

（五）加强福利彩票绩效管理人才队伍建设

福利彩票绩效管理人才培养和建设是福利彩票行业发展战略中不可或缺的重要组成部分。福利彩票从初期的简单销售即开型大奖组，到2001年引入电脑系统终极端机销售电脑彩票，再到目前的视频彩票及快开游戏等多个福利彩票品种百花齐放的局面，其年销额已突破千亿元。我国约30万的销售大军撑起了全年福利彩票超千亿的销量。骄人业绩背后，福利彩票行业"人才荒"现象也逐渐显现出来。

我国福利彩票行业不断翻新的销量数据为我国福利慈善事业带来了巨大善举，然而，我国在福利彩票研究和人才培养、培训相关专业人才等领域却严重滞后。相当多的中国福利彩票从业人员由于不具备专业背景，对于彩票作为特殊商品的属性和相关行业规定相当生疏，极易在彩票销售过程中违规操作，甚至触犯法律。目前中国福利彩票行业从业人员一般都是半路出家，或者从政府机关公务员等岗位上转行而来，或者是从社会上招聘的其他专业类型的人才，这种状况导致福利彩票市场存在这样或那样的缺陷和不足。在中国福利彩票发行管理和政策制定等高端领域，对于专业人才的迫切需求和相关人才的严重缺乏之间的矛盾则更加突出。福利彩票行业人才严重匮乏的局面正在成为掣肘福利彩票行业未来发展的重要因素。所以，加强福利彩票行业人才建设，成为福利彩票行业发展的重要课题。

从我国现阶段福利彩票人才的需求类别来看，主要有管理人才和销售人才两大类。从人才培养的方式和路径来看，主要有福利彩票

MPA 研究生班、福利彩票行业系统内培训、彩票专业的学历教育三种形式。而从业人员资质等国家级标准尚未出台，相对制约了人才流向，难以吸引高级人才进入；专业的教育、培训机制尚未形成，原行业内的从业人员缺少系统学习培训的渠道和机会，福利彩票行业的整体教育和终身教育有待完善；福利彩票行业缺乏关联产业的横向交流，对于关联产业之间没有有效、专业的人才流动平台等是造成行业人才缺失的主要原因。据调查，我国现阶段开设彩票行业营销管理专业的院校很少，特别是开设本科专业课程的院校几乎为零。

文化，是一种无形的力量，能够发挥法规制度无法取代的重要作用。而文化的培育和形成，需要长时间的积累和沉淀，更需要社会各界共同的努力。从战略入手，以市场为依托，加速福利彩票公益金管理文化的建立和形成是开展绩效管理的根基，也是其他管理制度实施的根本保证。因此，福利彩票文化建设事关福利彩票事业的全局和未来，是一个战略系统工程。我们需要从总体上加强文化建设，从各要素层面逐个推进，始终坚持"文化是民族的精神和灵魂"的文化自信理念，规范福利彩票公益金管理人员的观念思想、价值取向和行为准则。各级福利彩票主管部门要自觉树立榜样，实践推动福利彩票文化，为福利彩票文化建设创造有利条件和良好环境。

第四章　建立健全福利彩票的风险内控管理制度

在我国，长期以来福利彩票管理部门均没有一套较科学完善的理论和管理系统，用来规范单位的内控管理工作，导致现有的内部控制制度"虚有其表"，并没有发挥出其真正的作用。近几年来，我国福利彩票市场发展良好，每年有无数彩民买彩、中彩，随着福利彩票公益金在补充社会保障资金方面的作用越来越明显，福利彩票行业的关注度也越来越高。然而，福利彩票业还存在一些问题需要去解决和处理，比如说随着社会的不断发展和行业改革，福利彩票机构面临巨大的风险防控压力，需不断提高安全保障标准。还有，以前福利彩票机构内部对于财务管理的思想和观念已经落后，无法适应社会的新发展。因此，福利彩票机构首先需要深刻理解内部控制制度，并将制度更好地运用于日常的管理中。

第一节　引入风险内控管理思想

一　引入内部控制思想，践行内部控制法律法规

内部控制是为了保证经营的效率和效果、财务报告的可靠性、遵守法律法规等目标的实现，单位内部采取的一系列自我调整、约束、规划、评价和控制的方法、手续与措施。一般认为，内部控制由五大要素构成，分别是内部环境、风险评估、控制活动、信息与沟通、内部监督等。内部控制是保证组织机构有效运行的一种内部管理手段，内部控制法律法规的完善对形成风险内控思想具有重要的基础作用。

2002年7月30日，美国《萨班斯—奥克斯利法案》（简称《萨

奥法案》）的颁布，标志着内部控制的建立、维护、评价与报告成为组织管理者的责任。2008年5月，我国财政部等五部委联合发布了《企业内部控制基本规范》，标志着中国版的《萨奥法案》正式启动。2010年4月26日，财政部、证监会、审计署、银监会、保监会等五部委联合并发布了《企业内部控制配套指引》，该配套指引包括18项《企业内部控制应用指引》、《企业内部控制评价指引》和《企业内部控制审计指引》，标志着我国企业内部控制规范体系基本建成。2012年11月29日，我国财政部（以财会〔2012〕21号）印发《行政事业单位内部控制规范（试行）》分别从行政事业单位层面内部控制和业务层面内部控制提出了建设内部控制的要求，并规定自2014年1月1日起施行。2017年6月29日，财政部发布《小企业内部控制规范（试行）》。

可见，我国内部控制法律法规正日趋完善，内部控制已成为各类组织结构管理的必要手段。因此，在福利彩票管理的全过程中引入内部控制思想，践行内部控制管理，既是法律法规的强制要求，也是福利彩票公益金管理和使用部门提升管理效率和水平的内在需要。

二 充分融合风险管理与内部控制

内部控制的发展经历了内部牵制、内部控制制度、内部控制结构、内部控制整合框架和风险管理整合框架五个阶段。风险管理整合框架是企业内部控制的新发展，随着网络泡沫破裂、巴林银行倒闭以及安然、世界通信等一系列财务丑闻爆发，企业面临的风险因素日益复杂，对企业内部控制提出了挑战。理论界和实务界认为内部控制应与企业的风险管理相结合，风险管理使管理当局能够有效地处理不确定性以及由此带来的风险和机会，从而提高主体创造价值的能力。

风险管理是应用于战略制定并贯穿于组织之中，旨在识别可能会影响组织目标实现的潜在事项，管理风险以使其在组织的风险容量之内，并为组织目标的实现提供合理保证的过程。风险管理由八个相互关联的要素组成：内部环境、目标设定、事项识别、风险评估、风险应对、控制活动、信息与沟通、监控。

在福利彩票市场高速发展的当下，福利彩票管理部门能否合理使

第五编　完善福利彩票公益金绩效管理的建议

用福利彩票公益金以充分发挥其在社会保障等各方面的积极作用已成为业界关注的一个重点。因此提高福利彩票管理部门的风险意识，积极开展风险评估工作，将风险管理思想融入内部控制建设过程中，是内部控制能够更好地实现"合理保证单位经济活动合法合规、资产安全和使用有效、财务信息真实完整，有效防范舞弊和预防腐败，提高公共服务的效率和效果"的目标，为福利彩票发行和销售、福利彩票公益金管理和使用保驾护航。

第二节　加强风险内控管理的必要性

一　保障福利彩票市场的安全和健康发展

福利彩票市场的安全和风险问题是中国福利彩票市场发展的首要问题。而当前我国相继出台的法规制度体系主要是针对彩票日常管理出现的问题而设计的。随着风险意识的加强，我国相关部门也已经注意到风险管理或内部控制的重要性。例如《彩票管理条例》（2009）中规定"国务院财政部门应当根据彩票市场健康发展的需要，按照合理规划彩票市场和彩票品种结构、严格控制彩票风险的原则，对彩票发行机构的申请进行审查"；要求彩票发行机构开设彩票品种需提交风险控制方案；彩票发行机构、彩票销售机构应当建立风险管理体系和可疑资金报告制度，保障彩票发行、销售的安全。但显然这些规定主要侧重于福利彩票销售的风险控制，而未涉及福利彩票公益金这一特殊资金形态的管理和使用可能导致的计划无法有效执行、预算与实际差异较大、无法满足实际需求，甚至资金挪用、占用以及因使用效率低、效果差所导致的财务风险和信用风险等问题。这些问题的产生不仅会影响福利彩票的顺利发行，还会影响管理和使用部门的社会公信力，因此，为了保障福利彩票市场的安全和健康发展，有必要加强福利彩票的风险管控。

二　减少风险带来的不利影响

目前，福利彩票管理实行的是职能管理与业务经营合一的管理模式。这种既是裁判员又是运动员的管理模式容易滋生内部管理风险，引发权力寻租、腐败等违规行为，也由于其双重管理身份给绩效管理的实施和应用造成了难度。随着福利彩票发行和公益金使用项目的多样化和规模化，当前的法规制度体系已经无法满足风险管理的需要。这就需要借鉴企业风险管理和内部控制等理论观点，强调福利彩票公益金风险内控制度的重要性，并借助各方力量要求和帮助福利彩票管理使用部门、单位尽快构建风险内控管理制度，以减少风险可能带来的不利影响。

结合党的十九大思想和习总书记系列讲话，福利彩票管理机构应加快机构改革和建设，紧抓事业单位分类改革的机遇，推进彩票管理机构管理和经营职能分离，按照管理的要求和职能特点构建起科学、规范的制度和业务流程，建立起责权利相统一的管理体系，在落实放管服的同时，加强监管和信息公开。福利彩票管理部门只有充分利用各种信息化管理技术和风险管理方法，不断完善福利彩票的发行和销售管理、收支管理、监督和评价管理等制度，优化管理流程，形成科学完善的福利彩票内部控制管理体系，才能提高会计信息的真实性、准确性和全面性，为绩效管理实施和模型的准确适用奠定基础，从而减少管理风险可能导致的不利影响。

三　提高福利彩票公益金管理和使用的合法合规性

实践证明，良好的风险内控制度可以有效地发挥防患于未然、保护资产安全完整并将风险造成的可能损失降到最低的作用。健全的财务管理制度、会计制度，科学的风险预警制度，有效的风险监控措施等，能够在很大程度上促进福利彩票公益金管理和使用的合法合规性，也能够为绩效管理工作开展提供良好的环境，为实施绩效管理扫清障碍。因此，本书认为，强化福利彩票公益金绩效管理需要福利彩票公益金的风险内控制度的有力支持。

第三节　推动风险内控制度建设的对策

本书认为，可以借鉴企业对项目资金管理的风险内控制度，结合福利彩票公益金特征，研究制定相应的风险内控制度，必要时可以向社会征集构建思路，或者聘请专业机构专门设计。在建设风险内控制度时，必须严格按照《行政事业单位内部控制规范》（试行）的规定设计和实施。

一　培养福利彩票管理队伍的内控意识

加强福利彩票机构内部控制意识可以从以下几个方面着手：第一，提升福利彩票机构相关工作人员内部控制的意识，定期组织员工队伍学习，了解内部控制的具体要求、作用和内容，提高对内部控制作用的认识，开展依法理财、以德理财的宣传教育活动，在单位内部形成良好守法环境，有法必依，违法必究，提高每一位工作人员的诚信意识及内控意识。在定期开展的培训课上，要分享其他组织或部门的先进经验，让工作人员了解内部控制对于组织的重要性，增加工作人员间的交流和互动，及时发现和纠正员工对于内部控制的错误观念，加强对内部控制重要性意识的培养；在培训期间，鼓励分享经验，认真总结不同人员对内部控制的建议和想法，从而推动建立健全适应性更强的内部控制系统。第二，需要明确福利彩票机构职能，明确并落实岗位责任制度，责任细分到每个不相容岗位，尽可能减少一人多岗的现象，并建立健全集体议事决策机制和授权审批制度，使决策、执行、监督等重要岗位形成有效牵制，防止权力过于集中，并借助信息化建设尽快推动内部信息共享，提高福利彩票机构的工作效率，降低风险。第三，加强彩票机构的内部控制文化建设。文化最能体现组织机构内部凝聚力，如同一种无形的力量，使员工和组织紧紧地联系在一起，能够增强团队之间的合作精神，树立员工的统一信念，对组织和个人发展都有很好的促进作用。在内控意识培养过程中，首先要端正领导的态度，并在人才队伍中树立标杆，起到模范带头作用，通过定期考核内控建设和执行情况，对表现优秀的部门和个人，进行精神和物质上的奖励，对于表现差的予以相应的处罚，从而更好地激励部门和员工落实内部控制建设；采用多种形式对内部控制制度进行宣传，比如文字性描述、图表性描述、流程表描述，使得员工能够直观快速了解内部控制制度，减少理解偏差。

二　提高福利彩票发行管理中的风险管理防范水平

随着现代信息技术的发展，特别是经济全球化程度的加深，福利彩票销售管理内外部环境日趋复杂多变，直接影响财务工作进展，影响福利彩票正常销售。2009年6月9日的深圳彩票木马事件，是中国彩票史上首次发现的高科技犯罪案，引起了全国各地彩民对开奖过程中的质疑，暴露出彩票发行过程中的风险。具体表现为：第一，在从事财务电算化操作过程中，服务器、电脑设备及内部局域网出现故障，外部互联网病毒攻击破坏，财务工作可能暂时瘫痪，造成数据丢失；第二，在从事电脑彩票销售活动时，彩票中心技术部门及电信通讯网络机器可能发生故障，外部可能受互联网破坏，导致销售终端中断，彩民选号不能售出，使彩票声誉受到损伤。这两种内外部环境的风险，导致实际结果与预期效果相偏离的情况是难以避免的，因此，必须树立风险意识，在日常管理工作中做到科学估计风险，预防发生风险，制定风险防范措施。

一方面，在财务会计具体实际工作中，财务电算化服务器连接的局域网，禁止与公共网络连接，严格设置财务人员管理权限，主管人员对财务数据及时进行备份，避免病毒入侵财务数据系统，即使财务数据风险产生，备份数据也可以挽回；另一方面，在电脑彩票销售过程中，彩票管理中心技术部门对日常工作数据定期备份，对于正在销售运行过程中的数据进行双机热备份，对于通讯方式采取双线路备份，若一组机器、通讯线路发生故障，另一组机器、通讯线路及时接管连续工作，从而更大限度地避免不能销售彩票而产生的风险。

三　完善福利彩票行业内部会计控制制度

从当前管理现状来看，我国福利彩票行业还需从福利彩票销售收款管理控制制度、货币资金管理控制制度、固定资产及物品管理控制制度、兑奖环节管理控制制度等方面，加强内部控制制度建设。

在彩票销售收款管理方面：针对福利彩票的电脑彩票、中福在线即开型彩票、网点即开型彩票等不同的销售方式，以及网点设置分散且繁多的特点，加强严格的销售收款制度，确保资金及时安全、准确

第五编 完善福利彩票公益金绩效管理的建议

无误上缴显得尤为重要。第一，电脑彩票销售时，要建立投注站预交款及时结算制度。在省中心机房提前设定程序，预交款额度为零时，不能销售彩票，只能兑付小奖，兑奖奖金可抵扣销售款。每个投注站可预测本机的销售情况，随时到工行及邮政储蓄网点交款，预交销售款递减为零时，就不能再销售。第二，中福在线即开型彩票时，应在销售大厅建立当日清账、全省周结算制度。销售款规定日清日结，交纳到银行，省级按周同市级核对，通过银行将款项清算划到省级，将应付中央的款项由总行直接扣划。第三，网点即开型彩票时，要建立网点销售预购彩票按月结算制度。网点票是由省级发行到市级，再由市级分发到区县，由区县按小盒送到各辖区销售网点，网点先预缴款，在销售过程可及时兑付小奖，后持兑付的小奖票按月同区县结算，由区县再同市、省级结清本次销售、兑奖和其他支出项目。

在货币资金管理控制制度方面：第一，严格岗位分工。银行支票及财务票据、印章分开管理，经济业务支付事项应由两个部门以上人员共同办理，执行《现金管理暂行条例》，严格复核、审批制度。第二，建立健全货币资金明细科目。各科目应做到日清日结，尤其是库存现金，不准以白条抵现，不得挪用单位资金，库存现金不得超过限额规定。第三，及时收付、结算。对于其他收入款项，开具收款收据，及时收缴银行；对于付出票据，经过复核、审核，符合规定的及时付款；对于划拨地市、上缴中央及财政专户的款项，按规定时间及时上缴并划拨；及时核对银行存款账户，定期盘点现金，做到账账相符，账实相符。第四，加强资金管理，合理利用资金。对暂时闲置资金不得购买股票，不得向其他单位或个人借款、贷款和合作经营项目，可按规定做短期或定期储蓄。第五，对货币资金账实行定期检查，确保货币资金安全管理，确保彩票事业资金顺利正常运转。

在固定资产及物品管理控制制度方面：第一，完善固定资产采购控制制度。业务部门根据工作需要填写申请单，经主管主任批准，价值在1000元以下的物品，由综合部门同业务部门两人以上共同采购；价值在1000元至1万元以下物品，由综合部门会同业务部门共同采购；价值在1万元以上的物品，须经办公会议研究；价值在1万至5万元之间的物品，由中心成立采购小组进行采购；价值在5万元以上的物品，通过政府采购中心或有形市场招标采购。第二，固定资产及物品的验收、保管、领用制度。对购置的固定资产及物品，先经过综合部门验收入库，登记明细账后，业务部门凭出库单领用。第三，定期盘点管理制度。每年年底省级福利彩票公益金管理部门清产核资小组对所有固定资产及低值易耗品进行盘点核查，登记清产核资明细表，由核查成员签字存档，对盘盈盘亏情况写出书面报告，报单位领导经会议研究处理。

在兑奖环节管理控制制度方面：彩票中奖是彩民的期望，中奖兑付程序直接关涉到彩票的声誉，关涉到彩票事业的发展前途，因而，兑奖环节的控制更为重要。电脑彩票奖金兑付分为：单注中奖额较小时，到任意投注站通过投注机验票后直接兑付；单注中奖额在一定金额以上，需要到市、省中心兑付。省、市兑付奖金的控制程序：第一，中奖人持有效证件原件及复印件到当地兑奖中心；第二，中奖人持兑奖票到当地兑奖中心经技术人员通过网络检验彩票是否中奖，若中奖打印兑奖凭据；第三，彩民怎样选号，有何想法，宣传人员了解情况后进行登记；第四，根据以上身份证、中奖票、兑奖单登记签字情况，进行复核核算，开具现金支票；第五，所有凭据齐全、手续完备，报领导签字后兑付奖金；第六，现金支票付款后，银行理财师现场讲解如何理财、怎样存款等。

四 加强福利彩票中心的信息与沟通管理

信息与沟通是风险内控管理的纽带，一方面，福利彩票内部的信息要畅通。每个工作人员都需要了解彩票销售过程，可能存在的问题，积极总结工作经验和教训，通过沟通提高自身业务素质，提高自身风险管理水平。比如福利彩票中心可以根据业务需要，组织有关人员讲解和扩展新业务知识，如中福在线彩票销售、网点即开票销售等，在核算业务上与电脑彩票核算有何区别，怎样核算，账务如何处理，如何进行财务管理，等等。另一方面，福利彩票管理中心要了解外部信息，比如信息技术的发展现状、对电脑销售的冲击和影响等，这样才能了解面临的风险，及时调整福利彩票管理策略，跟上时代。在信息沟通的路径方面：第一，通过定期沟通、出版单位内部杂志、内部网络推送等形式,加强队伍之间的经验分享与交流;第二,定期聘请业界优秀人士,或相关人士,举办讲座,传授新的业务知识,识别风险薄弱区;第三,不定期组织考核,对业务知识不合格的工作人员,组织再次学习,直到合格为止。

五 强化福利彩票管理的内外监督

通过内外监督的相互配合和补充,可以更有效地提升福利彩票管理的公开透明性,也可以更好地促进管理部门提升管理水平。从外部监督来看,可以通过财政、审计、税务这三个部门组成监督小组,对福利彩票的内部控制设计和执行的有效性进行监督。在监督过程中,要严格执法,明确职责,规范福利彩票行业的行为。从内部监督来看,应该由内审部门或类似独立部门负责对内部控制有效性进行监督,为了提高内部监督的公信力和地位,巩固内部监督的身份地位,可以通过立法和制度形式规范内部监督活动,提高领导和员工对内部控制制度的重视程度,提升内部监督的威慑作用。同时,还加大对员工岗位的考核力度,使员工的工作表现直接和工资挂钩。不仅需要工作人员明白内部审计机构的职责,还应通过公正的程序选择独立性强、业务素质高、具有管理相关知识和经验丰富的专业人员作为内部审计工作的人员,日常审计与专项审计相结合,以监督内部控制的健全性、有效性。只有这样,逐步完善内部的监督机制,才能有效提高内部控制的效果。

福利彩票公益金的管理是政府部门对福利彩票公益金进行有效控制和发挥其社会公益作用的重要的作用方式。福利彩票机构作为政府部门,需要严格遵守相关法律法规和制度规章,加强机构内部管理,提高工作效率,将内部控制贯穿于每一项工作当中。值得注意的是,福利彩票机构内部控制并非一朝一夕所能完成,需要相关人员不断检查、更新、完善,通过各种手段或方式使福利彩票公益金的管理规范化、流程化、信息化。因此,建立健全福利彩票的风险内控管理制度不仅是顺利发行和销售福利彩票的需要,也是管好福利彩票公益金的需要,更是福利彩票机构履行职责并接受各方监督、提高管理效率和水平的必要手段。

第五章　完善福利彩票公益金管理信息系统

从当前福利彩票管理和公益金使用情况来看，资金量巨大、管理使用层级跨度较大、情况较为复杂，尤其是涉及使用公益金的基础设施建设项目资金量大、周期较长、参与方较多，急需科学的管理信息系统支持。

从福利彩票管理的规范要求来看，管理信息系统的完善是福利彩票公益金绩效预算管理有效开展的有力保障，也是绩效管理体系良性运行和有效发挥作用的技术支撑。通过完善管理信息系统，使福利彩票公益金的管理更加规范和公开透明，更有利于开展监督和绩效审计工作。同时，还可以将福利彩票公益金的筹集和使用通过信息化系统更及时准确地向社会公众披露，增强社会监督的作用，更有效地杜绝福利彩票公益金占用、挪用、滥用等效率低下的现象。

第一节　福利彩票公益金管理信息系统的含义与作用

一　管理信息化含义与管理信息系统的构成

福利彩票公益金管理信息化，是指运用信息技术处理福利彩票公益金的管理的一种手段。具体而言，福利彩票公益金管理信息化是将福利彩票公益金的分配、筹集、事务处理，资助项目申报、评审和审批，资助项目信息公开等业务过程数字化，通过各种信息系统网络加工生成新的信息资源，提供给各层次的福利彩票公益金管理者洞悉、观察各类信息，以便做出有利于提高福利彩票公益金使用效益的决策，使福利彩票公益金合理配置，最大限度地提高福利彩票公益金的使用效益。

总体而言，福利彩票公益金管理信息系统应当包括信息管理系统的战略管理、信息系统设计、信息系统开发、硬件部署，并通过有效的管理保障管理信息系统的运行得以顺利实施等内容。

二 福利彩票管理信息系统的作用

首先，促进管理规范，减少人为因素干预。管理信息化依靠现代信息技术的支撑，有利于实现管理规范化、流程化，减少管理过程中的主观随意性，降低人为干预因素。

其次，促进体制改革，科学分配管理资源。管理信息化可以提高福利彩票发行机构与管理机构的设置和资金分配的科学性，并保障人员配置的合理性，提高资金和机构的运转效率，促进福利彩票公益金管理体制的改革。

再次，促进监督管理，提高资金使用效益。管理信息化可以促进福利彩票资助项目的监督管理，提高使用过程中的透明度，实现福利效果的透明化、公开化，解决监控难的问题，防止公益资金流失、使用效益不高或组织机构冗余等问题。

最后，促进内部沟通，提高公益金使用效率。信息化管理通过对福利彩票公益金业务全过程的计算机网络化处理，实现管理部门内部、各环节的沟通和协调，并帮助收集外部、内部信息，提高福利彩票公益金的管理效率。

第二节 福利彩票公益金管理信息化的必要性

一 管理会计发展的必然要求

管理会计的新发展需要大力发展信息化管理来提供支持。在传统财务会计模式下，组织对内部经济数据进行搜集和分析，并依托分析模型建立对组织整体经营状况和财务能力的感知和认识。这种感知和认识是面向组织过去的事项和业务，是对组织已有财务活动的描述和分析。管理会计则不然，它通过构建条件约束模型将从组织经营活动中提取的财务信息，依据经济运行规律和模型特点，对组织未来经济活动的走势和财务状况作出预测。管理会计的这种前瞻性能够为组织的战略规划和决策提供信息支撑，帮助组织在迷雾重重的市场环境中找到合理的方向。同时，又能够帮助组织运用它去实现资源的合理调度与分配，并为组织建立起权责利相一致的管理体系，推动组织链条正常运转。管理会计涉及大量、复杂的财务数据的处理和分析，其模型的建立、分析和预测也是一项任务繁重的工程。而且因为管理会计要对彩票管理机构的业务和经营管理进行前瞻性预测，需要涉及不同部门的信息，需要各部门之间加以配合和支持。然而，目前彩票管理机构的业务处理（发行、销售等）虽然已经依托计算机和网络技术实现电子化处理，但信息化发展程度较日益增长的业务规模仍相对滞后，且财务管理信息系统在适应彩票业务特质上仍有不足，在数据的采集、分析、传递、资源共享等方面仍有欠缺，最终会对绩效管理的实施效果造成负面影响。

随着全球经济由工业经济向信息经济的转变，越来越需要信息管理渗透到各项管理工作中，否则会影响工作节奏或管理质量。信息化手段与现代管理共同构成一种相互依存、相互促进的信息管理系统。信息管理为现代管理职能的发挥提供全方位、全过程的信息，反过来，管理工作又促使信息管理去开发、收集、处理、传播、分配信息资源。信息带动管理的转变，进而对福利彩票公益金管理产生全方位影响。将信息管理引入福利彩票公益金管理中，将彻底改变福利彩票公益金原有的管理思想、管理方法和管理模式。福利彩票公益金的管理随着规模不断扩大、业务模式不断转变、社会福利服务需求环境的不断变化，导致对信息管理的要求从局部向整体、从总部向基层、从简单向复合进行演变。

因此，福利彩票管理信息系统建设，需要加快彩票业管理大平台的开发建设，促进彩票管理不同业务平台的对接和融合，整合信息资源和管理渠道，优化管理效率，提高经济效益。通过大平台建设，推动福利彩票管理信息系统的改革和升级换代，实现传统预算会计、财务管理和管理会计的充分融合和无缝对接。首先，在财务信息平台的构建上，应按照业务流程规范、科学地进行系统架构设计，并按照管理会计的特点和要求加注相应模块，提供管理会计的接入端口，推动办公系统自动化，促进福利彩票管理部门上下级、同级之间的交流，逐步取消公文的传统运行方式，实现无纸化、信息化办公，提升工作效率、节省单位运行成本。其次，将风险控制纳入财务信息化平台，加强对各站点的销售信息实时监控和统计，建立内外会计信息报告系统。通过管理信息系统建设，促进各部门之间的沟通协调和合作交流；规范业务流程，排查风险点，实现对福利彩票的全过程动态管理，建立起彩票管理的风险防范制度体系。最后，财务信息平台的实施过程中应重视权限管理体系的建立，加强彩票管理信息的授权审批管理，提高网络管理安全。另外，应注重推进彩票管理机构改革，加快职能分离，完善内部控制建设，营造良好的管理会计实施环境。

二 在管理资源有限条件下的有效选择

在习总书记提出的建设全国一体化国家大数据中心的精神指引下，如何结合福利彩票发行和公益金管理现状和特点，让互联网＋福利彩票的信息化管理发挥必要的作用，既是福利彩票发行宗旨落地的要求，也是提高管理安全和加大社会监管的要求。

当前福利彩票的管理资源相对匮乏，特别是理论研究较少、人力资源缺乏必要的专业性和稳定性、工作经费并不充裕。在资源有限的条件下，开展福利彩票管理信息系统建设，能够将软件运用与硬件操作系统结合，对福利彩票公益金实现流程化管理，对各个层级资料集中查阅、审批，达到经济、快速、有效使用信息的目的，从而节省福利彩票公益金管理人员的时间、精力和成本。

有些省份已经利用管理信息化系统提升了福利彩票的管理效果，例如，广东省肇庆市福利彩票中心率先在全省采用彩站管理信息系统，充分发挥了现代信息技术有效整合资源、提高工作效率、提升管理水平的目标，有力地推动彩站从"粗放式管理"向"精细化管理"转变；山西福利彩票中心"用信息化建设加强福利彩票管理，主动适应互联网＋的发展趋势"，已完成山西福利彩票信息化二期工程，使福利彩票管理快速走向规范化、科学化。这些都为福利彩票管理部门在全国范围内开展和推广福利彩票管理信息化积累了宝贵的经验，同时也将推动我国福利彩票公益金管理信息化建设的进程。

三 管理信息化是福利彩票公益金管理条例的规定内容

"关于贯彻落实《彩票管理条例实施细则》的通知"（财综〔2012〕6号）已经提出"抓紧建设彩票管理信息系统和发行销售系统"的要求，《民政部本级彩票公益金使用管理办法》还规定，符合宗旨的信息化建设作为公益金的主要资助内容之一。由此可见，福利彩票公益金管理信息化建设是法律法规的一种强制性要求。这种强制性要求也充分说明我国民政部门已经充分认识到管理信息化对于提高福利彩票公益金管理效率和效果并实现发行彩票宗旨的重要意义。加强福利彩票公益金管理信息系统建设，将福利彩票销售与公益金的管理与使用、分配等信息有效对接，能够进一步提升福利彩票的公益形象，增强信息的透明度，让福利彩票公益金的绩效管理变得可行，并得到公众认可。

第三节 福利彩票公益金管理信息系统的模块化建设

福利彩票公益金管理信息化是实现福利彩票管理信息化建设的关键环节，如何将结合现有办公信息化系统和各类管理软件系统，建设完成福利彩票专项模块化建设，快速推进福利彩票发行和公益金使用的全面信息化管理，以实现数据共享、信息共享和管理共享，已是当前福利彩票管理信息化面临的重要问题。

一 管理功能设计

随着信息技术的发展和电脑的普及，各省福利彩票公益金管理部门已基本配备了电脑、照相机、扫描传真机等电子设备，为管理信息化功能的实现，奠定了物质条件。另外，工作人员也都基本初步掌握了各种软件操作知识和经验，对管理信息化有一定认识，这些都为鼓励彩票管理信息化的顺利实现，提供了可能。

第五编 完善福利彩票公益金绩效管理的建议

为了加强福利彩票公益金规范管理,提高公益金资助项目的社会效益,提高资金使用效率和效果,管理信息化系统可以从五个模块加强对福利彩票公益金的管理,具体为系统维护、筹集与分配管理、项目管理、数据查询和统计、信息公开五部分。图 5-1 展示了福利彩票管理信息化功能树,具体解释如下。

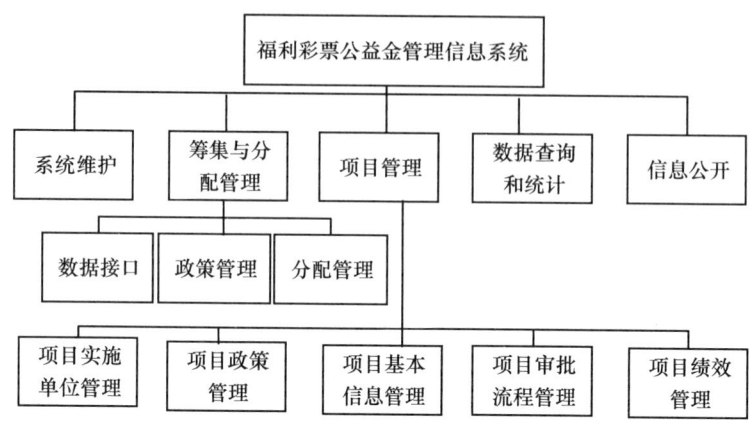

图 5-1　福利彩票管理信息化功能树

系统维护功能,是指对管理信息系统的维护功能,包括系统整体结构、用户和密码管理、数据库管理等内容。

筹集与分配管理功能,重在解决对福利彩票公益金筹集与分配的管理问题,包括福利彩票公益金分层级、按月、按比例筹集及提取分成等内容。

项目管理功能,主要解决福利彩票公益金资助项目的管理问题,包括福利彩票公益金资助项目的申报管理、评审过程管理、资金下达及执行、项目验收、绩效评估管理、项目实施单位的资格与基本信息管理等内容。

数据查询和统计功能,指对福利彩票公益金数据信息的存储、查询和统计,包括福利彩票公益金的筹集及分配信息、项目管理信息、项目绩效信息、项目实施单位信息等信息,并提供各单项统计查询、月报、季报、年报及其他单项或综合统计报表等查询需求。

第五章 完善福利彩票公益金管理信息系统

信息公开功能，是指对福利彩票公益金相关信息等进行公开，包括资金信息、项目信息等。

二 主要业务流程管理

在管理信息系统的整个业务流程（见图 5-2 所绘制的福利彩票管理信息化数据流程图）中，需要福利彩票发行单位、福利彩票公益金管理部门、项目实施单位共同参与，提交相关数据到福利彩票公益金管理信息系统，比如发行金额信息、申请资助金额、申请原因等，管理部门进行数据收集、资金分配与项目审核等工作，项目申请方通过该系统能够及时了解项目反馈信息。

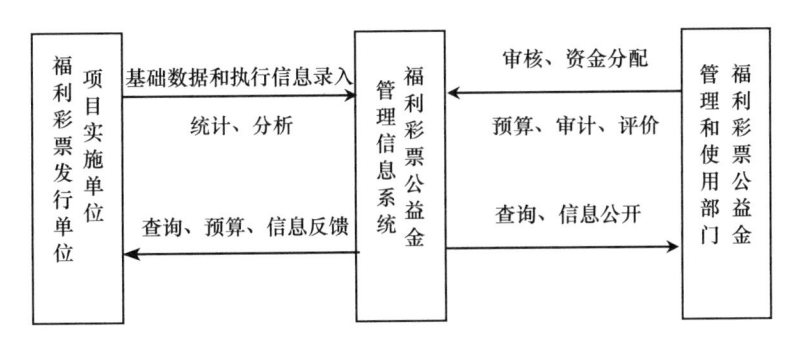

图 5-2 福利彩票管理信息化数据流程

（一）福利彩票公益金的筹集及分配管理流程

图 5-3 是福利彩票公益金的筹集及分配管理的流程情况。首先，福利彩票发行部门建设发行数据库，用来反映福利彩票的发行销售情况数据；其次，福利彩票公益金管理信息与发行数据库进行对接，每月直接提取销售数据；再次，省级民政部门通过查询界面，获取福利彩票公益金每月的分配报表与可利用公益金的情况；最后，省级财政部门可以通过查询界面，了解相关信息，并将情况及时提交国库，用于福利彩票公益金的进一步分配。

（二）资助项目管理流程

图 5-4 是福利彩票公益金资助项目管理流程图。图中①表示项目实施单位"填报"项目信息；②经福利彩票公益金管理信息系统

第五编 完善福利彩票公益金绩效管理的建议

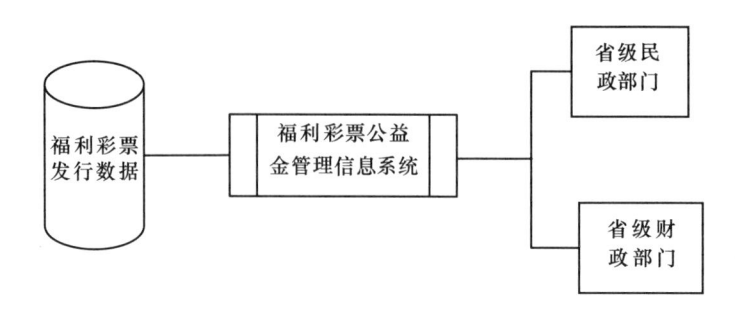

图5-3 福利彩票公益金筹集与分配管理

提交给项目主管部门审批；③项目审核通过，由省民政部门的项目评审委员会做项目评审工作；④项目评审通过，把该项目归入项目库管理；⑤福利彩票公益金结余，省级民政部门从"项目库"选出项目，并下拨经费到项目实施单位，图中虚线表示资金拨付过程；⑥项目实施终结，项目实施单位提交项目绩效评估报告；⑦项目绩效评估报告提交项目主管部门；⑧项目绩效评估报告报省民政部门评估；⑨省级民政部门公开福利彩票公益金资助项目信息；⑩项目绩效评估情况经实施单位、项目主管部门、省级民政部门、财政部门层层审核报送，作为下年度预算的参考。

其中，项目库功能在于，所有经过项目主管部门审批通过的项目，统一归入项目库进行管理，可以按照社会福利事业发展规划对这些项目进行排序，等待福利彩票公益金资助，一旦福利彩票公益金出现结余，即可考虑从项目库筛选项目资助。至于项目库排序，需要注意的问题是，项目的排序最好由专门的项目评审委员会决定，既要考虑时间顺序，也要考虑项目自身情况是否符合社会福利事业预算与发展规划，还要考虑项目自身的可行性报告，比如前期准备工作是否充足、配套资金到位情况等，这样能够提高福利彩票公益金的使用效率。

这个过程流程化，有充分的数据记录，能够保障项目全过程透明，减少人为因素干扰、干预，对项目申报、审批全过程进行监控。另外，绩效评估报告可以作为来年项目申报与审批的参考，也能保障福利彩票公益金落到实处。

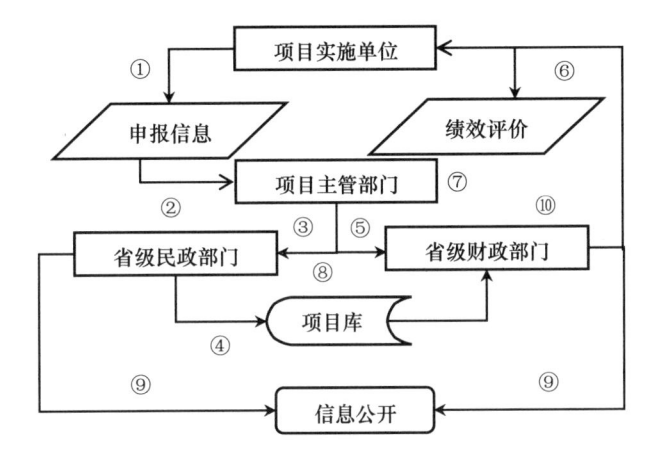

图 5-4　福利彩票公益金资助项目管理流程

三　福利彩票公益金的档案管理

为了方便管理与监督，所有福利彩票公益金资助项目信息，必须完整保存，公益金评审委员会或类似职能机构负责其归档工作。比如可以通过项目预算支出明细表等详细记录公益金使用情况，示例详见表 5-1。

表 5-1　　　　福利彩票公益金资助项目预算支出明细

项目预算支出明细表												
明细项目/地区	支出经济科目	年度计划	计量单位	标准/单价（元）	资金规模	中央承担		省级承担		州县承担		自身承担		测算依据
^	^	^	^	^	^	比例（%）	金额	比例（%）	金额	比例（%）	金额	比例（%）	金额	^

福利彩票公益金资助项目按照项目支出的不同，需要提供的申报归档材料也不同。这就需要根据实际情况，逐步完善规范归档材料。比如对于基本建设项目而言，可行性研究报告、立项批文、配套资金落实说明等文件是需要提交的；对于修缮改造项目，则需要提交改造方案、修缮部分外观图纸、工程匡算表、资金来源预算等文件；购置设备或设施项目则需要项目清单、品牌、规格、价格和数量信息等；购买服务项目时，服务内容与方式、人数、进度安排、宣传资料等内容不可少。为了档案资料归档的便利，这些资料可以以 Word 文档、图片、视频等多种形式保存，管理信息系统要能够兼容各种形式。

四 绩效评价

为了对福利彩票公益金资助项目进行绩效评价和跟踪问效，每年年终，项目实施单位都要向相关管理部门、民政厅等报送项目执行情况报告、项目绩效评估报告、项目支出结余信息、项目社会效益或经济效益等情况。绩效评价指标的设计可以从项目绩效评价、县（区）级管理指标、市（州）级管理指标和省级管理指标四个层次着手。

在项目绩效评价方面，可以从任务完成情况、项目管理情况（包括制度建设、项目质量监督管理、项目档案管理等）、资金管理（包括资金使用有效性、资金管理合法合规性、地方配套资金到位率等）、综合效益、群众满意度等方面进行评价。

在县（区）级管理指标、市（州）级管理指标和省级管理指标的设计方面，可以从项目管理和资金管理两个方面进行，前者包括组织领导情况、项目申报管理情况、项目监督及验收情况、项目考核与总结情况、项目档案管理情况等；后者包括资金拨付及时性、资金监督检查情况、配套资金到位率等。

绩效评价满分可以设为 100 分，通过综合评分，得到福利彩票公益金资助项目的绩效得分。例如，评价结果可以分为五个档次：优、良、中、差、非常差。

五 系统实现的技术保障与环境条件

在技术保障方面要做到以下几个方面：第一，福利彩票公益金管理信息系统需要综合反映项目申报、评审、审批、执行及绩效评估全过程；第二，要有弹性，在数据结构和算法方面具有可扩充性，能够适应政策的变化；第三，用户操作应该尽量简单、方便，容易理解；第四，要有强大的查询和统计功能；第五，能够存储文字、图片、视频等信息，兼容性好；第六，预留数据接口，解决系统之间对接问题，便于从其他系统进行数据导入，提高数据录入效率。

在环境建设方面，完善管理信息系统需从多方面入手综合考虑。首先是充分利用现代管理手段，推进政务公开平台建设。福利彩票管理部门应该响应财政部号召和要求，加强民政部门门户网站建设与管理，强化与相关网站和"两微一端"等新媒体、新技术结合，推动信息多平台同步发布，提升信息公开效率；优化板块设置，整合信息内容，初步建立一体化网上政务服务平台，充分发挥民政部门户网站政府信息公开第一平台的作用；及时通过门户网站发布政策法规、制度文件、通知公告、工作动态等信息；积极推进网站集约化建设，及时转载国务院网站相关政策信息，统一汇总部属网站信息资源，推进信息共享建设。同时，还要强化各种信息化手段的综合使用，例如网络、电视、报纸等。此外，还要不断加强中国社会组织网、"慈善中国"网站、全国行政区划信息查询平台建设，将福利事业信息化管理推向全社会，切实保障社会公众的参与权、知情权和监督权。

福利彩票公益金信息化系统建设不应局限于现有管理手段的信息化应用，还应加强对福利彩票公益金管理和使用部门、单位的人才引进和培训，以便更有针对性地提高福利彩票公益金的信息化管理水平。

第六章 构建福利彩票公益金绩效审计框架

长期以来，传统的福利彩票审计重点不科学，以公益金的合规性与合法性为主，对其分配合理性以及使用效果等审计力度较小，审计范围不明确、过程不透明等影响了审计的公信力和约束力；审计也未形成长期的评估机制，缺乏定期后续跟踪审计，而是以零碎的审计模式为主，这样很难对福利彩票公益金的绩效形成科学、全面的审计结论；审计评价指标也缺乏科学性，因为绩效评价指标涉及内容较多，包括分配环节和使用环节、长期效益和短期效益、经济效益和社会效益及内部控制等多个方面，传统的审计指标很难实现全面和准确；审计人员素质参差不齐、整体偏低，特别是审计人员的知识结构单一，以财务审计为主，其传统的审计思维模式难以突破绩效审计的禁区。针对这一系列问题，我们认为有必要尽快构建一套与福利彩票公益金绩效管理目标和机制相匹配的福利彩票公益金绩效审计框架。为了更好地提出构建思路，下文主要以2015年审计署对UI福利彩票进行审计时发现的问题为例论证福利彩票绩效审计的必要性，进而提出绩效审计的目标和内容、绩效审计指标体系设计与评价，最后提出开展福利彩票公益金绩效审计应注意的问题。

第一节 福利彩票资金审计发现的问题

随着绩效预算的推行，绩效审计也提上议程。2014年11—12月，我国新中国成立以来首次对彩票行业2012年至2014年的彩票发行费和彩票公益金的状况进行了大规模的审计，涉及18个省，228个省市级彩票销售机构,以及4965个彩票公益金资助项目。该次大规模审计也被称为"彩票资金审计风暴"。2015年6月25日,审计署发布了对18省彩票资金审计结果公告(以下简称公告)。从审计结果来看,仍然存在很多问题。公告称,福利彩票公益金实质上并非用于福利建设的问题较为严重,共查出虚报套取、挤占挪用、违规采购、违规购建楼堂馆所和发放津贴补贴等违法违规问题金额169.32亿元,占抽查资金总额的25.73%;涉及彩票公益金资助项目854个,占抽查项目数的17.2%;一些地方还存在违规利用互联网销售彩票、彩票资金闲置等问题。为了清楚说明彩票管理(含福利彩票)中的问题,下面对这次审计情况进行介绍和分析。

一　首次审计18省彩票资金的范围和内容

据审计署介绍,2014年11月至12月,审计署集中进行了彩票资金审计。此次审计涉及财政部、民政部及所属中国福利彩票发行管理中心、体育总局及所属体育彩票管理中心,同时还有北京、山西、辽宁、吉林、黑龙江、上海、江苏、浙江、山东、河南、湖北、湖南、广东、重庆、四川、云南、陕西、甘肃等18个省(市,以下统称省)的省级财政、民政、体育行政等部门,以及228个省市级彩票销售机构、4965个彩票公益金资助项目。其审计内容是这些部门在2012年至2014年发生的彩票发行费、提取和使用的彩票公益金。根据财政部门和彩票销售机构提供的数据,2012年至2014年10月底,审计的18个省彩票销售收入6687.84亿元。其中:福利彩票3743.6亿元、体育彩票2944.24亿元。彩票销售收入中,中央集中和地方留成的彩票公益金共1855.54亿元,占27.74%;彩票发行费940.39亿元,占14.06%;彩票奖金3891.91亿元,占58.2%。

审计结果表明,2012年至2014年10月底,18个省的彩票公益金收入1134.82亿元。其中,中央集中彩票公益金对地方转移支付收入214亿元,地方留成的彩票公益金920.82亿元;安排彩票公益金支出896.44亿元;截至2014年10月底,累计结存彩票公益金507.79亿元(2012年初结存269.41亿元)。2012年至2014年10月底,扣除直接支付彩票代销者的销售费用等后,18个省的财政专户彩票发行费收入288.53亿元,安排给彩票销售机构业务费支出224.06亿元。截至2014年10月底,18个省财政累计结存彩票发行费132.5亿元(2012年初结存68.03亿元)。

二 首次审计查出的主要问题

此次审计共抽查彩票资金658.15亿元,占同期全国彩票资金的18.02%。审计查出虚报套取、挤占挪用、违规采购、违规购建楼堂馆所和发放津贴补贴等违法违规问题金额169.32亿元,占抽查资金总额的25.73%;涉及彩票公益金资助项目854个,占抽查项目数的17.2%。一些地方还存在违规利用互联网销售彩票、彩票资金闲置等问题。具体问题如下:

(一)虚报套取、挤占挪用资金总额近43亿元

首次彩票资金审计查出,各省虚报套取、挤占挪用彩票资金等42.87亿元。其中,73个单位通过编造虚假项目、提供虚假资料等方式,套取彩票资金5.96亿元;584个单位挤占挪用彩票资金33.3亿元,用于平衡一般预算、企业经营周转、弥补工作经费、违规对外投资等;23个彩票公益金资助项目被违规改变公益性用途,涉及金额3.61亿元。

(二)违规采购、账外核算等超90亿元

此次审计发现,违反规定采购、账外核算彩票资金等90.43亿元。具体情况是,59个单位未按规定集中采购、公开招标采购或超标准采购设备和技术服务等71.43亿元;34个单位在账外核算彩票资金1.06亿元;50个单位未及时足额将彩票资金上缴财政专户或国库17.94亿元。

(三)超百家单位违规使用彩票资金

此次审计共查出违规购建楼堂馆所、发放津贴补贴等36.02亿元,其中,中央八项规定出台之后的问题金额4.01亿元。具体如下:

共有141家单位使用彩票资金发放补贴等3.83亿元。例如,北京市体育彩票管理中心使用彩票发行费3905.55万元,超标准为本单位职工发放工资及奖金;吉林省体育局将彩票公益金182.54万元用于向本单位和下属训练基地管理中心等单位职工发

放奖金。

122家单位违规将彩票资金用于"三公"经费等支出7190.96万元,主要用于超标准或超编制购买和使用公车、违规组织出国(境)、借培训和会议等名义公款旅游等。例如,北京市体育彩票管理中心以工作研讨会的名义使用彩票发行费40.41万元,组织职工和区县体育局工作人员赴海南旅游;辽宁省老龄委办公室使用彩票公益金35万元,以考查老龄工作的名义组织员工等人外出旅游。

32家单位违规使用彩票资金31.47亿元购建办公楼、培训中心等楼堂馆所。例如,黑龙江省民政厅将彩票发行费6953.33万元用于购置和装修办公用房。

三 问题分析及处理结果

（一）问题背后的可能原因

此次审计发现并向有关部门移送重大违法违纪问题线索高达90起,主要集中在彩票销售环节和资金使用环节。一是个别彩票主管部门和彩票机构的工作人员利用职务便利,在行政审批、开展业务合作等环节非法牟利;二是个别单位和人员在管理彩票资金过程中,通过弄虚作假等方式侵占彩票资金;三是个别彩票销售商通过少报投注数据的方式隐瞒、侵占彩票销售收入;四是部分公职人员违规经营彩票投注站。

审计署有关负责人就彩票资金审计结果答记者问时称:"彩票资金审计中发现的问题,其产生原因是多方面的。除一些单位或人员主观上法纪观念淡薄、未严格执行相关规定外,还有彩票管理制度不完备、管理体制未理顺等管理方面的因素,同时,彩票行业监督管理不到位、彩票资金管理透明度不高等也是导致上述问题的重要原因。"

（二）整改建议及结果

同时,针对审计发现的问题,审计署已向相关部门和地方建议:一是开展彩票市场专项整治,清理整治违规利用互联网销售彩票等问题;二是对审计发现的问题依法整改,追究责任,并建立健全责任追究和问责机制;三是进一步完善彩票资金管理和使用具体规定,逐步健全彩票资金绩效评价机制。

截至2015年5月31日，有关部门和地方已通过追回资金、上缴财政、调整会计账目等方式整改问题金额145.1亿元。2015年12月22日，审计署发布《关于2014年度中央预算执行和其他财政收支审计查出问题整改情况》通报彩票发行费和彩票公益金审计查出问题整改情况。通报称，截至2015年10月底，有关部门、单位和地方整改问题金额794.73亿元（占99.4%），制定完善政策制度200个，处理274人。具体整改如下：

一是对虚报套取、挤占挪用专项资金等问题，通过归还原资金渠道、上缴国库或财政专户、停发或降低标准发放津贴补贴、补办手续、调整账目等方式整改164.33亿元（占97.1%）；其余4.99亿元正在落实整改中。

二是对未经批准利用互联网销售彩票问题，财政部等8个部门联合发文严格禁止，各地开展自查自纠，全面停止了违规互联网销售彩票行为，财政部等正在研究完善有关管理办法。

从本次大规模审计情况来看，我国彩票资金管理还存在很多问题，彩票资金管理审计的作用显著。

四 对本次审计风暴的评价

彩票从发行到公益金的使用牵涉面广，特别是福利彩票事关我国福利事业发展，其管理和运营好坏也关系到国民利益和政府形象。通过这次大规模审计发现，彩票管理制度不完备和管理体制未理顺以及彩票行业监管不到位、彩票资金管理不透明等系列问题。通过分析本次大规模审计结果，我们发现，彩票管理的相关法律法规体系亟待完善，彩票系统的预算管理、绩效考核和激励机制、信息公开制度及审计监督制度等均需要尽快改革完善。与当前福利彩票绩效管理改革相匹配，构建绩效预算、绩效评价和绩效审计为一体的立体式福利彩票管理机制具有重要的现实意义。前面章节均已论述福利彩票公益金绩效管理机制的构建问题，本章后面内容则从绩效审计视角提出福利彩票公益金绩效审计的框架思路，以为福利彩票公益金绩效管理的顺利推行提供进一步保障。

第二节 福利彩票公益金绩效审计目标与内容

福利彩票公益金众多问题的暴露说明，单纯依靠大规模审计显然不是长久之计。这些说明，随着彩票发行激增和彩票公益金使用的关注度不断提高，不仅福利彩票管理改革迫在眉睫，审计改革也提上议程。合法合规性审计固然重要，但公益金的使用是否科学合理、是否高效、效果是否达到预期等也应该成为审计的重点，这也是新时代落实放管服、推行行政事业单位改革的必然要求。因此，传统审计应向绩效审计思想转变，从基本的合法合规性审查，向经济性、效率性、效果性审计过渡，相应地，审计的目标、内容和方法也应进行变革。

一 福利彩票公益金绩效审计的目标

福利彩票公益金绩效审计的目标是要在合法合规性审计基础上，对福利彩票公益金的销售环节、分配环节、管理环节、使用以及评估等整个过程进行审计，并对福利彩票公益金管理制度的设计、内部控制制度建设以及关键风险点进行评价，以促进福利彩票公益金的有效管理与使用，实现"扶老、助残、救孤、济困"的发行宗旨。

从当前绩效审计的理论与实践发展来看，福利彩票公益金绩效审计的目标也可以分解为合法性、效果性和效率性三个方面。

（一）合法性目标

为了适应我国市场经济环境的要求，中国特色的绩效审计需要通过审查社会效益来考查"合规性"，通过对社会效益的关注来实现"合规性"的目标。社会效益也是福利彩票发行的主旨，因此对于福利彩票能否"取之于民、用之于民"，并"取信于民"，福利彩票公益金的管理是否经得起审计举足轻重。我国治理反腐工作效果显著，行政事业单位改革也初见成效，福利彩票公益金的合法性目标是基本底线，绩效审计将不再将其作为福利彩票公益金审计的重点。

（二）效果性目标

绩效审计的效果性目标是指通过审查与评价福利彩票公益金各管

理环节既定目标实现的程度,以协助福利彩票公益金管理部门改善经管水平、提高经管效果。为了适应我国经济模式的转变,中国特色的绩效审计必须通过审查经济活动的效果性,即通过对经济效益的关注来实现"效果性"的目标。效果性目标直接关系到福利彩票管理部门能否严格遵循福利彩票公益金"扶老、助残、救孤、济困"的使用宗旨,提高福利彩票公益金使用效率,促进社会福利事业的发展。因此福利彩票公益金绩效审计应重点关注这一目标。

(三) 效率性目标

绩效审计的效率性目标是对被审计单位(或其生产、经营和管理部门)的经营管理效率进行审查和评价。效率评价的重点是被审计单位的经管流程的先进性、科学性、合理性和规范性。为了适应我国经济发展方式的转变,助力可持续发展战略,福利彩票公益金的绩效审计需要通过审查公益金的利用效率来考查"效率性"目标。

当前阶段,福利彩票公益金绩效审计还需三个目标并行,共同为监督福利彩票公益金的宗旨实现提供服务。

二 不同审计环节的重点审计内容

与福利彩票公益金的管理分为销售环节、分配环节、使用环节、内部管理和控制环节以及评估环节相对应,我们将福利彩票绩效审计内容也分五个部分进行讨论。

(一) 销售环节审计

公益金的来源清晰明了是公益金得到有效使用的前提条件。福利彩票销售决定了福利彩票公益金可使用资金的规模大小,而福利彩票种类的设计与销售网点的分布是决定福利彩票销售量的重要因素。由于福利彩票的发行权一般在中央和省级主管部门,所以地方审计机关审计福利彩票公益金取得是否合法合规的重点应为地方政府所辖各个城市销售网点的分布是否科学合理。福利彩票销售环节能否全部将收入纳入预算,及时足额收取,营销是否有效率,预算决算信息是否有效公开等都将影响销售环节的管理。销售过程和方式是否合法合规,是否存在舞弊行为,也应该予以关注。例如审计过程中就发现过某市原体彩中心主任周某违规开展互联网彩票销售业务,收受大量钱财的案例①。

（二）分配环节审计

福利彩票公益金分配环节不仅包括地区之间的分配，还包括在"扶老、助残、救孤、济困"项目之间的分配。福利彩票的分配需要统筹考虑我国各地区人民需求、从战略发展角度设计规划，既要有所创新，又要坚持宗旨。福利彩票公益金的分配结构直接影响到公益金流向与格局分布。所以，关注福利彩票公益金分配是否合法合规、是否科学合理、地区间分配是否向人口多和经济不发达地区倾斜、项目间分配是否向最需要的项目倾斜等就成为该环节审计重点。福利彩票公益金管理部门是否定期统计汇总分析、分析结果是否公示等也将逐渐成为审计的主要内容。

（三）使用环节审计

福利彩票公益金的使用环节需关注其使用是否符合《福利彩票公益金管理使用办法》所规定的使用范围和用途，是否存在截留、挪用、弥补办公经费不足等违规行为。对于大型的公益金项目，主要审计：对于公益金资助的社会福利设施，是否建立永久性标志，标明资助单位、资助金额、竣工时间等内容，公益金资助购买的设备、器材是否标明捐赠字样；公益金资助建设的社会福利设施因故变卖、转让，因此改变服务性质的，其变价收入中与原公益金资助数额相等的部分是否归还公益金财政专户；属于建设类项目的工程竣工后，受资助单位是否向各级民政部门、财政部门提供竣工验收报告和结算报告等。

（四）内部管理和控制环节审计

福利彩票公益金的内部管理和控制环节审计应该重点审计资金管理，包括资金拨付与审批程序是否符合规定；项目管理，包括项目的决策程序是否公开、公正与合规等；维修与维护是否及时；控制措施是否健全有效等。

（五）评估环节

福利彩票公益金的评估环节重点是整体评估本级与下级主管部门

---

① 刘严斌：《彩票背后的秘密》，http：//www.audit.gov.cn/n815/c109194/content.html，2017年11月14日。

对福利彩票公益金资助项目是否科学统筹，是否存在雷同闲置浪费情况；评估福利彩票公益金是否改善了孤老、孤残、孤儿、优抚对象、伤残军人的服务设施及条件，是否加强了老年人活动场所建设，是否加强了殡仪馆建设和改造，是否推动了义肢助残项目的实施，是否发挥了福利彩票公益金济困赈灾的作用等；评估福利彩票公益金的使用是否按要求定期向社会公布等。

不同时期，福利彩票公益金各环节绩效审计的目标和内容会随着经济发展和环境变化而有所区别。

第三节 福利彩票公益金绩效审计指标体系的设计

从当前我国政府部门改革阶段性来看，整体上现行的绩效审计缺乏一套科学的绩效审计评价体系。这导致很多部门和事项即使做了大量的审计工作，由于评价制度的不完善，结果也不甚理想，降低整个绩效审计的功效。所以开展绩效审计，需要有科学的审计评价标准来评价被审事项绩效的好坏。福利彩票公益金绩效审计指标体系是指由相互关联、相互制约的若干个用以度量和评价福利彩票公益金管理部门管理的合法性、效果性和效率性的指标构成的一个有机整体。该指标体系应能够从不同角度评价福利彩票公益金管理部门的社会和经济效益，且能应动态指标和静态指标相互结合。

一 福利彩票公益金绩效审计指标体系设计的依据和原则

（一）法律政策依据

《中华人民共和国审计法》第二条规定，审计机关对前款所列财政收支或者财务收支的真实、合法和效益，依法进行审计监督。《中华人民共和国审计法实施条例》第二条对其进一步进行解释也提到，审计法所称审计，是指审计机关依法独立检查被审计单位的会计凭证、会计账簿、财务会计报告以及其他与财政收支、财务收支有关的资料和资产，监督财政收支、财务收支真实、合法和效益的行为。这说明，从法律法规层面，均要求开展绩效审计。

从政策层面，与绩效预算改革相应，审计署在《2008年至2012

年审计工作发展规划》中提出"为促进转变经济发展方式，提高财政资金和公共资源配置、使用、利用的经济性、效率性和效果性，促进建设资源节约型和环境友好型社会，推动建立健全政府绩效管理制度，促进提高政府绩效管理水平和建立健全政府部门责任追究制，到2012年，每年所有的审计项目都开展绩效审计"。自此，全面绩效审计进入积极实施阶段。

依据法规和政策要求，福利彩票公益金管理部门应对福利彩票公益金的来龙去脉及管理等问题进行全面的绩效审计评价。为确保绩效审计有效开展，在实施绩效审计前，应首先明确绩效审计评价的指标体系。通常，一个完整的绩效指标评价体系包括科学的考评指标、评价标准和管理制度。

（二）设计原则

福利彩票公益金绩效审计评价指标体系设计，在合法前提下，要满足绩效审计目标，首先应该明确设计的基本原则。

1. 战略性

绩效审计应该建立在战略发展基础上，因此福利彩票公益金绩效审计评价指标体系设计既要包括短期绩效指标，又要重视长期绩效。在现实经济生活中，短期利益与长期利益往往存在矛盾，有时管理部门的领导为了"政绩工程"会做出忽视甚至牺牲长期利益的决策。因此，在设计绩效审计评价指标体系时，应坚持短期绩效指标服从长期绩效指标的原则，推动福利彩票公益金促进社会健康和谐发展的可持续性目标的实现。

2. 定性与定量相结合

在福利彩票公益金绩效审计评价指标体系设计时，应明确定性指标和定量指标的互补性作用。定性指标是定量指标分析的基础，定量指标是定性分析的量化和具体化。福利彩票公益金绩效审计评价指标体系设计不能一味使用定性标准或者片面强调采用定量标准。量化指标易测量，更客观；定性指标更加灵活，但易带进评估者的主观因素，且区分度和信度较差。结合我国福利彩票公益金绩效管理存在的问题，我们认为当前福利彩票公益金绩效审计评价指标体系设计中应采取以量化为主、定性为辅的原则。

3. 全面性

在福利彩票公益金绩效审计评价指标体系设计时，应涵盖福利彩票公益金管理的各个环节和全部重要方面。具体来讲，就是要对福利彩票公益金的经济性、效率性和效果性进行全面系统的绩效审计评价。具体包括，福利彩票公益金绩效管理部门资源配置（包括人力、物力和财力）是否科学合理、资金和资产的利用是否合法高效（是否符合预算控制要求、是否符合发展需要、是否满足受益群体的需求等）及制度的效益是否符合国家的法律政策和内部控制要求。

二 福利彩票公益金绩效审计指标体系的标准选择

绩效审计中的标准是对审计评价事项的度量。福利彩票公益金绩效审计的标准对福利彩票公益金管理部门而言，是绩效管理的一项重要依据，也事关激励和绩效，同时也是审计部门作用是否有效发挥，具有很强的导向性。因此，如何恰当选择对福利彩票公益金管理部门及公益金项目的审计标准，关系到审计结果的客观性和公证性，也关系到福利彩票公益金管理部门的切身利益。

在对福利彩票公益金绩效审计标准进行选择时，首先应该确保标准的科学性。科学的标准应该是符合国家大政方针且在现实工作中通过努力是可以达到的。例如有些福利彩票公益金项目从可研到实施和竣工时间跨度很大，可研设定的条件会随着时间、法规政策而变化，因此在选择审计评价标准时就需要考虑这些变化，随时修正。

其次，不同类型、不同地区、不同需求的项目应该考虑标准的差异性。统一的标准便于审计和比较分析，但过于笼统和单一的标准，会影响审计效果。福利彩票公益金来源单一，但用途却广泛，如何兼顾可比性和差异化的要求，是当前需要认真研究的重要问题。

最后，还要注意选择的标准的权威性。也就是说，选择的标准应该是能接受时间和受众的长期检验的。绩效审计评价结果不仅对福利彩票公益金管理部门和项目以及受众有重要影响，也直接与审计机关和审计人员的审计风险高度相关。因此审计标准必须保证权威性。合法性合规审计的标准是国家的财经法规，权威性是不容置疑的。但是绩效审计评价的效率性和效果性，其权威性相对来说较难确立。这说明，福利彩票公益金绩效审计评价权威性的问题实质就是解决标准的认可度和接受度的问题。因此，在选择福利彩票公益金绩效审计评价标准时应依次按照"法定标准—公认标准—行业标准—专家评判—集体决策"等综合选择来确定具体的评价标准。

三 福利彩票公益金绩效审计管理制度的设计和完善

2013年1月22日，习近平总书记在十八届中央纪委第二次全会上提出"要加强对权力运行的制约和监督，把权力关进制度的笼子里，形成不敢腐的惩戒机制、不能腐的防范机制、不易腐的保障机制"，这充分说明了规范制度在政府部门改革实践中的重要性。从前面分析可知，我国福利彩票公益金绩效管理制度还存在较多问题，亟待系统性改进和完善。因此，福利彩票公益金绩效审计制度的设计和完善至关重要。

首先，审计部门、财政部门和民政部门应尽快联合研究制定专门的福利彩票公益金绩效审计制度和实施细则，使福利彩票公益金绩效审计工作有法可依、有据可查，查得有底气。制度的制定必须细化，即对绩效审计的范围、内容、重点、评价标准、结果运用以及报告制度等都要提出明确具体的要求，确立了基本的制度框架并出台配套的指导细则。

其次，福利彩票公益金绩效审计工作还有待于宣传培训和人才培养的有力支持。一方面，好的制度必须要有人理解和支持，而这有赖于宣传培训工作的跟进。绩效审计的宣传可以通过多种形式，如领导在重要工作会议上提出、开展专业培训班、通过媒体宣传等。绩效审计的培训应该尽量选择对福利彩票事业有研究的专家学者或是实务工作者，以提高培训的针对性。另一方面，长期以来我国审计人员配置缺乏复合性，知识结构难以满足绩效审计的要求。当前大数据、互联网等发展已经极大地改变了审计的内容和方式，审计人员只具备财经、审计方面的知识是不够的，还要求通晓经济管理、金融甚至工程等多方面的专业知识。

此外，还要注重加大对福利彩票公益金绩效审计人员的激励力度。对福利彩票公益金绩效内部审计人员的考核办法、优秀审计项目评选、审计项目后评估等管理措施都应积极转变激励理念，增大衡量绩效审计成果的比重，从而激发审计人员开展绩效审计的积极性。对于福利彩票公益金绩效外部审计人员，相关部门应明确绩效审计目标和激励管理办法；对于委托审计中介机构审计的，也要在合同中明确规定绩效审计的指标体系和效果要求；对应付了事或者审计结果与事实差异较大的中介机构实行黑名单管理制度，并记入相关责任人的诚信档案。

四 福利彩票公益金绩效审计指标体系及评价要点示例

表 5-2　　　　福利彩票公益金绩效审计指标设计与评价

主要环节	审计指标	评价要点
销售环节	福利彩票销售额 销售增长率 福利彩票销售网点数量及分布 销售网点平均销售额 销售管理制度是否完善 定期统计分析频率和效果	分析销售规模增长率和网点增长率，若前者高于后者，可适当增加销售网点数量；反之，则销售网点应得到控制，避免销售网点过分集中带来的资源浪费和损失； 对福利彩票销售各环节是否采取有效措施进行管理；制度是否具有可操作性；定期核对统计次数等
分配环节	不同地区人口数量 人均福利彩票公益金金额 不同地区财政收入 人均财政收入 不同项目分配比例 分配是否及时足额到位 分配是否满足需要 分配审批环节是否合理	分别计算"扶老、助残、救孤、济困"等项目分配的公益金金额，按大小排序，比较是否与国家支持政策匹配。如果匹配，则表明分配惠及群体区域最大化；分析不同地区人均福利彩票公益金和人均地方财政收入，比较二者关系，理论上福利彩票公益金应该向欠发达地区和人口多的地区倾斜； 分配的时间和拨付额度是否与预算相符；分配是否满足福利彩票公益金的宗旨
使用环节	福利彩票公益金投入总额 未按规定用途使用金额 超用途使用金额 资助项目总数 未招投标金额 项目损失浪费金额 未执行政府采购金额 维修维护费用 未注明标示问题 预算调整率/预算差异率 对生态环境的影响	分别计算福利彩票公益金投入总额、未按规定用途使用金额、超用途使用金额、资助项目总数、未招投标金额、项目损失浪费金额、未执行政府采购金额、维修维护费用等各个指标，评价福利彩票公益金使用的合法性与合理性，福利彩票公益金是否存在不合理调整和异常差异

续表

主要环节	审计指标	评价要点
内部管理和控制环节	违规审批金额 拖欠的应付账款 购买物品不合格金额 管理制度完善性 审批流程通畅性	通过对内部控制制度的了解，初步判断福利彩票公益金的制度控制是否有效、是否健全
评估环节	主管部门每年公开的福利彩票公益金使用情况次数 群众满意度	通过对其使用情况的公开次数，判断福利彩票公益金透明度，如未对每题定期公布，应督促定期公布相关信息，让更多群众了解福利彩票公益金，并合理采纳群众的意见

本书基于绩效审计评价内容分析，结合相关审计和评价理论和实地调研结果，从福利彩票管理的五个环节分别设计了一套可供参考的福利彩票公益金绩效审计指标体系（表5-2是福利彩票公益金绩效审计指标体系及评价要点示例），并给出了评价要点。这套评价指标体系涵盖了福利彩票公益金绩效管理的全部环节，分别从经济效益、生态效益和社会效益给出了指标示例。但由于福利彩票公益金绩效管理涉及众多内容和环节，因此该示例并不全面。这里只是想通过示例使读者了解福利彩票公益金绩效审计指标体系设计的思路。

第四节　福利彩票公益金绩效审计推行中应注意的问题

一　在全国推行大规模公益金绩效审计

福利彩票审计实施以来，公益金的绩效审计之路并不平坦，原因是随着福利彩票公益金收入的不断增多，福利彩票公益金已然成为当地政府的重要收入来源，政府部门对其开展独立审计的动力不足。这造成地方审计部门在公益金审计中人、财、物资源受到当地政府限制，难以有效实施审计工作。因此我们必须在上级审计部门部署下，借助第三方的公正力量对福利彩票公益金使用进行监督审计，扩大审计范围，彻底弄清福利彩票发行中存在的问题，弥补监督体制不足，将公益金归拢财政账户，提高其使用效果和效率。

二 构建公益金媒体跟踪审计程序

跟踪审计作为一种特殊的过程审计，能够对审计过程中出现的问题进行整改和规范，能够大大促进审计质量提高。比如，通过调动新闻媒体参与，对福利彩票公益金绩效审计工作进行跟踪，通过社会舆论对福利彩票公益金绩效管理施加压力。另外，新闻媒体报道具有及时性与内容普及性，跟官方审计相辅相成，起到比照和监督作用，最大限度地降低福利彩票公益金审计盲区。

三 注重福利彩票公益金审计的广度和深度

福利彩票具有自己的发行规制，因此其买卖、抽奖和资金使用都应该公开透明，接受社会的广泛监督。在这一过程中，要注重体育彩票公益金审计的广度和深度，不断延伸体育彩票公益金的审计范畴。只有这样，才能发现问题、解决问题，推动福利彩票事业的发展，助力其形象的重塑。

福利彩票公益金绩效审计是一项系统工程，要求各级部门和单位从上到下、从点到面都要配合绩效预算和绩效管理的需要。通过搭建福利彩票公益金绩效审计、绩效预算和绩效管理的三位一体式框架，形成共同作用的合力，提升福利彩票公益金的作用效率和效果。

第七章　探索发行"生态"福利彩票

党的十九大报告中指出，要加快生态文明体制改革，建设美丽中国。将生态彩票纳入生态建设融资渠道，有利于促进生态建设资金筹集方式的多元化发展，减轻政府的财政压力（孙亚男、陈珂，2018）[1]，因此，在全球环境问题十分严峻的当下，推行生态彩票是十分必要的（邓凌翃、温作民，2011）[2]，是利国利民的好事。研究表明，从行为经济和利他主义经济思想、心理学等角度分析（邓凌翃、温作民，2010[3]；邓凌翃、温作民，2011等），人们都有意愿支持和购买生态彩票。实证数据也对这些观点予以了证明（刘呈庆、蒋金星和尹建中，2017[4]；孙亚男、陈珂，2018等）。然而，时至今日，我国并未正式发行生态彩票，主要原因是发行生态彩票相关的理论体系和法规制度体系还不成熟，因此本章也只是在前人研究基础上进行的探索分析。

第一节　生态福利彩票的提出和必要性

一　生态福利彩票的提出

1999年年底，上海曾发行过一套价值5000万元的环保题材福利

---

[1] 孙亚男、陈珂：《基于选择实验法的民众生态彩票购买偏好研究》，《商业经济与管理》2018年第5期。

[2] 邓凌翃、温作民：《关于"生态彩票"基于心理学视角的分析》，《南京林业大学学报》（人文社会科学版）2011年第2期。

[3] 邓凌翃、温作民：《关于推行生态彩票的研究文献综述》，《全国商情（理论研究）》2010年第12期。

[4] 刘呈庆等：《生态彩票购买意愿的影响因素分析——基于济南市的问卷调查》，《中南财经政法大学学报》2017年第1期。

彩票，其主要目的是为苏州河治理筹资。可查文献显示，19世纪初期，学者们开始探讨环保彩票的发行问题，例如刘成玉（2000）[①]指出了发行环保彩票的迫切性和重要性，并建议政府将其作为有力的经济调控手段；李树（2003）[②]则提出，发行环保彩票是解决和吸引社会闲散资金、推动环保产业发展的有效途径，也是促进彩票市场发展的重要举措。2015年7月22日，吴学安在《法制日报》上指出："生态彩票，这个可以有"[③]。从某种意义上说，福利生态彩票可能会比单纯的福利彩票、体育彩票拥有更大的市场——因为对每个人来说，只有解决了生态环境问题，才能考虑改善生存质量。特别地，当前我国正在构建节约型和谐社会，其终极目标是实现人与自然的和谐共生。

生态彩票的发行，从根本宗旨上与福利彩票是一脉相承的，受益人更加普遍，因此理论上是行得通的。

二 生态福利彩票发行的必要性

（一）有利于丰富当前以政府投入为主导的生态补偿机制

当前，我国生态补偿压力巨大。吴学安（2015）在《生态彩票，这个可以有》一文中提到，青海省委常委、副省长张建民指出"青海90%的面积为禁止或限制开发区域，保护面大线长，重点生态工程覆盖面不到应治理区的40%，黑土滩、鼠虫害、荒漠化、水土流失等问题严重，重度退化草地面积占可利用草场面积的21%。"中国生态保护资金绝大部分靠政府投入，而政府财力也是有限的，未免会显得捉襟见肘，入不敷出。因此我国当前也在积极探索各种生态补偿机制。比如通过社会公众补偿、社会捐赠、争取国际援助等多种途径筹集资金；再如积极运用森林碳汇、碳排放权交易、排污权交易、水权交易、生态产品服务标志等补偿方式，完善市场化补偿模式。生态福利彩票作为一种重要的环保融资手段和环境经济

[①] 刘成玉：《发行环保彩票，支持环保事业》，《生态经济》2000年第6期。
[②] 李树：《发行"环保彩票"问题探析》，《商业研究》2003年第6期。
[③] 吴学安：《生态彩票，这个可以有》，《法制日报》2015年7月22日。

手段，不涉及分配关系重组、利益分化、经济结构调整、行为习惯改变等，公众易于接受，社会阻力较小，障碍与干扰较少，因此我国部分专家学者呼吁发行生态福利彩票，补充生态补偿渠道，逐步构建以国家和省级财政统筹为主、社会参与为补充的多层次、多渠道生态补偿机制。可见，理论和实践均说明，发行生态福利彩票是有利于推动以政府投入为主导的生态补偿机制构建的。

（二）有利于唤醒社会公众保护环境的积极性和潜力

由于我国当前生态补偿主要以政府为主，市场机制未能充分发挥作用，这导致大家都认为保护环境是政府的事情，企业和社会公众保护环境的积极性和巨大潜力未被充分调动起来。而如果发行生态福利彩票，取之于民、用之于民，既能培养人们的生态环保意识，让广大人民群众关心和支持生态保护事业，同时，又可以动员和募集一部分社会资金支持自然保护区生态的发展。

第二节 生态福利彩票服务于生态补偿的路径

加快建立完善生态补偿机制，是促进区域协调发展和人与自然和谐发展的重要措施，也是我国经济发展过程中不可或缺的生态保障措施。我们要通过发行生态福利彩票服务于生态补偿，就要做到以下几个方面。

一 将生态彩票融入现行彩票发行体制模式

我国民政部门可以通过适时修改《彩票管理条例》，将生态彩票融入现行彩票发行体制模式。2009年7月1日《彩票管理条例》正式施行。条例明确规定"国务院特许发行福利彩票、体育彩票"。除这两种彩票外，未经国务院批准，任何地区、部门、机构、个人一律不得发行彩票。这显然是当前发行生态福利彩票的最大障碍——法律障碍。因此，要发行生态福利彩票，首先要适时修改《彩票管理条例》，将生态彩票融入现行彩票发行体制模式。如果现阶段政策国家不允许发行新的专项彩票，可以在福利彩票、体育彩票中增设生态彩票项目，待时机成熟后再分离操作。

二 建立生态福利彩票的审计和公示制度

结合前面分析可知，公示制度是提高绩效管理满意度的关键因素。审计是确保公示信息有效的可靠途径。因此，福利彩票管理部门应尽快建立生态福利彩票的审计制度、公示制度，以便定期向社会公布生态彩票审计报告。同福利彩票资金绩效管理一样，要保证生态福利彩票真正用于生态补偿。为此，可以考虑实施生态彩票销售的保证金制度（押金制度）、彩票销售点年审制度，减少道德风险，实现阳光操作，做到每个环节可查询、可质询、可监督，切实增强生态彩票的公信力和合法性；还需明确生态补偿政策标准和范围，明确哪些领域纳入生态补偿范围，如何予以补偿，补偿结果后续如何公示，等等。

三 借鉴现有运作模式积极推广生态福利彩票

现阶段仍处于生态福利彩票的探索摸索阶段。因此，福利生态彩票的发行与相应公益金的提取和使用，需借鉴福利彩票的成熟运作模式，加强宣传，使生态福利彩票深入人心。比如，坚持为购买者提供均等的中奖机会原则，鼓励购买者间接或直接地参与生态建设，从而使管理者与购买者共同表达环保爱心，进而增强社会公民的生态环保意识。通过生态福利彩票的发行和使用，使每张彩票成为环境保护的宣传单，使每个彩票店成为环境保护的宣传基地，使每次中奖能够成为环保宣传活动，使每期彩票报道都有环保内容，进而形成"人人为环保、环保为人人"的良好生态。

改革是进步的必经之路，福利彩票公益金的绩效管理，作为我国预算管理的重要组成部分，其改革成败直接关系到政府部门的社会形象和信誉。党的十九大以来，我国积极建设人民满意型的政府部门，锐意改革，力推创新，福利彩票管理部门也应借此良机，持续完善福利彩票公益金管理系统，提升人民群众的满意度。福利彩票公益金绩效管理体系框架能够有效运行，能否发挥预期效果，有赖于相关理论和实践的不断探索，也有赖于福利彩票管理部门管理水平和人员素质的整体提升。

相信，本书的写作，对于福利彩票公益金绩效管理研究的抛砖引玉，对于推动福利彩票公益金绩效管理具有一定的积极意义。

附 件

附件1 河北省福利彩票公益金绩效管理现状及满意度调查问卷

一 调查目的

河北省民政厅、河北经贸大学联合进行福利彩票公益金绩效管理研究，需要了解全省民政系统福利彩票公益金绩效管理的现状，总结各单位在绩效考核方面的优秀经验，发现不足，为优化现行绩效管理制度、提高公益金使用效果提供数据支持政策建议，特开展福利彩票公益金绩效管理问卷调查工作。

二 调查时间

本调查为期一个月，请于 2014 年 1 月 20 日前反馈调查问卷。

三 调查对象

本调查问卷对象主要是设区市、县（市、区）民政局、厅直属单位的财务管理部门，尤其是直接从事财务管理和绩效管理的人员。

四 调查承诺

本调查只对所有问卷数据进行统计分析，不分析个体资料，且对每份调查问卷严格保密。

五 填答方式

请您如实反映单位情况，选择题请将选项填入括号，或在选项上画√，横线处请您用钢笔或圆珠笔清楚填写。可直接复印《河北省福

◇ 附　　件

利彩票公益金绩效管理现状及满意度调查问卷》填答后邮寄，也可从民政财务统计QQ群下载电子版填答后发送电子邮件。

邮寄地址：石家庄学府路47号河北经贸大学会计学院财务管理教研室　邮编：050061

邮箱：aaxiwen@126.com　电话：15633089772（李老师）

工作部门＿＿＿＿职务＿＿＿＿职称＿＿＿＿学历＿＿＿＿入职年份＿＿＿＿

贵单位福利彩票公益金基本情况　　（单位：万元）

项目	2010年	2011年	2012年
福利彩票公益金总额			
公益金实际使用金额			
其中：用于设施类的公益金金额			

填表日期　　年　月　日

福利彩票公益金绩效管理情况问卷

一　制度完善情况

1. 请问贵单位福利彩票公益金绩效管理是否有制度或规定的书面文件？（　）

　A. 是　B. 否

2. 除了上级下发文件之外，贵单位福利彩票公益金绩效管理制度是否有针对本单位设计的细则？（　）

　A. 是　B. 否

3. 福利彩票公益金绩效管理制度是否清楚地对设施类和非设施类公益金使用项目进行分类考核？（　）

　A. 是　B. 否

4. 福利彩票公益金绩效管理制度的下列哪些内容最符合单位实际情况（　）

　A. 预算目标明确合理　　　　B. 资金使用效果评价标准科学

　C. 计划制订时广泛征求意见　D. 使用与预算出现差异时会严格地执行奖惩　　　　　　　E. 均不符合

5. 贵单位福利彩票公益金绩效评估指标（ ）

A. 与上级要求相同，且以定量为主

B. 与上级要求相同，且以定性为主

C. 上级要求基础上有细化指标，且以定量为主

D. 上级要求基础上有细化指标，且以定性为主

6. 贵单位福利彩票公益金绩效管理是专人负责，还是兼职（ ）

A. 专人   B. 兼职

7. 贵单位福利彩票公益金绩效管理目标制定过程是（ ）

A. 根据上级下达任务制定   B. 由本单位上报，上级审批

C. 本级和上级沟通确定   D. 本单位根据实际需要确定

8. 福利彩票公益金绩效管理制度中存在下列哪些内容（ ）

A. 绩效管理目标   B. 评价标准和考核指标

C. 公示和举报的渠道和时间要求   D. 具体奖惩措施

二 公益金使用情况

9. 贵单位对福利彩票公益金使用范围是否具有严格限定？（ ）

A. 是   B. 否   C. 不清楚   D. 仅重点项目和大额项目有

10. 贵单位使用公益金主要用于（ ）

A. 基础设施建设   B. 残疾儿童手术康复

C. 特殊教育   D. 伤残军人更换假肢

E. 贫困家庭助医助学   F. 安置残疾职工

G. 老年人供养和康复   H. 其他

11. 公益金使用单位是否要求必须悬挂公益金资助标识，且定期检查？（ ）

A. 是   B. 否

12. 贵单位福利彩票公益金使用是否能满足实际需求？（ ）

A. 是   B. 否

13. 贵单位福利彩票公益金实际使用和预算是否存在较大差异？（ ）

A. 是   B. 否   C. 不清楚

14. 贵单位福利彩票公益金用于设施建设的，是否进行中期检

查？（　）

　　A. 是　B. 否

　　15. 贵单位福利彩票公益金用于非设施类的，是否进行后续走访？（　）

　　A. 是　B. 否

　　16. 贵单位福利彩票公益金使用情况是否定期在公共媒体或网络上对外披露？（　）

　　A. 是　B. 否　C. 偶尔　D. 正计划以后披露

　　17. 贵单位对福利彩票公益金使用效率和效果进行同级单位比较分析的时间为（　）

　　A. 月末　B. 季末　C. 半年末　D. 年底

　　E. 视上级要求而定　F. 不比较

三　制度执行情况

　　18. 贵单位对福利彩票公益金整体绩效是否进行分析和总结？（　）

　　A. 每年都有，且能够挖掘问题并及时改进

　　B. 每年都分析，但没发生过什么大问题

　　C. 各部门上报汇总，不单独分析讨论

　　D. 不分析总结，有问题再想办法解决

　　19. 贵单位福利彩票公益金预算是否允许调整？（　）

　　A. 允许　B. 特殊情况允许　C. 从来没调整过

　　D. 除非经过充分论证　E. 不允许

　　20. 贵单位福利彩票公益金预算管理中是否存在绿色通道（即对急需资金实行应急管理）？（　）

　　A. 是，且有严格明确的条件　B. 是，但具体问题具体分析

　　C. 没有发生过　　　　　　　D. 不知道

　　21. 贵单位对福利彩票公益金申请、划拨、使用等是否进行全过程监督？（　）

　　A. 是　B. 否

　　22. 贵单位福利彩票公益金划拨完成后，是否进行跟踪和后续评价？（　）

A. 是　B. 否　C. 不清楚　D. 仅重点项目和大额项目有

23. 贵单位福利彩票公益金绩效考核结果公示吗？（　）

A. 公示　B. 不公示

24. 贵单位对福利彩票公益金绩效进行审计吗？（　）

A. 是　B. 否

25. 贵单位福利彩票公益金审计是否发现过重大问题？（　）

A. 是　B. 否

四　满意度调查

26. 你认为贵单位福利彩票公益金绩效管理目标是否明确？（　）

A. 非常明确　B. 明确　C. 不明确　D. 很差　E. 无具体目标

27. 您对现有福利彩票公益金绩效管理水平满意程度为（　）

A. 非常满意　B. 满意　C. 一般　D. 不满意　E. 非常不满意

28. 贵单位福利彩票公益金绩效制度中的奖惩力度是否恰当？（　）

A. 非常恰当　B. 恰当　C. 不恰当　D. 很差　E. 没有奖惩

29. 贵单位福利彩票公益金绩效管理流程是否清晰？（　）

A. 非常清晰　B. 清晰　C. 一般　D. 不清晰　E. 非常不清晰

30. 贵单位福利彩票公益金绩效管理制度执行中满意情况为（　）

A. 非常满意　B. 满意　C. 一般　D. 不满意　E. 非常不满意

31. 您对福利彩票公益金绩效管理有什么建议？

附件2　福利彩票发展大事概览

本表由本书作者根据民政部网站、民政部门调研等收集的各类文件资料进行手工整理而得。

表2　　　　　　　　　　福利彩票发展大事概览

年份	事件	意义
1986	6月18日，民政部向国务院正式报送了《关于开展社会福利有奖募捐活动的请示》	福利彩票事业列入国家议事日程
1987	6月3日，经党中央、国务院批准的中国社会福利有奖募捐委员会（简称中募委）在北京成立	
1987	7月27日，新中国成立后的福利彩票前身——中国社会福利有奖募捐券问世	我国福利彩票历史开启第一页
1989	2月，中募委发出《有奖募捐社会福利资金使用试行办法》 4月，我国第一部关于彩票事业的书籍《社会福利有奖募捐宣传手册》正式出版	我国福利资金开始走上法制化
1990	开始执行中募委下发的《关于调整即开型社会福利奖券资金分配比例，统一全国结算办法的通知》	
1991	1月9日，中募委发布《中国社会福利有奖募捐发行财务管理试行规定》 9月6日，中募委正式发出《关于印发〈有奖募捐社会福利资金管理使用办法〉的通知》	使中募委和省级募委会发行机构的财务管理有章可循

附件 2 福利彩票发展大事概览

续表

年份	事件	意义
1993	2月25日，中国社会福利有奖募捐券发行中心更名为中国社会福利奖券发行中心 3月23日，中募委发出《关于成立中募委项目资助评审委员会的通知》，建立福利基金资助项目评审制度，使福利基金的投放科学化和程序化 5月5日，国务院向各地政府再次发出《国务院关于进一步加强彩票市场管理的通知》规定，未经国务院批准一律不得发行 10月15日，在国际彩票组织（Intertoto）第十二届大会上，中国社会福利奖券发行中心被正式接纳为该组织会员	福利彩票机构第一次更名 中国福利彩票步入国际舞台
1994	5月，中国社会福利奖券发行中心被国家彩票国际协会（ALE）接纳为临时会员，1995年1月1日转正 5月23日，国家税务总局发出《国家税务总局关于社会福利有奖募捐发行收入税收问题的通知》，对新税制实施后社会福利有奖募捐发行收入的税收问题做了明确规定 12月2日，民政部发出《关于印发〈中国福利彩票管理办法〉的通知》《关于印发〈有奖募捐社会福利资金管理使用办法〉的通知》《关于加强社会福利有奖募捐工作领导的通知》，将中国社会福利奖券更名为中国福利彩票，福利资金资助审项职能由中募委交由民政部有关职能司行使，提出中募委发行中心与省募委发行中心是领导与被领导关系，并要求省级募办实行自收自支和企业化管理	这些办法和通知的制定，标志着福利彩票事业向规范化的目标迈了一大步
1995	1月16日，中国社会福利奖券发行中心更名为中国福利彩票发行中心	这是福利彩票机构第二次更名
1996	5月7日，中募委发行中心发布《关于福利彩票小奖不再以实物设奖的通知》规定，从7月1日起，奖额200元（含200元）以下的奖改为现金奖	
1997	11月12日，中募委向各地发出通知，正式起用福利彩票标识系统，并在通知中对标识的使用做了详细规定	

六 附 件

续表

年份	事件	意义
1998	5月5日，中国福利彩票发行中心制定的《关于意外事故损毁福利彩票的处理办法》正式颁布执行 10月15日，中国福利彩票发行中心正式下发《关于"大奖组"销售中实物设奖的若干规定》，指出地级以上的城市的城区"大奖组"销售时，100元以下奖项一律设为现金，不准再设实物 11月15日，财政部、民政部首次联合发出《关于印发〈社会福利基金使用管理办法〉的通知》，将原来所称的社会福利资金改称为社会福利基金，并将社会福利基金定为预算外资金，全额纳入预算外资金财政专户管理，实行收支两条线，收入过渡账户和支出账户归口民政财务部门管理 1998年召开了首次社会福利基金项目评审会	从此中国福利彩票发行中心不再担负福利基金使用职能
1999	10月15日，民政部发出《关于中国福利彩票管理工作有关问题的通知》，明确撤销了中国社会福利有奖募捐委员会及其办事机构，并规定中国福利彩票发行中心作为民政部直属单位，由民政部直接领导和管理 12月23日，中国人民银行、财政部联合发出《关于移交彩票监管工作的通知》（银发〔1999〕429号），将中国人民银行对彩票发行机构的监管职能移交至财政部。从此，福利彩票开始接受财政部的监管	此后中国福利彩票发行中心作为国家唯一授权的福利彩票发行机构，兼具行业管理职能 我国福利彩票首次突破年销100亿元大关
2000	3月1日，财政部发出《关于认真做好彩票发行和管理工作的通知》。通知规定，从2000年4月1日起，福利和体育彩票（包括即开型彩票和电脑彩票）一律以人民币现金形式兑付奖金，取消实物兑奖	
2001	7月15日，根据中央机构编制委员会办公室《关于社会福利有奖募捐委员会更名为中国福利彩票发行管理中心的批复》（中编办字〔2002〕97号文），中国社会福利有奖募捐委员会更名为中国福利彩票发行管理中心	这是福利彩票机构第三次更名
2002	1月21日至22日，民政部在京召开全国福利彩票工作会议。会上提出了《中国电脑福利彩票技术发展纲要》（讨论稿） 3月1日，财政部颁发《彩票发行与销售管理暂行规定》。首次由国务院监管部门制定的全国统一的彩票发行与销售管理规定 7月10日，中国福利彩票发行管理中心向各省、自治区、直辖市福利彩票中心发出《关于严格彩票发行管理的紧急通知》 8月23日，中国福利彩票发行管理中心向各省、自治区、直辖市福利彩票中心发出《关于加强和规范中国福利彩票销售管理工作的通知》	这些规定对于加强福利彩票管理，杜绝违规操作，保证福利彩票安全发售和健康发展具有重要意义

附件2 福利彩票发展大事概览

续表

年份	事件	意义
2003	11月17日，财政部发出《关于彩票停止销售后奖池资金和调节基金余额处理办法的通知》，规定凡设有奖池和调节基金的彩票品种停止发行和销售后，彩票机构可用剩余奖池资金和调节基金设定一般调节基金	突破200亿元大关
2004	3月28日，中国福利彩票发行管理中心向各省、自治区、直辖市福利彩票中心发出《关于进一步加强电脑彩票开奖日数据管理工作的通知》，制定了电脑彩票和双色球开奖日数据处理流程、开奖日数据处理规定以及特殊情况的处理预案 5月18日，财政部发出《财政部关于暂停集中销售即开型彩票的通知》，停止销售福利彩票和体育彩票即开型彩票大奖组	进一步加强和规范了电脑彩票开奖日的数据管理工作
2005	5月19日，民政部批准中国福利彩票发行管理中心成立中福利彩票技术研究中心（简称研究中心）	突破400亿元大关
2006	1月13日，国家民政部给中国福利彩票发行管理中心记集体一等功，表彰他们在"扶老、助残、救孤、济困"方面做出的卓越贡献	
2007	4月2日，民政部转发了中国福利彩票发行管理中心印发的《中福在线即开型彩票销售厅管理暂行办法》《电脑福利彩票投注站管理办法（试行）》	
2009	5月4日，国务院通过《彩票管理条例》，福利彩票行业迈向法制化阶段	
2011	福利彩票"十二五"规划纲要颁布实施	2011年福利彩票发行超过千亿元
2012	《彩票管理条例实施细则》、关于贯彻落实《彩票管理条例实施细则》的通知（财综〔2012〕6号）、《彩票公益金管理办法》《彩票发行销售管理办法》	
2014	关于印发《电话销售彩票管理暂行办法》的通知（财综〔2014〕15号）	2014年3月14日，福利彩票累计销量超过1万亿元
2016	关于印发《政府非税收入管理办法》的通知（财税〔2016〕33号）	彩票公益金纳入政府非税收入管理

附件3 《彩票公益金管理办法》

第一章 总 则

第一条 为了规范和加强彩票公益金筹集、分配和使用管理，健全彩票公益金监督机制，提高资金使用效益，根据《彩票管理条例》（国务院令第554号）和《彩票管理条例实施细则》（财政部民政部国家体育总局令第67号）有关规定，制定本办法。

第二条 彩票公益金是按照规定比例从彩票发行销售收入中提取的，专项用于社会福利、体育等社会公益事业的资金。

逾期未兑奖的奖金纳入彩票公益金。

第三条 彩票公益金纳入政府性基金预算管理，专款专用，结余结转下年继续使用。

第二章 收缴管理

第四条 彩票公益金由各省、自治区、直辖市彩票销售机构（以下简称彩票销售机构）根据国务院批准的彩票公益金分配政策和财政部批准的提取比例，按照每月彩票销售额据实结算后分别上缴中央财政和省级财政。

逾期未兑奖的奖金由彩票销售机构上缴省级财政，全部留归地方使用。

第五条 上缴中央财政的彩票公益金，由财政部驻各省、自治区、直辖市财政监察专员办事处（以下简称专员办）负责执收。具体程序为：

（一）彩票销售机构于每月5日前向驻在地专员办报送《上缴中央财政的彩票公益金申报表》及相关材料，申报上月彩票销售金额和应上缴中央财政的彩票公益金金额；

（二）专员办于每月 10 日前完成申报资料的审核工作，核定缴款金额，并向彩票销售机构开具《非税收入一般缴款书》；

（三）彩票销售机构于每月 15 日前，按照《非税收入一般缴款书》载明的缴款金额上缴中央财政。

西藏自治区应上缴中央财政的彩票公益金，由西藏自治区财政厅负责执收。具体程序按照第一款执行。

第六条 专员办、西藏财政厅应当于每季度终了后 15 日内、年度终了后 30 日内，向财政部报送《上缴中央财政的彩票公益金统计报表》，相关重大问题应随时报告。

第七条 上缴省级财政的彩票公益金，由各省、自治区、直辖市人民政府财政部门（以下简称省级财政部门）负责执收，具体收缴程序按照省级财政部门的有关规定执行。

省级财政部门应当于年度终了后 30 日内，向财政部报送《彩票公益金统计报表》。

第八条 专员办和省级财政部门应当于年度终了后 30 日内，完成对上一年度应缴中央财政和省级财政彩票公益金的清算及收缴工作。

第三章 分配和使用

第九条 上缴中央财政的彩票公益金，用于社会福利事业、体育事业、补充全国社会保障基金和国务院批准的其他专项公益事业，具体使用管理办法由财政部会同民政部、国家体育总局等有关部门制定。

第十条 中央财政安排用于社会福利事业和体育事业的彩票公益金，按照以下程序审批执行：

（一）财政部每年根据国务院批准的彩票公益金分配政策核定用于社会福利事业和体育事业的彩票公益金预算支出指标，分别列入中央本级支出以及中央对地方转移支付预算；

（二）列入中央本级支出的彩票公益金，由民政部和国家体育总局提出项目支出预算，报财政部审核后在部门预算中批复；民政部和国家体育总局根据财政部批准的预算，组织实施和管理；

（三）列入中央对地方转移支付预算的彩票公益金，由民政部和国家体育总局会同财政部确定资金分配原则，并提出分地区建议数，报财政部审核下达。

第十一条 中央财政安排用于补充全国社会保障基金的彩票公益金，由财政部每年根据国务院批准的彩票公益金分配政策核定预算支出指标，并按照有关规定拨付全国社会保障基金理事会。

第十二条 中央财政安排用于其他专项公益事业的彩票公益金，按照以下程序审批执行：

（一）申请使用彩票公益金的部门、单位，应当向财政部提交彩票公益金项目申报材料，财政部提出审核意见后报国务院审批；

（二）经国务院批准后，财政部向申请使用彩票公益金的部门、单位批复项目资金使用计划，并根据彩票公益金年度收入和项目进展情况，分别列入中央本级支出和中央对地方转移支付预算；

（三）申请使用彩票公益金的部门、单位，根据财政部批复的项目资金使用计划和预算，在项目管理办法制定后组织实施和管理。项目资金使用计划因特殊原因需要进行调整的，应当报财政部审核批准。

第十三条 上缴省级财政的彩票公益金，按照国务院批准的彩票公益金分配政策，坚持依照彩票发行宗旨使用，由省级财政部门工商民政、体育行政等有关部门研究确定分配原则。

第十四条 省级以上民政、体育行政等有关部门、单位，申请使用彩票公益金时，应当向同级财政部门提交项目申报材料。项目申报材料应当包括以下内容：

（一）项目申报书；

（二）项目可行性研究报告；

（三）项目实施方案；

（四）同级财政部门要求报送的其他材料。

第十五条 彩票公益金项目资金使用计划和预算批准后，应当严格执行，不得擅自调整。因特殊原因形成的项目结余资金，经财政部门批准后可以结转下一年度继续使用。

第十六条 彩票公益金资金支付按照财政国库管理制度有关规定执行。

第十七条 省级以上民政、体育行政等彩票公益金使用部门、单位，应当于每年 3 月底前向同级财政部门报送上一年度彩票公益金使用情况。具体包括：

（一）项目组织实施情况；

（二）项目资金使用和结余情况；

（三）项目社会效益和经济效益；

（四）同级财政部门要求报送的其他材料。

第十八条 省级以上民政、体育行政等彩票公益金使用部门、单位，应当建立彩票公益金支出绩效评价制度，将绩效评价结果作为安排彩票公益金预算的依据。

第四章 宣传公告

第十九条 彩票公益金资助的基本建设设施、设备或者社会公益活动等，应当以显著方式标明"彩票公益金资助—中国福利彩票和中国体育彩票"标识。

第二十条 省级财政部门应当于每年 4 月底前，向省级人民政府和财政部提交上一年度本行政区域内彩票公益金的筹集、分配和使用情况报告；每年 6 月底前，向社会公告上一年度本行政区域内彩票公益金的筹集、分配和使用情况。

财政部应当于每年 6 月底前，向国务院提交上年度全国彩票公益金的筹集、分配和使用情况报告；每年 8 月底前，向社会公告上一年度全国彩票公益金的筹集、分配和使用情况。

第二十一条 省级以上民政、体育行政等彩票公益金使用部门、单位，应当于每年 6 月底前，向社会公告上一年度本部门、单位彩票公益金的使用规模、资助项目、执行情况和实际效果等。

第五章 监督检查

第二十二条 彩票销售机构应当严格按照本办法的规定缴纳彩票公益金，不得拒缴、拖欠、截留、挤占、挪用彩票公益金。

第二十三条 彩票公益金的使用部门、单位,应当按照同级财政部门批准的项目资金使用计划和预算执行,不得挤占挪用彩票公益金,不得改变彩票公益金使用范围。

第二十四条 省级以上财政部门应当加强对彩票公益金筹集、分配、使用的监督检查,保证彩票公益金及时、足额上缴财政和专款专用。

第二十五条 违反本办法规定,拒缴、拖欠、截留、挤占、挪用彩票公益金,以及改变彩票公益金使用范围的,依照《财政违法行为处罚处分条例》(国务院令第427号)和《彩票管理条例》(国务院令第554号)等有关规定处理。

第六章 附 则

第二十六条 省级财政部门应当根据本办法规定,结合本地实际,制定本行政区域的彩票公益金使用管理办法,报财政部备案。

第二十七条 本办法自印发之日起施行。财政部2007年12月25日发布的《彩票公益金管理办法》(财综〔2007〕83号)同时废止。

2012年3月2日

附件4 《彩票管理条例》

第一章 总则

第一条 为了加强彩票管理，规范彩票市场发展，维护彩票市场秩序，保护彩票参与者的合法权益，促进社会公益事业发展，制定本条例。

第二条 本条例所称彩票，是指国家为筹集社会公益资金，促进社会公益事业发展而特许发行、依法销售，自然人自愿购买，并按照特定规则获得中奖机会的凭证。

彩票不返还本金、不计付利息。

第三条 国务院特许发行福利彩票、体育彩票。未经国务院特许，禁止发行其他彩票。禁止在中华人民共和国境内发行、销售境外彩票。

第四条 彩票的发行、销售和开奖，应当遵循公开、公平、公正和诚实信用的原则。

第五条 国务院财政部门负责全国的彩票监督管理工作。国务院民政部门、体育行政部门按照各自的职责分别负责全国的福利彩票、体育彩票管理工作。

省、自治区、直辖市人民政府财政部门负责本行政区域的彩票监督管理工作。省、自治区、直辖市人民政府民政部门、体育行政部门按照各自的职责分别负责本行政区域的福利彩票、体育彩票管理工作。

县级以上各级人民政府公安机关和县级以上工商行政管理机关，在各自的职责范围内，依法查处非法彩票，维护彩票市场秩序。

第二章 彩票发行和销售管理

第六条 国务院民政部门、体育行政部门依法设立的福利彩票发行机构、体育彩票发行机构（以下简称彩票发行机构），分别负责全国的福利彩票、体育彩票发行和组织销售工作。

省、自治区、直辖市人民政府民政部门、体育行政部门依法设立的福利彩票销售机构、体育彩票销售机构（以下简称彩票销售机构），分别负责本行政区域的福利彩票、体育彩票销售工作。

第七条 彩票发行机构申请开设、停止福利彩票、体育彩票的具体品种（以下简称彩票品种）或者申请变更彩票品种审批事项的，应当依照本条例规定的程序报国务院财政部门批准。

国务院财政部门应当根据彩票市场健康发展的需要，按照合理规划彩票市场和彩票品种结构、严格控制彩票风险的原则，对彩票发行机构的申请进行审查。

第八条 彩票发行机构申请开设彩票品种，应当经国务院民政部门或者国务院体育行政部门审核同意，向国务院财政部门提交下列申请材料：

（一）申请书；

（二）彩票品种的规则；

（三）发行方式、发行范围；

（四）市场分析报告及技术可行性分析报告；

（五）开奖、兑奖操作规程；

（六）风险控制方案。

国务院财政部门应当自受理申请之日起90个工作日内，通过专家评审、听证会等方式对开设彩票品种听取社会意见，对申请进行审查并作出书面决定。

第九条 彩票发行机构申请变更彩票品种的规则、发行方式、发行范围等审批事项的，应当经国务院民政部门或者国务院体育行政部门审核同意，向国务院财政部门提出申请并提交与变更事项有关的材料。国务院财政部门应当自受理申请之日起45个工作日内，对申请进行审查并作出书面决定。

第十条 彩票发行机构申请停止彩票品种的，应当经国务院民政部门或者国务院体育行政部门审核同意，向国务院财政部门提出书面申请并提交与停止彩票品种有关的材料。国务院财政部门应当自受理申请之日起10个工作日内，对申请进行审查并作出书面决定。

第十一条　经批准开设、停止彩票品种或者变更彩票品种审批事项的，彩票发行机构应当在开设、变更、停止的10个自然日前，将有关信息向社会公告。

第十二条　因维护社会公共利益的需要，在紧急情况下，国务院财政部门可以采取必要措施，决定变更彩票品种审批事项或者停止彩票品种。

第十三条　彩票发行机构、彩票销售机构应当依照政府采购法律、行政法规的规定，采购符合标准的彩票设备和技术服务。

彩票设备和技术服务的标准，由国务院财政部门会同国务院民政部门、体育行政部门依照国家有关标准化法律、行政法规的规定制定。

第十四条　彩票发行机构、彩票销售机构应当建立风险管理体系和可疑资金报告制度，保障彩票发行、销售的安全。

彩票发行机构、彩票销售机构负责彩票销售系统的数据管理、开奖兑奖管理以及彩票资金的归集管理，不得委托他人管理。

第十五条　彩票发行机构、彩票销售机构可以委托单位、个人代理销售彩票。彩票发行机构、彩票销售机构应当与接受委托的彩票代销者签订彩票代销合同。福利彩票、体育彩票的代销合同示范文本分别由国务院民政部门、体育行政部门制定。

彩票代销者不得委托他人代销彩票。

第十六条　彩票销售机构应当为彩票代销者配置彩票投注专用设备。彩票投注专用设备属于彩票销售机构所有，彩票代销者不得转借、出租、出售。

第十七条　彩票销售机构应当在彩票发行机构的指导下，统筹规划彩票销售场所的布局。彩票销售场所应当按照彩票发行机构的统一要求，设置彩票销售标识，张贴警示标语。

第十八条　彩票发行机构、彩票销售机构、彩票代销者不得有下列行为：

（一）进行虚假性、误导性宣传；

（二）以诋毁同业者等手段进行不正当竞争；

（三）向未成年人销售彩票；

（四）以赊销或者信用方式销售彩票。

第十九条 需要销毁彩票的，由彩票发行机构报国务院财政部门批准后，在国务院民政部门或者国务院体育行政部门的监督下销毁。

第二十条 彩票发行机构、彩票销售机构应当及时将彩票发行、销售情况向社会全面公布，接受社会公众的监督。

第三章 彩票开奖和兑奖管理

第二十一条 彩票发行机构、彩票销售机构应当按照批准的彩票品种的规则和开奖操作规程开奖。

国务院民政部门、体育行政部门和省、自治区、直辖市人民政府民政部门、体育行政部门应当加强对彩票开奖活动的监督，确保彩票开奖的公开、公正。

第二十二条 彩票发行机构、彩票销售机构应当确保彩票销售数据的完整、准确和安全。当期彩票销售数据封存后至开奖活动结束前，不得查阅、变更或者删除销售数据。

第二十三条 彩票发行机构、彩票销售机构应当加强对开奖设备的管理，确保开奖设备正常运行，并配置备用开奖设备。

第二十四条 彩票发行机构、彩票销售机构应当在每期彩票销售结束后，及时向社会公布当期彩票的销售情况和开奖结果。

第二十五条 彩票中奖者应当自开奖之日起60个自然日内，持中奖彩票到指定的地点兑奖，彩票品种的规则规定需要出示身份证件的，还应当出示本人身份证件。逾期不兑奖的视为弃奖。

禁止使用伪造、变造的彩票兑奖。

第二十六条 彩票发行机构、彩票销售机构、彩票代销者应当按照彩票品种的规则和兑奖操作规程兑奖。

彩票中奖奖金应当以人民币现金或者现金支票形式一次性兑付。

不得向未成年人兑奖。

第二十七条 彩票发行机构、彩票销售机构、彩票代销者以及其他因职务或者业务便利知悉彩票中奖者个人信息的人员，应当对彩票中奖者个人信息予以保密。

第四章　彩票资金管理

第二十八条　彩票资金包括彩票奖金、彩票发行费和彩票公益金。彩票资金构成比例由国务院决定。

彩票品种中彩票资金的具体构成比例，由国务院财政部门按照国务院的决定确定。

随着彩票发行规模的扩大和彩票品种的增加，可以降低彩票发行费比例。

第二十九条　彩票发行机构、彩票销售机构应当按照国务院财政部门的规定开设彩票资金账户，用于核算彩票资金。

第三十条　国务院财政部门和省、自治区、直辖市人民政府财政部门应当建立彩票发行、销售和资金管理信息系统，及时掌握彩票销售和资金流动情况。

第三十一条　彩票奖金用于支付彩票中奖者。彩票单注奖金的最高限额，由国务院财政部门根据彩票市场发展情况决定。

逾期未兑奖的奖金，纳入彩票公益金。

第三十二条　彩票发行费专项用于彩票发行机构、彩票销售机构的业务费用支出以及彩票代销者的销售费用支出。

彩票发行机构、彩票销售机构的业务费实行收支两条线管理，其支出应当符合彩票发行机构、彩票销售机构财务管理制度。

第三十三条　彩票公益金专项用于社会福利、体育等社会公益事业，不用于平衡财政一般预算。

彩票公益金按照政府性基金管理办法纳入预算，实行收支两条线管理。

第三十四条　彩票发行机构、彩票销售机构应当按照国务院财政部门的规定，及时上缴彩票公益金和彩票发行费中的业务费，不得截留或者挪作他用。财政部门应当及时核拨彩票发行机构、彩票销售机构的业务费。

第三十五条　彩票公益金的分配政策，由国务院财政部门会同国务院民政、体育行政等有关部门提出方案，报国务院批准后执行。

第三十六条 彩票发行费、彩票公益金的管理、使用单位,应当依法接受财政部门、审计机关和社会公众的监督。

彩票公益金的管理、使用单位,应当每年向社会公告公益金的使用情况。

第三十七条 国务院财政部门和省、自治区、直辖市人民政府财政部门应当每年向本级人民政府报告上年度彩票公益金的筹集、分配和使用情况,并向社会公告。

第五章 法律责任

第三十八条 违反本条例规定,擅自发行、销售彩票,或者在中华人民共和国境内发行、销售境外彩票构成犯罪的,依法追究刑事责任;尚不构成犯罪的,由公安机关依法给予治安管理处罚;有违法所得的,没收违法所得。

第三十九条 彩票发行机构、彩票销售机构有下列行为之一的,由财政部门责令停业整顿;有违法所得的,没收违法所得,并处违法所得3倍的罚款;对直接负责的主管人员和其他直接责任人员,依法给予处分;构成犯罪的,依法追究刑事责任:

(一)未经批准开设、停止彩票品种或者未经批准变更彩票品种审批事项的;

(二)未按批准的彩票品种的规则、发行方式、发行范围、开奖兑奖操作规程发行、销售彩票或者开奖兑奖的;

(三)将彩票销售系统的数据管理、开奖兑奖管理或者彩票资金的归集管理委托他人管理的;

(四)违反规定查阅、变更、删除彩票销售数据的;

(五)以赊销或者信用方式销售彩票的;

(六)未经批准销毁彩票的;

(七)截留、挪用彩票资金的。

第四十条 彩票发行机构、彩票销售机构有下列行为之一的,由财政部门责令改正;有违法所得的,没收违法所得;对直接负责的主管人员和其他直接责任人员,依法给予处分:

(一)采购不符合标准的彩票设备或者技术服务的;

（二）进行虚假性、误导性宣传的；

（三）以诋毁同业者等手段进行不正当竞争的；

（四）向未成年人销售彩票的；

（五）泄露彩票中奖者个人信息的；

（六）未将逾期未兑奖的奖金纳入彩票公益金的；

（七）未按规定上缴彩票公益金、彩票发行费中的业务费的。

第四十一条 彩票代销者有下列行为之一的，由民政部门、体育行政部门责令改正，处2000元以上1万元以下罚款；有违法所得的，没收违法所得：

（一）委托他人代销彩票或者转借、出租、出售彩票投注专用设备的；

（二）进行虚假性、误导性宣传的；

（三）以诋毁同业者等手段进行不正当竞争的；

（四）向未成年人销售彩票的；

（五）以赊销或者信用方式销售彩票的。

彩票代销者有前款行为受到处罚的，彩票发行机构、彩票销售机构有权解除彩票代销合同。

第四十二条 伪造、变造彩票或使用伪造、变造的彩票兑奖的，依法给予治安管理处罚；构成犯罪的，依法追究刑事责任。

第四十三条 彩票公益金管理、使用单位违反彩票公益金管理、使用规定的，由财政部门责令限期改正；有违法所得的，没收违法所得；在规定期限内不改正的，没收已使用彩票公益金形成的资产，取消其彩票公益金使用资格。

第四十四条 依照本条例的规定履行彩票管理职责的财政部门、民政部门、体育行政部门的工作人员，在彩票监督管理活动中滥用职权、玩忽职守、徇私舞弊，构成犯罪的，依法追究刑事责任；尚不构成犯罪的，依法给予处分。

第六章 附则

第四十五条 本条例自2009年7月1日起施行。

附件5 《彩票管理条例实施细则》

《彩票管理条例实施细则》由财政部、民政部、国家体育总局部（局）务会议通过，经国务院批准，自2012年3月1日起施行。

第一章 总则

第一条 根据《彩票管理条例》（以下简称条例），制定本细则。

第二条 条例第二条所称特定规则，是指经财政部批准的彩票游戏规则。

条例第二条所称凭证，是指证明彩票销售与购买关系成立的专门凭据，应当记载彩票游戏名称，购买数量和金额，数字、符号或者图案，开奖和兑奖等相关信息。

第三条 财政部负责全国的彩票监督管理工作，主要职责是：

（一）制定彩票监督管理制度和政策；

（二）监督管理全国彩票市场以及彩票的发行和销售活动，监督彩票资金的解缴和使用；

（三）会同民政部、国家体育总局等有关部门提出彩票公益金分配政策建议；

（四）审批彩票品种的开设、停止和有关审批事项的变更；

（五）会同民政部、国家体育总局制定彩票设备和技术服务标准；

（六）审批彩票发行机构财务收支计划，监督彩票发行机构财务管理活动；

（七）审批彩票发行机构的彩票销毁方案。

第四条 民政部、国家体育总局按照各自的职责分别负责全国的福利彩票、体育彩票管理工作，主要职责是：

（一）制定全国福利彩票、体育彩票事业的发展规划和管理制度；

（二）设立福利彩票、体育彩票发行机构；

（三）制定民政部门、体育行政部门彩票公益金使用管理办法，指导地方民政部门、体育行政部门彩票公益金的使用和管理；

（四）审核福利彩票、体育彩票品种的开设、停止和有关审批事项的变更；

（五）监督福利彩票、体育彩票发行机构的彩票销毁工作；

（六）制定福利彩票、体育彩票的代销合同示范文本。

第五条 省级财政部门负责本行政区域的彩票监督管理工作，主要职责是：

（一）制定本行政区域的彩票监督管理具体实施办法，审核本行政区域的彩票销售实施方案；

（二）监督管理本行政区域彩票市场以及彩票的销售活动，监督本行政区域彩票资金的解缴和使用；

（三）会同省级民政部门、体育行政部门制定本行政区域的彩票公益金管理办法；

（四）审批彩票销售机构财务收支计划，监督彩票销售机构财务管理活动。

第六条 省级民政部门、体育行政部门按照各自的职责分别负责本行政区域的福利彩票、体育彩票管理工作，主要职责是：

（一）设立本行政区域的福利彩票、体育彩票销售机构；

（二）批准建立本行政区域福利彩票、体育彩票的销售网络；

（三）制定本行政区域民政部门、体育行政部门彩票公益金使用管理办法，指导省以下民政部门、体育行政部门彩票公益金的使用和管理；

（四）监督本行政区域彩票代销者的代销行为。

第七条 条例第五条所称非法彩票，是指违反条例规定以任何方式发行、销售以下形式的彩票：

（一）未经国务院特许，擅自发行、销售福利彩票、体育彩票之外的其他彩票；

（二）在中华人民共和国境内，擅自发行、销售的境外彩票；

(三)未经财政部批准,擅自发行、销售的福利彩票、体育彩票品种和彩票游戏;

(四)未经彩票发行机构、彩票销售机构委托,擅自销售的福利彩票、体育彩票。

县级以上财政部门、民政部门、体育行政部门,以及彩票发行机构、彩票销售机构,应当积极配合公安机关和工商行政管理机关依法查处非法彩票,维护彩票市场秩序。

第二章 彩票发行和销售管理

第八条 福利彩票发行机构、体育彩票发行机构,按照统一发行、统一管理、统一标准的原则,分别负责全国的福利彩票、体育彩票发行和组织销售工作,主要职责是:

(一)制定全国福利彩票、体育彩票发行销售的发展规划、管理制度、工作规范和技术标准等;

(二)建立全国福利彩票、体育彩票的发行销售系统、市场调控机制、激励约束机制和监督管理机制;

(三)组织彩票品种的研发,申请开设、停止彩票品种或者变更彩票品种审批事项,经批准后组织实施;

(四)负责组织管理全国福利彩票、体育彩票的销售系统数据、资金归集结算、设备和技术服务、销售渠道和场所规划、印制和物流、开奖兑奖、彩票销毁;

(五)负责组织管理全国福利彩票、体育彩票的形象建设、彩票代销、营销宣传、业务培训、人才队伍建设等工作。

第九条 福利彩票销售机构、体育彩票销售机构,在福利彩票发行机构、体育彩票发行机构的统一组织下,分别负责本行政区域的福利彩票、体育彩票销售工作,主要职责是:

(一)制定本行政区域福利彩票、体育彩票销售管理办法和工作规范;

(二)向彩票发行机构提出停止彩票品种或者变更彩票品种审批事项的建议;

(三)向同级财政部门提出本行政区域彩票销售实施方案,经审核后组织实施；

（四）负责本行政区域福利彩票、体育彩票销售系统的建设、运营和维护；

（五）负责实施本行政区域福利彩票、体育彩票的销售系统数据管理、资金归集结算、销售渠道和场所规划、物流管理、开奖兑奖；

（六）负责组织实施本行政区域福利彩票、体育彩票的形象建设、彩票代销、营销宣传、业务培训、人才队伍建设等工作。

第十条 各省、自治区、直辖市福利彩票、体育彩票的销售网络，由福利彩票销售机构、体育彩票销售机构提出方案，分别报省级民政部门、体育行政部门批准后建立。

第十一条 条例第七条所称彩票品种，是指按照彩票游戏机理和特征划分的彩票类型，包括乐透型、数字型、竞猜型、传统型、即开型、视频型、基诺型等。

条例第七条所称开设，是指在已发行销售的彩票品种之外，增加新的品种。

条例第七条所称变更，是指在已发行销售的彩票品种之内，对彩票游戏规则、发行方式、发行范围等事项进行调整。

第十二条 彩票发行机构申请开设彩票品种，或者申请变更彩票品种审批事项涉及对技术方案进行重大调整的，应当委托专业检测机构进行技术检测。

第十三条 对彩票发行机构申请开设彩票品种的审查，按照以下程序办理：

（一）彩票发行机构将拟开设彩票品种的申请材料报民政部或者国家体育总局进行审核；

（二）民政部或者国家体育总局审核同意后，彩票发行机构向财政部提交申请材料；

（三）财政部自收到申请材料之日起10个工作日之内，对申请材料进行初步审核，并出具受理或者不予受理意见书；

（四）受理申请后，财政部通过专家评审、听证会等方式听取社会意见；

（五）财政部自受理申请之日起90个工作日内，根据条例、有关彩票管理的制度规定以及社会意见作出书面决定。

第十四条 彩票发行机构申请变更彩票品种审批事项的，应当向财政部提交下列申请材料：

（一）申请书；

（二）拟变更彩票品种审批事项的具体内容，包括对彩票游戏规则、发行方式、发行范围等的具体调整方案；

（三）对变更彩票品种审批事项的市场分析报告；

（四）财政部要求报送的其他材料。

第十五条 对彩票发行机构申请变更彩票品种审批事项的审查，按照以下程序办理：

（一）彩票发行机构将拟变更彩票品种审批事项的申请材料报民政部或者国家体育总局进行审核；

（二）民政部或者国家体育总局审核同意后，彩票发行机构向财政部提交申请材料；

（三）财政部自收到申请材料之日起10个工作日之内，对申请材料进行初步审核，并出具受理或者不予受理意见书；

（四）财政部自受理申请之日起45个工作日内，根据条例、有关彩票管理的制度规定作出书面决定。

第十六条 彩票发行机构申请停止彩票品种或者彩票游戏，应当向财政部报送拟停止彩票品种或者彩票游戏上市以来的销售情况、奖池和调节基金余额、停止发行销售的理由等相关材料。

第十七条 对彩票发行机构申请停止彩票品种或者彩票游戏的审查，按照以下程序办理：

（一）彩票发行机构将拟停止彩票品种或者彩票游戏的申请材料报民政部或者国家体育总局进行审核；

（二）民政部或者国家体育总局审核同意后，彩票发行机构向财政部提交申请材料；

（三）财政部自收到申请材料之日起5个工作日之内，对申请材料进行初步审核，并出具受理或者不予受理意见书；

（四）财政部自受理申请之日起10个工作日内，根据条例、有关彩票管理的制度规定作出书面决定。

第十八条 彩票销售机构认为本行政区域内需要停止彩票品种或者彩票游戏、变更彩票品种审批事项的，经省级财政部门提出意见后可以向彩票发行机构提出书面申请建议。

第十九条 经批准开设彩票品种或者变更彩票品种审批事项的，彩票发行机构、彩票销售机构应当制定销售实施方案，报同级财政部门审核同意后组织上市销售。

第二十条 彩票发行机构、彩票销售机构开展派奖活动，由负责管理彩票游戏奖池的彩票发行机构或者彩票销售机构向同级财政部门提出申请，经批准后组织实施。

第二十一条 条例第十三条所称彩票设备和技术服务，根据彩票发行销售业务的专业性、市场性特点和彩票市场发展需要，分为专用的彩票设备和技术服务与通用的彩票设备和技术服务。

专用的彩票设备和技术服务包括：彩票投注专用设备，彩票开奖设备和服务，彩票发行销售信息技术系统的开发、集成、测试、运营及维护，彩票印制、仓储和运输，彩票营销策划和广告宣传，以及彩票技术和管理咨询等。

通用的彩票设备和技术服务包括：计算机、网络设备、打印机、复印机等通用硬件产品，数据库系统、软件工具等商业软件产品，以及工程建设等。

第二十二条 彩票发行机构、彩票销售机构采购彩票设备和技术服务，依照政府采购法及相关规定，以公开招标作为主要采购方式。经同级财政部门批准，彩票发行机构、彩票销售机构采购专用的彩票设备和技术服务，可以采用邀请招标、竞争性谈判、单一来源采购、询价或者国务院政府采购监督管理部门认定的其他采购方式。

第二十三条 彩票代销者应当具备以下条件：

（一）年满18周岁且具有完全民事行为能力的个人，或者具有独立法人资格的单位；

（二）有与从事彩票代销业务相适应的资金；

（三）有满足彩票销售需要的场所；

（四）近五年内无刑事处罚记录和不良商业信用记录；

（五）彩票发行机构、彩票销售机构规定的其他条件。

第二十四条 彩票发行机构、彩票销售机构向社会征召彩票代销者和设置彩票销售场所，应当遵循以下原则：

（一）统筹规划，合理布局；

（二）公开公正，规范透明；

（三）从优选择，兼顾公益。

第二十五条 彩票发行机构、彩票销售机构应当根据民政部、国家体育总局制定的彩票代销合同示范文本，与彩票代销者签订彩票代销合同。彩票代销合同应当包括以下内容：

（一）委托方与受托方的姓名或者名称、住所及法定代表人姓名；

（二）合同订立时间、地点、生效时间和有效期限；

（三）委托方与受托方的权利和义务；

（四）彩票销售场所的设立、迁移、暂停销售、撤销；

（五）彩票投注专用设备的提供与管理；

（六）彩票资金的结算，以及销售费用、押金或者保证金的管理；

（七）不得向未成年人销售彩票和兑奖的约定；

（八）监督和违约责任；

（九）其他内容。

委托方与受托方应当遵守法律法规、规章制度和有关彩票管理政策，严格履行彩票代销合同。

第二十六条 签订彩票代销合同后，彩票发行机构、彩票销售机构应当向彩票代销者发放彩票代销证。福利彩票代销证、体育彩票代销证的格式分别由福利彩票发行机构、体育彩票发行机构制定。

彩票代销证应当置于彩票销售场所的显著位置。

彩票代销证是彩票代销者代理销售彩票的合法资格证明，不得转借、出租、出售。

第二十七条 彩票代销证应当记载以下事项：

（一）彩票代销证编号；

（二）彩票代销者的姓名或者名称、住所及法定代表人姓名；

（三）彩票销售场所地址；

（四）彩票代销证的有效期限；

（五）彩票发行机构规定的其他事项。

第二十八条 彩票发行机构、彩票销售机构应当对从事彩票代销业务的人员进行专业培训。

第二十九条 纸质即开型彩票的废票、尾票，应当定期销毁。

销毁彩票应当采用粉碎、打浆等方式。

第三十条 彩票发行机构申请销毁纸质即开型彩票的废票、尾票的，应当向财政部提出书面申请并提交拟销毁彩票的名称、面值、数量、金额，以及销毁时间、地点、方式等材料。

财政部应当自受理申请之日起 10 个工作日内，对申请进行审查并作出书面决定。

彩票发行机构应当自财政部作出书面决定之日起 30 个工作日内分别在民政部、国家体育总局的监督下销毁彩票，并于销毁后 20 个工作日内向财政部报送销毁情况报告。

第三十一条 彩票发行机构、彩票销售机构、彩票代销者在难以判断彩票购买者或者兑奖者是否为未成年人的情况下，可以要求彩票购买者或者兑奖者出示能够证明其年龄的有效身份证件。

第三十二条 彩票市场实行休市制度。休市期间，停止彩票的销售、开奖和兑奖。休市的彩票品种和具体时间由财政部向社会公告。

第三十三条 彩票发行机构、彩票销售机构应当于每年 5 月 31 日前，向社会公告上年度各彩票品种的销售量、中奖金额、奖池资金余额、调节基金余额等情况。

第三章 彩票开奖和兑奖管理

第三十四条 彩票发行机构、彩票销售机构应当向社会公告彩票游戏的开奖方式、开奖时间、开奖地点。

第三十五条 条例第二十二条所称开奖活动结束，是指彩票游戏的开奖号码全部摇出或者开奖结果全部产生。

通过专用摇奖设备确定开奖号码的，应当在当期彩票销售截止时封存彩票销售原始数据；通过专用电子摇奖设备或者根据体育比赛项目确定开奖号码的，应当定期封存彩票销售原始数据。

彩票销售原始数据保存期限，自封存之日起不得少于 60 个月。

第三十六条 民政部、国家体育总局和省级民政部门、体育行政部门应当制定福利彩票、体育彩票的开奖监督管理办法,加强对彩票开奖活动的监督。

第三十七条 彩票发行机构、彩票销售机构应当统一购置、直接管理开奖设备。

彩票发行机构、彩票销售机构不得将开奖设备转借、出租、出售。

第三十八条 彩票发行机构、彩票销售机构使用专用摇奖设备或者专用电子摇奖设备开奖的,开始摇奖前,应当对摇奖设备进行检测。摇奖设备进入正式摇奖程序后,不得中途暂停或者停止运行。

因设备、设施故障等造成摇奖中断的,已摇出的号码有效。未摇出的剩余号码,应当尽快排除故障后继续摇出;设备、设施故障等无法排除的,应当启用备用摇奖设备、设施继续摇奖。

摇奖活动结束后,彩票发行机构、彩票销售机构负责摇奖的工作人员应当对摇奖结果进行签字确认。签字确认文件保存期限不得少于60个月。

第三十九条 根据体育比赛结果进行开奖的彩票游戏,体育比赛裁定的比赛结果经彩票发行机构或者彩票销售机构依据彩票游戏规则确认后,作为开奖结果。

体育比赛因各种原因提前、推迟、中断、取消或者被认定为无效场次的,其开奖和兑奖按照经批准的彩票游戏规则执行。

第四十条 未按照彩票游戏规则和开奖操作规程进行的开奖活动及开奖结果无效。

因自然灾害等不可抗力事件导致不能按期开奖的,应当及时向社会公告后延期开奖;导致开奖中断的,已开出的号码有效,应当及时向社会公告后延期开出剩余号码。

参考文献

中文参考文献

蔡立辉：《西方国家政府绩效评估的理念及其启示》，《清华大学学报》（哲学社会科学版）2003年第2期。

蔡立辉：《政府绩效评估的理念与方法分析》，《中国人民大学学报》2002年第9期。

常丽：《公共绩效管理框架下的政府财务绩效报告体系构建研究》，《会计研究》2013年第8期。

单世凤：《安徽省福利彩票公益金管理存在的问题与对策研究》，硕士学位论文，安徽大学，2015年。

党春生：《中国福利彩票的社会基础》，《中国民政》1999年第10期。

邓凌翃、温作民：《关于"生态彩票"基于心理学视角的分析》，《南京林业大学学报》（人文社会科学版）2011年第2期。

邓凌翃、温作民：《关于推行生态彩票的研究文献综述》，《全国商情》（理论研究）2010年第12期。

董晓敏：《浅析当前事业单位绩效管理中的不足与对策》，《人力资源管理》2013年第5期。

樊丽明、石绍宾：《中国公共品自愿供给实证分析——以中国福利彩票筹资为例》，《当代财经》2003年第10期。

冯巧根：《管理会计视角的全面绩效管理》，《会计之友》2016年第1期。

葛晶爽：《英美公共部门绩效管理发展历史及启示》，《时代金融》2014年第1期。

贡艳：《福利彩票公益金管理探讨》，《合作经济与科技》2015年第

10 期。

海艳:《我国福利彩票业发展的制约因素与对策》,硕士学位论文,大连海事大学,2015 年。

韩晶晶:《彩票销量的影响因素分析及我国彩票业发展的策略研究——基于面板数据》,硕士学位论文,中国矿业大学,2015 年。

韩翼、廖建桥:《组织成员绩效结构理论研究述评》,《管理科学学报》2006 年第 2 期。

黄芳:《福利彩票公益金使用法律制度研究》,硕士学位论文,天津师范大学,2008 年。

贾林青:《彩票文化急需彩票法引导》,《检察日报》2007 年 9 月 20 日。

江涓:《公共财政视角下的彩票公益金法律制度研究》,硕士学位论文,华东政法大学,2009 年。

姜昊苏:《朝阳市福利彩票发行管理问题及对策研究》,硕士学位论文,渤海大学,2013 年。

李刚:《彩票人均销量的决定因素和我国彩票市场发展趋势的预测》,《体育科学》2006 年第 12 期。

李刚:《对当前我国体育彩票业社会福利效应的评价》,《体育科学》2008 年第 10 期。

李洁昀:《云南省福利彩票公益金管理研究》,硕士学位论文,云南大学,2013 年。

李明、肖小明:《理论、价值与环境——发达国家政府绩效管理的基础分析》,《中共南京市委党校学报》2011 年第 4 期。

李树:《发行"环保彩票"问题探析》,《商业研究》2003 年第 6 期。

李新:《基于绩效管理的公共部门绩效审计研究》,《管理世界》2010 年第 9 期。

李永壮:《企业管理文化表征及对绩效管理的影响》,《现代管理科学》2010 年第 11 期。

林江:《关注彩票资金监管》,《财政监督》2015 年第 1 期。

刘成玉:《发行环保彩票,支持环保事业》,《生态经济》2000 年第 6 期。

参考文献

刘呈庆等：《生态彩票购买意愿的影响因素分析——基于济南市的问卷调查》，《中南财经政法大学学报》2017年第1期。

刘春香：《我国彩票业的政府监管制度研究》，硕士学位论文，苏州大学，2012年。

刘寒波、苏知立：《彩票公益金管理的国际比较》，《湖南财经高等专科学校学报》2003年第8期。

刘惠苑：《公共服务转型中的彩票公益事业发展路径》，《观点视角》2013年第5期。

刘俊霞：《政府绩效管理与评估研究》，《决策与信息旬刊》2010年第1期。

刘嫚：《我国彩票消费与收入关联度分析》，硕士学位论文，扬州大学，2011年。

刘昕：《人力资源管理》，中国人民大学出版社2012年版。

刘运国、陈国菲：《BSC与EVA相结合的企业绩效评价研究——基于GP企业集团的案例分析》，《会计研究》2007年第9期。

卢志凯：《我国彩票公益金管理存在的问题及对策分析》，硕士学位论文，吉林大学，2007年。

吕双旗：《基于权变理论的政府绩效评估》，《中国行政管理》2013年第4期。

闵志刚：《体彩公益金绩效审计框架构建》，《审计月刊》2014年第4期。

孙克竞：《政府部门预算支出绩效管理改革框架分析》，《审计研究》2011年第3期。

孙克竞：《政府部门预算支出绩效管理研究》，博士学位论文，东北财经大学，2009年。

孙亚男、陈珂：《基于选择实验法的民众生态彩票购买偏好研究》，《商业经济与管理》2018年第5期。

田建湘、雷汞：《中国福利彩票产生基础与发展动因分析》，《长沙职业技术学院学报》2005年第2期。

仝静海：《服务打好四大攻坚战　福利彩票公益金可用于新型城镇化建设》，《河北日报》2013年5月13日。

参考文献

王默：《福利彩票公益金筹集效率及福利效果分析》，硕士学位论文，山东大学，2010 年。

王素娟：《我国福利彩票消费者构成特征和消费心理研究》，《河北企业》2008 年第 3 期。

王晓玫、崔杰、张雅桦等：《中国福利彩票文化建设研究》，《社会福利》（理论版）2014 年第 5 期。

王新欣：《中国福利彩票绩效管理对策研究》，硕士学位论文，吉林财经大学，2012 年。

王英：《广东省福利彩票发行管理问题及对策研究》，硕士学位论文，华南理工大学，2014 年。

王余娟：《基层福彩公益金使用管理现状及改进对策》，《行政事业资产与财务》2016 年第 25 期。

吴胜男等：《中美体育彩票的比较研究》，《现代商业》2014 年第 8 期。

吴学安：《生态彩票，这个可以有》，《法制日报》2015 年 7 月 22 日。

肖希明、戴艳清：《基于不同模型的信息资源共享系统绩效管理策略》，《中国图书馆学报》2010 年第 6 期。

谢兵：《安徽省本级福利彩票公益金管理现状与对策研究》，《中国民政》2014 年第 12 期。

徐红琳：《绩效管理的理论研究》，《西南民族大学学报》（人文社科版）2007 年第 2 期。

徐中奇、顾卫俊：《绩效管理的内涵意义与方法》，《中国人力资源开发》2004 年第 5 期。

闫成芳：《福利公平性视角下中国彩票资金问题研究》，硕士学位论文，上海师范大学，2014 年。

杨博：《新公共服务理论反思与启示》，《成都行政学院学报》2010 年第 6 期。

杨娜：《彩票业的政府管制研究》，硕士学位论文，西南政法大学，2007 年。

杨修平：《绩效管理流程中的实践策略及应用技术》，《改革与战略》2015 年第 4 期。

杨雪冬:《风险的制度化与制度的风险——以彩票业为例》,《公共管理学报》2006 年第 5 期。

由会贞、李海霞:《绩效审计理念下的体育彩票公益金绩效审计》,《中国内部审计》2015 年第 1 期。

郁菁:《美英法三国彩票公益金管理体制的对比研究及启示》,《社会福利》(理论版)2015 年第 7 期。

张成福、党秀云:《公共管理学》,中国人民大学出版社 2001 年版。

张定安:《平衡计分卡与公共部门绩效管理》,《中国行政管理》2004 年第 6 期。

张雷宝:《公共支出绩效管理创新:浙江的实践与启示》,《财政研究》2009 年第 6 期。

张向达、张敏:《彩票公益金价值的正义性分析——兼论教育彩票的必要性》,《财政研究》2008 年第 2 期。

张晓红:《我国彩票公益金管理的财政视角分析》,《地方财政研究》2007 年第 10 期。

张雅桦:《中国彩票业对经济发展的影响分析》,《技术经济与管理研究》2012 年第 8 期。

张有为:《福利彩票的社会贡献和使用管理》,《社会福利》2015 年第 3 期。

张增帆:《我国彩票销售收入的实证分析——基于省际面板数据》,《产经评论》2013 年第 3 期。

张祖忻:《绩效技术的启示教育技术发展的要求》,《现代远程教育研究》2006 年第 4 期。

赵璐:《彩票公益金绩效审计评价指标体系构建》,《财会通讯》2016 年第 9 期。

中华彩票:上海首次公示本级公益金审计情况,《公益时报》2010 年 8 月 27 日。

仲理峰、时勘:《绩效管理的几个基本问题》,《南开管理评论》2002 年第 5 期。

周省时:《政府战略绩效管理与战略规划关系探讨及对领导干部考核的启示》,《管理世界》2013 年第 1 期。

参考文献

周志忍：《政府绩效管理研究：问题、责任与方向》，《中国行政管理》2006 年第 12 期。

外文参考文献

Armstrong, Michael, *Performance management: Key Strategies and Practical Guidelines*, London: Kogan Page Limited, 2000.

Beckert Jens, Mark Lutter, "Why the Poor Play the Lottery: Sociological Approaches to Explaining Class-based Lottery Play", *Sociology*, Vol. 47, No. 6, 2013.

Bernardin, H. John, Richard W., Beatty, *Performance Appraisal: Assessing Human Behavior at Work*, Boston: Kent Publishing Company, 1984.

Borg, Mary O., Paul M., Mason, "The Budgetary Incidence of a Lottery to Support Education", *National Tax Journal*, Vol. 41, No. 1, 1988.

Bredrup Harald, "Background for Performance Management", *Performance Management*, Dordrecht: Springer, 1995.

Clotfelter, Charles T., Philip J., Cook, "Implicit Taxation in Lottery Finance", *National Tax Journal*, Vol. 40, No. 4, 1987.

Cook Philip J., Charles T., Glotfelter, "The Peculiar Scale Economies of Lotto", *The American Economics Review*, Vol. 83, No. 3, 1993.

Coups, Elliot J., Geoffrey Haddock, Paul Webley, "Correlates and Predictors of National Lottery Play in the United Kingdom", *Journal of Gambling Studies*, Vol. 14, No. 3, 1998.

Dayton Fandray, "The New Thinking in Performance Appraisal", *Workforce*, Vol. 80, No. 5, 2001.

Dubnick, Melvin J., "Accountability and Ethics: Reconsidering the Relationships", *International Journal of Organization Theory and Behavior*, Vol. 6, No. 3, 2007.

Forrest David, O. David Gulley, Robert Simmons, "Elasticity of Demand for UK National Lottery Tickets", *National Tax Journal*, Vol. 53, No. 4, Part 1, 2000.

Gainsbury, Sally M., Alex Russell, R. Wood, etc., "How the Internet is

Changing Gambling: Findings from an Australian Prevalence Survey", *Journal of Gambling Studies*, Vol. 31, No. 1, 2013.

Garrett Thomas A., "An International Comparison and Analysis of Lotteries and the Distribution of Lottery Expenditures", *International Review of Applied Economics*, Vol. 15, No. 2, 2001.

George A. Papachristou, "Is Lottery Demand Elasticity a Reliable Marketing Tool? Evidence from a Game Innovation in Greece", *International Review of Economics*, Vol. 12, No. 53, 2006.

Ghent Linda S., Alan P., Grant, "The Demand for Lottery Products and Their Distributional Consequences", *National Tax Journal*, Vol. 63, No. 2, 2010.

Gloria A. Grizzle, "Performance Measures for Budget Justifications: Developing a Selection Strategy", *Public Productivity Review*, Vol. 9, No. 4, 1985.

Gulley O. David, Frank A., Scott, "The Demand for Wagering on State-operated Lotto Games", *National Tax Journal*, Vol. 46, No. 1, 1993.

James Alm, Mckee Michael, Skidmore Mark, *Fiscal Pressure, Tax Comprtition and Introduction of State Lotteries*, National Tax Journal, Vol. 46, No. 4, 2000.

John Morgan, "Funding Public Goods with Lotteries: Experimental Evidence", *Review of Economic Studies*, No. 67, 2000.

Jonathan D. Breul, *Integrating Performance and Budgets: The Budget Office of Tomorrow*, United Kingdom: Rowman & Littlefield Publishers, Inc., 2006.

Kaiseler, Maria J., Horácio C. Faustino, "Lottery Sales and Per-capita GDP: An Inverted U Relationship", *Working Papers Department of Economics*, Vol. 2, No. 41, 2008.

Kaplan, Robert S., David Norton, "Strategy Maps: Converting Intangible Assets Into Tangible Outcomes", *Academy of Management Executive*, Vol. 47, No. 2, 2004.

Kaplan, Robert S., David Norton, "The Balanced Scorecard: Measures

That Drive Performance", *Harvard Business Review*, Vol. 70, No. 1, 1992.

Kaplan, Robert S., David Norton, "Using the Balanced Scorecard as a Strategic Management System", *Harvard Business Review*, Vol. 74, No. 1, 1996.

Kearney, Melissa S., "State Lotteries and Consumer Behavior", *Journal of Public Economics*, Vol. 89, No. 11 – 12, 2005.

Lin Eric S., Shinh-Ying Wu, "Lottery Expresses and Charitable Contribution: Taiwan's Experience", *Applied Economics*, Vol. 39, No. 17, 2007.

Maria João Kaizeler, Horácio C. Faustino, Rafael Marques, "The Determinants of Lottery Sales in Portugal", *Journal of Gambling Studies*, Vol. 30, No. 3, 2014.

Matheson Victor A., Kent R. Grote, "Examining the Halo Eect in Lotto Games", *Applied Economics Letters*, Vol. 14, No. 4, 2007.

Mikesell, John L., "A Note on the Changing Incidence of State Lottery Finance", *Social Science Quarterly*, Vol. 70, No. 2, 1989.

Mikesell John L., "State Lottery Sales and Economic Activity", *National Tax Journal*, Vol. 47, No. 1, 1994.

Mwita, John I., "Performance Management Model: A Systems-Based Approach to Public Service Quality", *The International Journal of Public Sector Management*, Vol. 13, No. 1, 2000.

Odiorne George S., *The Human Side of Management: Management by Integration and Self Control*, Lexington, Massachusetts: Heath, 1984.

Oster Emily, "Dreaming Big: Why Do People Play the Powerball?", *Dissertation: Harvard University, Senior Honors Thesis*, No. 3, 2002.

Peter T. Calcagno, Douglas M. Walker, John D. Jackson, "Determinants of the Probability and Timing of Commercial Casino Legalization in the United States", *Public Choice*, Vol. 1, No. 142, 2010.

Price Donald I., E. Shawn, Novak, "The Income Redistribution Effects of Texas State Lottery Games", *Public Finance Review of Applied Economics*, Vol. 28, No. 1, 2000.

Rogers Steve, *Performance Management in Local Government*, Harlow Essex: Longman, 1990.

Schick Allen, "The role of Fiscal Rules in Budgeting", *OECD Journal on Budgeting*, Vol. 3, No. 3, 2003.

Scholtes Peter R., *The Leader's and Book: A Guide to Inspiring Your People and Managing the Daily Workflow Advice for Leaders in the New Millennium*, New York: McGraw-Hill Company, 1998.

Statman Meir, "Lottery Player/Stock Trader", *Financial Analysis Journal*, Vol. 58, No. 1, 2002.

Wang Xiaohu, "Perception and Reality in Developing an Outcome Performance Measurement System", *International Journal of Public Administration*, Vol. 25, No. 6, 2002.

Willoughby, Katherine G., Julia E. Melkers, "Implementing PBB: Conflicting Views of Success", *Public Budgeting & Finance*, Vol. 20, No. 3, 2000.

后　　记

　　本书从策划、起草、修订到完稿，历经 3 年多时间。其间，适逢作者怀孕生子，一度想要放弃。但考虑到福利彩票公益金绩效管理领域研究的匮乏和前期大量调研工作的辛苦，终是不舍放弃。

　　要感谢的人很多。首先，感谢为我看护龙凤胎宝贝的父母。没有他们的支持，我是不可能完成这项工作的。其次，感谢我的老公和孩子们，是他们给我动力、让我坚持、催我奋进。还要感谢其他作者的积极参与，感谢研究生们对问卷的收集和整理。此外，特别感谢学校和学院对本书的资助。

　　本书立足于福利彩票公益金管理部门，从理论和实践角度对福利彩票公益金绩效管理的相关问题展开了较为系统的探讨，提出了福利彩票公益金绩效管理体系的基本框架，分析了该体系框架构建的理论依据、主要原则和构成要素，从完善相关法规制度、树立福利彩票文化观念、健全风险内控制度等多方面提出了合理建议。希望本书能够为福利彩票公益金绩效管理研究投砾引珠，为推动福利彩票公益金更好地实现"扶老、助残、救孤、济困"的宗旨贡献力量。

　　由于作者水平和精力所限，难免有些不足，希望各位读者能多提宝贵意见，也希望能够与有志于研究福利彩票公益金绩效管理问题的读者深入沟通，共同深化和拓展该问题的研究。

编者　李西文

2019 年 8 月